JN302405

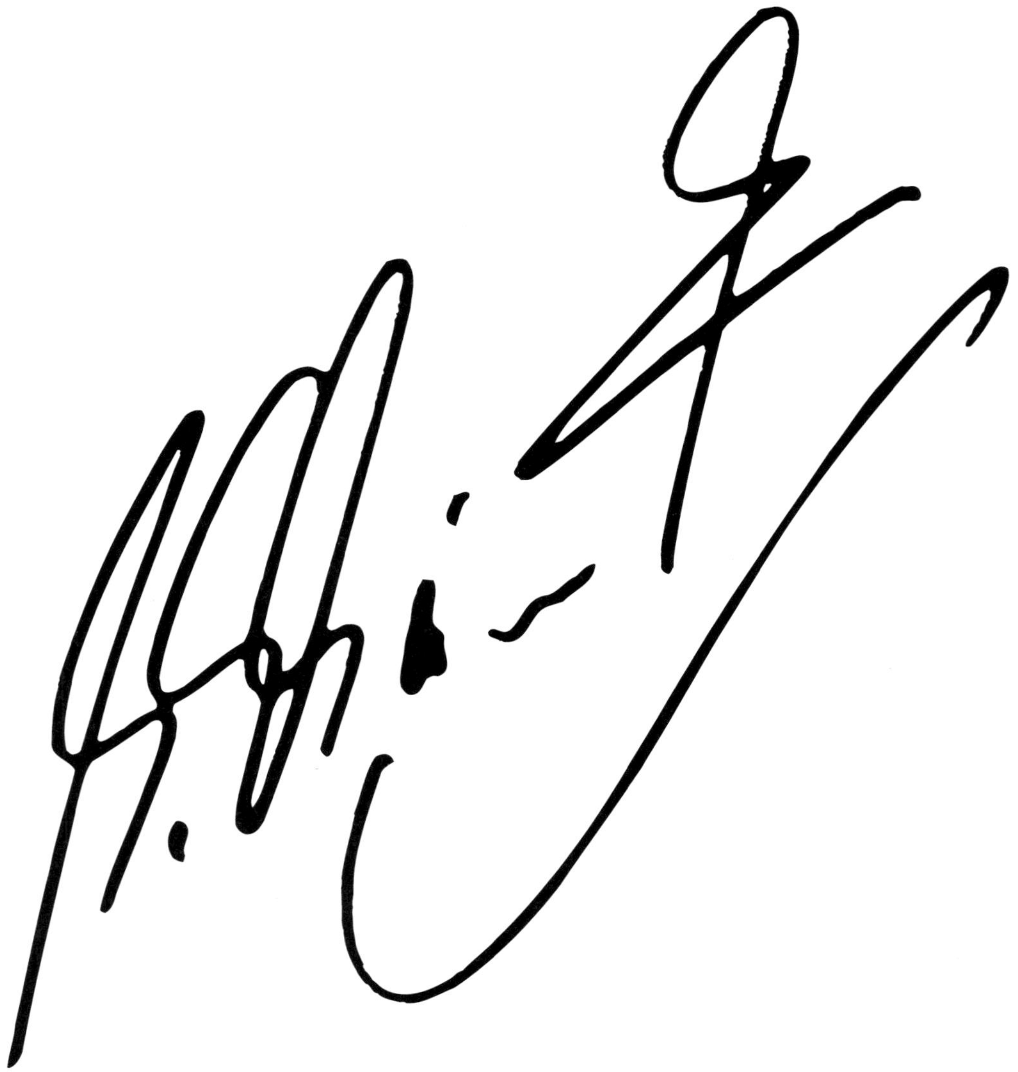

皇帝ミハエル・シューマッハの軌跡
~Danke, Schumi!~

RTL FORMEL 1

ZEIT GEIST MEDIA

目次

IMPRESSUM

© 2006 by

ZEITGEIST MEDIA

ZEITGEIST MEDIA GmbH
Düsseldorfer Str. 60
40545 Düsseldorf
Tel.: 0211-55 62 55
Fax: 0211-57 51 67
E-Mail: info@zeitgeistmedia.de
www.zeitgeistmedia.de

VERTRIEB
GeoCenter Touristik und Medien GmbH
Schockenriedstr. 44
70565 Stuttgart
Tel.: 0711-78 19 46 10
Fax: 0711-782 43 75

**Herausgegeben von Willy Knupp
im Auftrag von RTL Television
© RTL Television
In 2006 vermarktet durch RTL
Enterprises**

VERANTWORTLICH FÜR DEN INHALT
Hubert Bücken

AUTOREN
Thomas Allstedt
Lukas T. Gorys
Andreas Lehmann

REDAKTION
Andreas Lehmann;
Katharina Fleischer
Andrea Noetzel-Winking

Dieses Buch enthält aktualisierte und überarbeitete Teile der Bücher *Leben für die 1*, *Kartfahren*, *Triumph in Rot* und *Siegertypen*, alle erschienen bei ZEITGEIST MEDIA, Düsseldorf. Wir danken den Autoren Ralf Bach, Christoph Schulte, Achim Schlang u.a.

PRODUKTION
Marcus Eckhardt
ECKXAKT Mediengestaltung, Wermelskirchen

FOTOS
Lukas T. Gorys
Picture-Alliance

DRUCK
Uhl, Radolfzell
Printed in Germany
ISBN 3-926224-59-2
9783926224590

目次

スーパースター（バーニー・エクレストン）	12
親愛なるミハエル（ウイリー・クヌップ）	14
ひと目で分かる栄光の記録	20
記録破り	21
シューマッハの別れ	24
さよなら、シューマッハ！	30
家族思い	38
物言わぬ寄贈者	44
シューマッハをとりまくカートの世界	45
ミスター20％（ウイリー・ウェーバー）	48
両親	54
下積みから大スターへ	56
かつての支援者たち	63
F1以前のシューマッハの成績	65
1991　エディーからフラビオへ	66
1992　セナとの激しいバトル	70
1993　ハイテクに敗北	72
1994　悲劇と栄冠	74
1995　完全無欠のタイトル	78
ベネトンでの同僚	82
ベネトン	84
1996　フェラーリ移籍の年	86
1997　クラッシュ	88
1998　タイヤ・バースト	90
1999　足の骨折	92
2000　フェラーリ初タイトル！	94
2001　兄弟喧嘩	100
2002　チームオーダー	104
2003　フィナーレ　震える一戦	110
2004　完全なる支配	114
2005　王者の交代	120
2006　ラストシーズン	124
フェラーリでの同僚	132
シューマッハのヘルメット	134
フェラーリ神話	136
赤の家族	142
モデルコレクション　ショウケースに飾られるシューマッハ	148
離れゆく兄弟	150
ライバルたち	158
全世界チャンピオン	161
シューマッハの勝利　1991-2006	162

最後の勝利

2006年10月1日、中国GP。ミハエル・シューマッハは91回目の勝利を獲得した。シューマッハはアロンソにポイントで追いつき、タイトルの行方は白紙の状態に。これが最後の勝利になることなど、シューマッハ、そして担当エンジニアのクリス・ダイアーですら想像できなかった。続く日本とブラジルでは、圧倒的に速かったものの、テクニカルトラブルにより勝利を失った

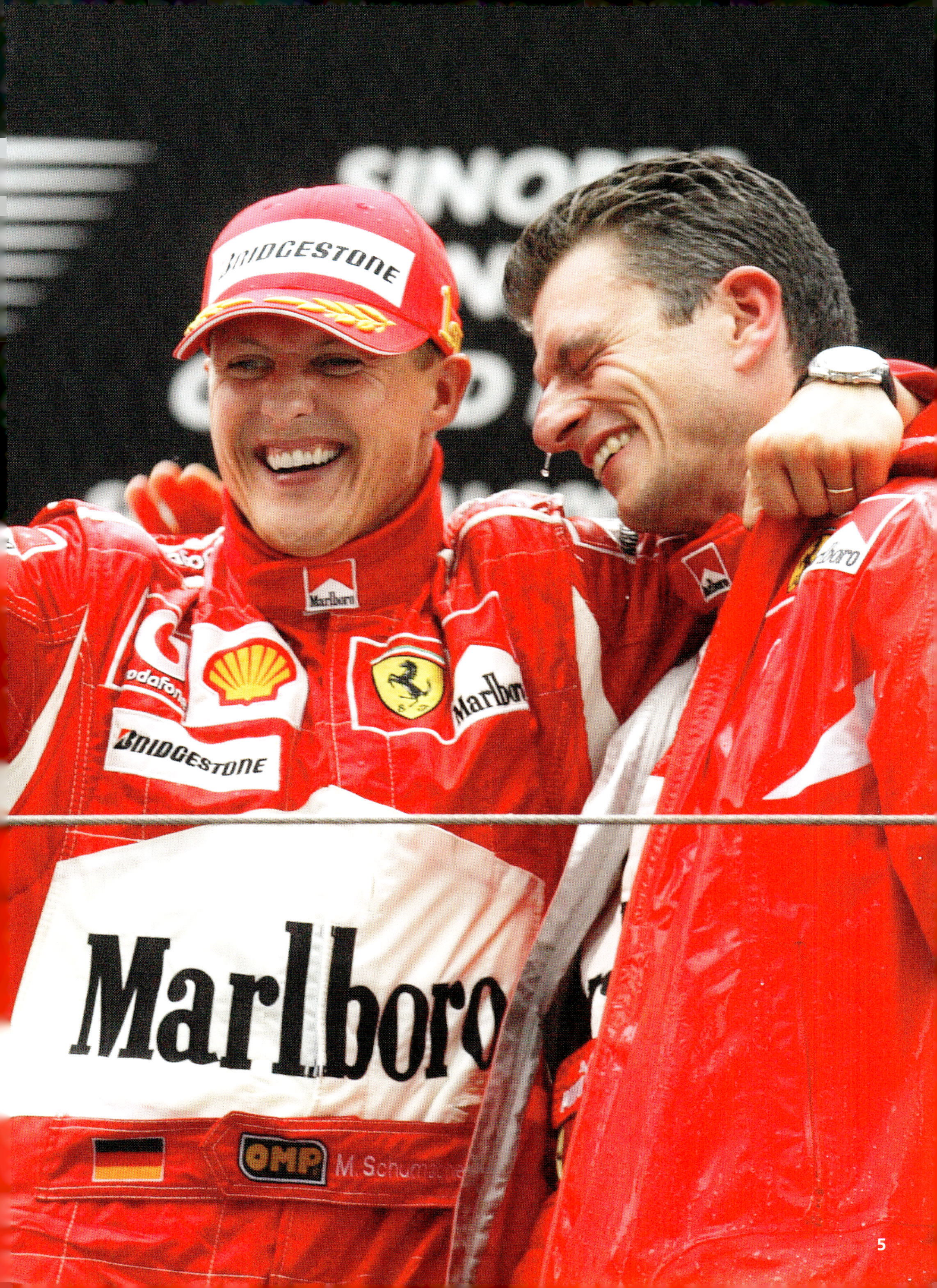
BRIDGESTONE
Marlboro
BRIDGESTONE
Marlboro
OMP

最後の対決

2006年10月22日、サンパウロ。最終戦でシューマッハは、またもや超一流の走りを披露した。他車との接触によりタイヤがバースト、最後尾へと転落したが、その後猛烈に追い上げる。残り3周、シューマッハの後継者となるマクラーレン・メルセデスのキミ・ライコネンとの激しいバトルを制する。この対決に、何百万人というファンが酔いしれたのだ

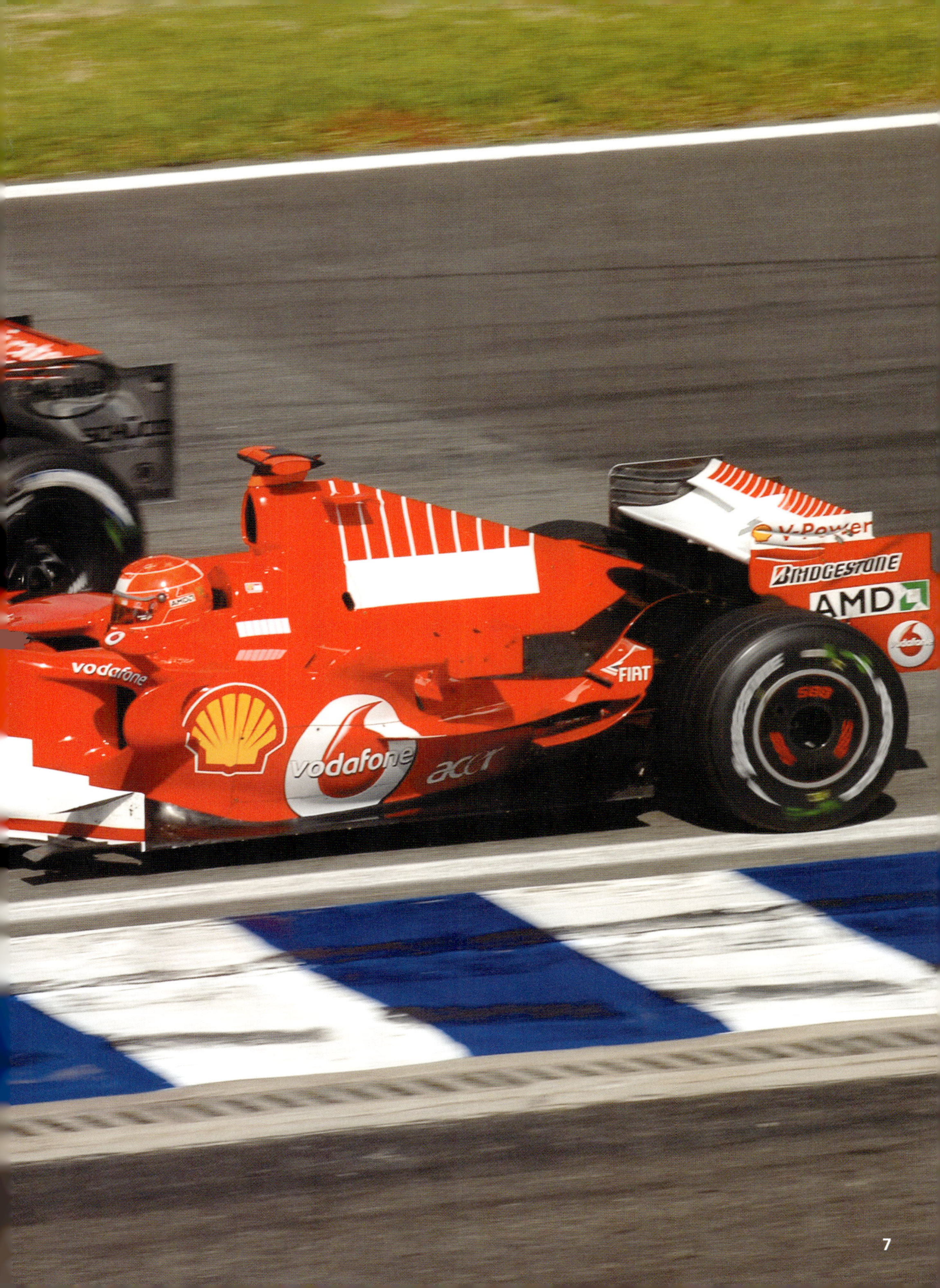
V-Power
BRIDGESTONE
AMD
vodafone
FIAT
vodafone
acer

最後のライバル

スペイン人のフェルナンド・アロンソ（ルノー）は、シューマッハより12歳若い。しかし若さだけが、彼に2005年と2006年の連覇をもたらしたのではない。2006年の終盤、決定打となったのはフェラーリのテクニカルトラブルだった。しかしラストシーズン、シューマッハの強靭な走りと、新しいチームメートであるフェリペ・マッサの成長は明らかだった。ブラジルからやってきた25歳のマッサは、フェラーリでのファーストイヤーで2回優勝した

9

最後のチーム写真

ありがとう、ミハエル！ 2006年10月22日、最終戦ブラジルGPが終わり、シューマッハを囲んでの最後のチーム記念撮影。シューマッハ時代のフェラーリは、11年間で、彼自身の72勝を含め、87勝を記録した。その前の11年間で、フェラーリはたった16回しか勝っていなかったのに。シューマッハがフェラーリに信頼性をもたらした。しかし、8度目のタイトルがかかった戦いの最中、彼の人生最後の2レースで、信頼性に裏切られてしまったことが悔やまれる

Deutsche Vermögensberatung
vodafone
BRIDGESTONE
PUMA
AMD

はじめに（バーニー・エクレストン）

Superstar
スーパースター

バーニー・エクレストン
（SLECホールディング会長）
Bernard Charles Ecclestone ist als Geschäftsführer der Formel-1-Holding SLEC und der Formula One Administration FOA der Topmanager der Formel 1

多くの若者にとって、ミハエル・シューマッハはF1を語るときに欠かせない主役だろう。何しろシューマッハは、16年もの間、F1ドライバーだった。そして最初の優勝を飾ったのは、今の若いドライバーたちのオムツがちょうど取れたころだったのだから。

16年という月日──同じように長いキャリアを積んだドライバーはほかにもいるが、彼ほどの栄光をつかんだ者は誰もいない。もし引退を決意しなかったら、シューマッハは再びチャンピオンの座に輝いていたに違いない。しかし、もはや彼が引退した今となっては、F1の表彰式でドイツとイタリアの国歌が続けて響き渡る日がまたやって来る日は遠い。

控えめで謙虚なシューマッハにはたくさんの友人がいた。そして彼は、いつもレースコースを確実に走ることを心がけていた。ちょうど、最後のレースとなった、あの日のように。ミスがなかったわけではないが、長いキャリアの中では、それも当然だといえると思う。ドライバー仲間の中にはシューマッハの引退を喜ぶ者もいる。それによって彼らが勝つチャンスが生まれるからだ。しかし、多くのドライバー仲間と何百万人ものファンにとっては、寂しくて仕方がない出来事だ。シューマッハのキャリアは、モータースポーツを志す才能ある新人たちにとって、お手本となり、また励みになるものなのだ。

私も彼がいないのは寂しい。我らのF1スーパースター、ミハエル・シューマッハ。またすぐにパドックで彼と会えることを期待してやまない。
ミハエル・シューマッハよ、──16年間もの共に歩んだ忘れがたい年月と、たくさんの手に汗握るレースをありがとう。

Bernie Ecclestone
バーニー・エクレストン

特別な親交の記録　**1** 2000年ハンガリー。ピットウォールにて。**2** 盛装もバッチリ。**3** 2003年オーストリア。エクレストン会長夫人にキス。**4** 2003年アメリカGP。世界チャンピオン候補のモントーヤ、シューマッハ、ライコネンとの写真撮影。**5** 1997年ヨーロッパGP（ニュルブルクリンク）。シューマッハ100回目のF1参戦を祝って。**6** 2001年ベルギーGP。受賞を喜び合うシューマッハとエクレストン会長。**7** 1994年ヘレスでのヨーロッパGP。世界チャンピオンを争うライバル同士のシューマッハとヒルが和む一場面。シューマッハが勝利の栄冠に輝き、王座に向かって前進した

ウイリー・クヌップ

Lieber Michael
親愛なるミハエル

「こんにちは、シューマッハさん。私はウイリー・クヌップと申します。RTLプラスの記者です」－「ええ、あなたのことは知っていますよ。でも私は『シューマッハさん』ではありません。ミハエルです」－「分かりました。では私のことはウイリーと呼んでください」

ミハエル、あれは16年前の1991年8月25日、スパ‐フランコルシャンでのベルギーGPの週末だった。君がF1の実戦を初めて戦う前日、木曜日（22日）の朝だった。

16年間にわたって、われわれRTLチームは、君と一緒に素晴らしい仕事ができた。その間、何百万人もの視聴者に君が偉大なドライバーであるだけではなく、人間としても素晴らしい人物だということを伝えることができた。16年間、君はRTLチームを本当に楽しませてくれたし、喜ばせてもくれた。

でも、そういつも単純ではなかったことも真実だ。君が予想していたようにはうまくいかないレースが、時にはあったことを覚えている。そんな時、決まって君はふてくされては、キャンピングカーに消えてしまったものだ。ちょっと顔を出して、一体何が起こったのかをカメラの前で語ることすらしなかった。でも本当はふてくされてなどいなかったのではないのだろうか？　きっとキャンピングカーの中で座って、次のレースのことを考えていたに違いない。

君ほどのドライバーが、またいつか現れるとは思えない。君のように16年もの間、高いレベルを保ち続け、自分自身のことだけではなく、チーム全体にも最後のレースまで勇気を与えるようなドライバーを、これから先、見ることはないだろう。君のおかげでRTLの番組は夢のような視聴率に恵まれ、テレビの視聴者

ウイリー・クヌップ
1991年、ヘルムート・トーマRTL社長に対し、ドイツのF1放映権を獲得するよう説得。ミハエル・シューマッハが初めてF1レースに出走する数カ月前だった。ウイリー・クヌップは当初、F1レースのコメンテーターであったが、後にコーディネーター、そして現在はRTLスポーツ編集部で、F1部門に対するアドバイザーを務めている。また、RTLのモータースポーツに関連した書籍の編集人でもある。

も250回もの楽しくわくわくする週末を過ごすことができた。君がF1をあまりに長い間支配したのは確かだ。でも僕らは君に1周止まって待ってくれと言えるわけがなかった。

君が最初に優勝した時のことは、はっきりと覚えている。1992年、雨のベルギーGP、スピンしたのに君は勝利した。それは、ドイツ人ドライバーとしてはヨッヘン・マスが表彰台の最上段に上ってから、実に17年ぶりのことだ。あるいはその3年後、1995年のベルギーでもまたそうだった。君は16番グリッドからスタートし、優勝を目指したが、「危

険行為」として1レース出場停止のペナルティーを与えられるのではないかと思われるほど、大胆不敵な走りを見せた。また、君は『キング　オブ　レイン（雨の王様）』と呼ばれている。1996年のスペインGPではひどい土砂降りの中、フェラーリでの初優勝を飾り、そのニックネームを改めて確信させたものだった。後日、君は僕に打ち明けた。「車に暖房が欲しいよ。寒さで歯がガタガタ鳴って、表彰台の上でほとんど国歌が聞こえなかったんだ」と。

君の素晴らしさを確信したのは、1998年のハンガリーGPでフェラーリの司令塔（ロス・ブラウン）から次のような指令を受けた時だ。「19周を全速で飛ばせ。25秒縮めろ」。こんな命令は誰に対してもできやしない。君以外には。君はそれをやり遂げ、センセーショナルな勝利を手にした。君は潔くあきらめたこともあった。それは、1999年マレーシア。君が足の骨を折って、復活した最初のレースだ。君はエディー・アーバインを先に行かせて、アーバインとフェラーリが世界チャンピオンのタイトルを確保できるように取り計らった。しかし、幸い最終結果は違った。——もし、エディーが君の功績を摘み取ってしまったとしたら、まったく不当なものだっただろう。

君にとって素晴らしかったのは、2000年だ。この年はモンツァでの君の勝利をはじめとして、ドラマチックなシーンが駆け抜けた年だった。君も涙を流したあの勝利は、どれほどの緊張の下で君が闘っているかを世界に示したものだ。続く2つのタイトルは、いともたやすく獲得したようだった。何しろ、シーズン中盤でタイトル取得が確定したのだから。しかし2003年の日本GPは、まるで君のキャリアが終わることを予感させるような、恐ろしいファイナルだった。しかし、君はたった2点差で6回目のタイトルを得る。君は獅子のように闘った。2004年フランスGP、君たちは4回ものピットストップを決意したが、結果、その戦略は成功だった。2006年10月22日、ブラジルでの君の最後のグランプリは、君

RTLのアルバムから

いつも最前線：カイ・エーベル（RTLレポーター）とカウボーイ姿のミハエルとルーベンス

サーキットチェック：1992年メキシコ。シューマッハとウイリー・クヌップ。初の表彰台という成功を収めた

フローリアン・ケーニッヒ（RTL番組司会者）とドイツ人ドライバー4人組（ミハエル、ラルフ、ニコそして"クイック"ニック）

ウイリー・クヌップ

F1界の古株2人：シューマッハとハイコ・ヴァーサー（RTLコメンテーター）

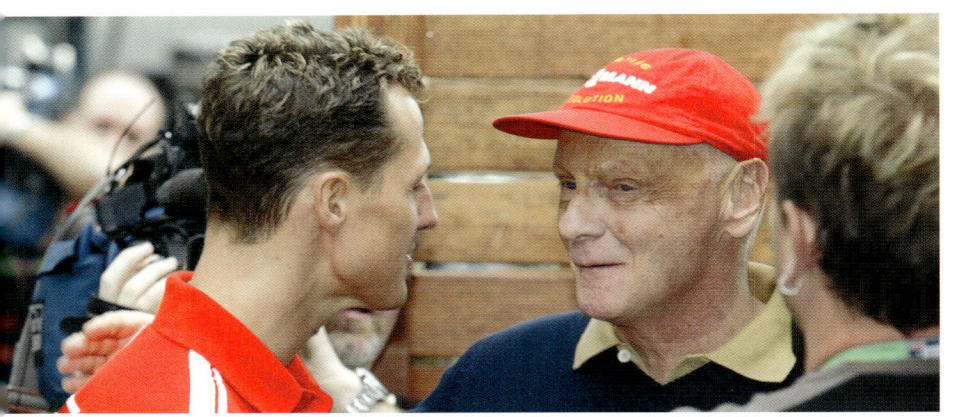

ニキ・ラウダ（RTLエクスパート）と：「怪我が無くてよかったよ。見てみろ、俺のヨタヨタ歩きを」

パドックにてカメラマンタバードを着けて：クリスチャン・ダナー（F1解説者）とシューマッハの妻・コリーナ

Aktuelle Formel-1-Infos von RTL: www.sport.de

の闘魂をもう一度皆に見せつけた。そして、その闘魂をこの先、二度と見られないだろうということも。

確かに、君の忠実なファンにしても首をかしげてしまうようなレースもあった。1994年シルバーストンで君が黒旗を無視した時には、誰も理解できなかったものだ。デイモン・ヒルに追突した末の君の最初のタイトル獲得は、後味の悪いものであった。1997年、君はジャック・ビルヌーブに激突したとして、厳しいペナルティーを受けた。2002年のチームオーダー問題は、君のファンたちに不信感をもたらしてしまった。また、2006年のモナコでは、予選でラスカスにマシンを停めてしまい、激しい批判を浴びた。しかし、16年もの間、肉体的にも精神的にも過酷な緊張の下、ミスの無い人間などいるわけがない。君はその闘いの精神・勇気・大胆な行動で、僕たちを何百倍も楽しませてくれた。

本当に残念だ。君には8回目の世界チャンピオンタイトルを期待していたから。それがたとえ、君のこれまでの功績に照らしてほんの小さな出来事だったとしても。RTLはあと1年、2年、いや3年、君のレースを中継したかった。君が新世代のドライバーたちとまだまだ互角に闘えることは、ブラジルで実証済みだ。でも、長年にわたって常に110パーセントで闘える者などいない。誰だっていつかは限界を感じる。君は言うだろう。「その前に、終えるんだ」と。

RTLチームと何百万人の視聴者を代表して、君にありがとうと言いたい。この16年、本当にありがとう。僕たちが共に経験できたこと、互いのためにできたことに感謝したい。

親愛なるミハエル、僕らは尊敬と敬意を持って回顧する。そして君のこれからの人生が、君と君の家族にとって素晴らしいものとなることを、RTLチーム全員で祈っている。

さようなら、ミハエル！
ウイリー・クヌップとRTLチームより

Danke Schumi!

Lieber Michael, unsere größte Hochachtung für den besten Weltmeister aller Zeiten. Auch wenn im letzten Rennen das Glück nicht auf Deiner Seite war, für uns wirst Du immer die Nummer 1 sein.

(Automotive) — (Industrial) — (Personnel) — (International)

www.dekra.de

▸ DEKRA

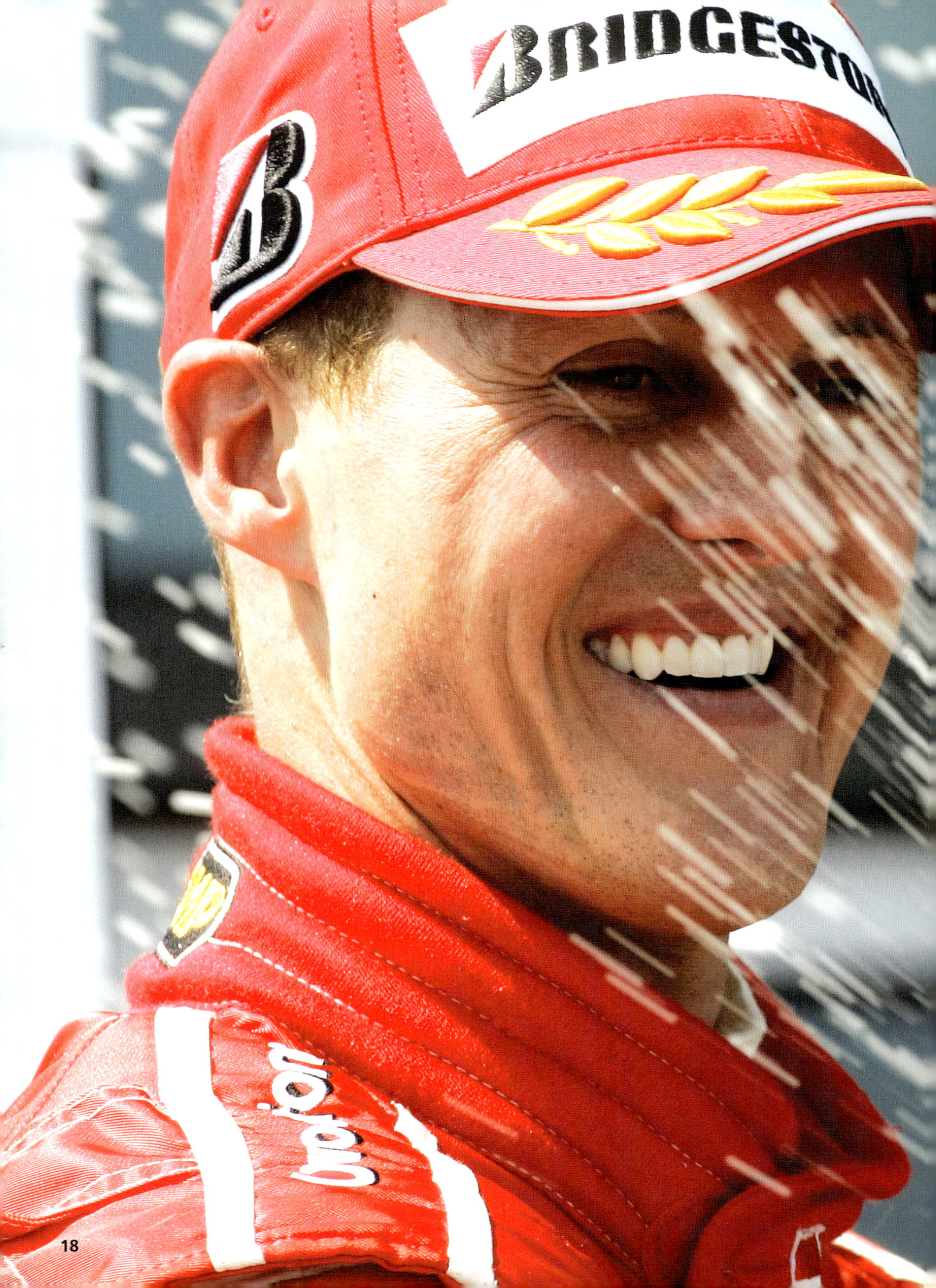

これほど美しいシーンはない。シューマッハは慣れた手つきでシャンパンのボトルを振り、そこから飛び出す無数の泡のように溢れ出る喜びを、友人、ライバル、そしてチームスタッフたちに降りかける。表彰台に駆け上がること実に154回。決して他の追随を許さない。そしてF1ドライバーとしてのキャリアも終盤にさしかかった2006年のフランスにおける勝利でも、その顔には幸せが刻まれていた。
「1つ1つの勝利が特別なものなんだ！」

記録

F1に別れを告げた今、シューマッハはコリーナとの共通の趣味であるスキーを存分に楽しんでいる

ひと目で分かる栄光の記録

誕 生 日：1969年1月3日
出 生 地：ケルン近郊のヒュルト・ヘルミュールハイム。ケルペンにて育つ。
両　　親：父　ロルフ、母　エリザベート（2003年4月20日永眠）
兄　　弟：ラルフ（1975年6月30日生まれ）
居 住 地：ヴッフレンス・ル・シャトー（スイス）。2007年グラント（スイス）に転居予定
身　　長：1.74m
体　　重：73kg
家　　族：コリーナと結婚（1995年8月5日）
子　　供：娘　ジーナ‐マリア（1997年2月20日生まれ）、息子　ミック（1999年3月22日生まれ）
学　　歴：中等教育修了
修了資格：自動車修理工
趣　　味：カート、バイク、サッカー、スキー、自転車、テニス、ロッククライミング
好きな音楽：ロック、ダンスミュージック
好きな食べ物：イタリア料理、カイザー・シュマレン（ドイツ南部・オーストリア料理で卵入りパンケーキの一種）
好きな飲み物：シードル、パーティーにおいてはバカルディのコーラ割り
F1関連の統計値：参戦250回、優勝91回、ポールポジション68回、獲得総ポイント1,369
　　　　　　　　ファステストラップ76回
F1における初出走：1991年8月25日、スパ‐フランコルシャン（ベルギー）、ジョーダン・フォードから
F1における初優勝：1992年8月30日、スパ‐フランコルシャン（ベルギー）、ベネトン・フォードで
フェラーリへの移籍：1996年のシーズンから
F1における最後の出走：2006年10月22日、サンパウロ（ブラジル）
インターネット：www.michael-schumacher.de

記録

Rekordbrecher
記録破り

シューマッハにとって勝利の数字はどうでもいいもの。彼はそう繰り返し主張している。しかしほかの多くの者にとっては違う。シーズンが終わるたびに、ファンやジャーナリストたちは、どんな記録が出たかを躍起になって見つけようとするものだ。しかし、シューマッハが仮に引退しなかったとしたら、いつまでも記録更新が続くだけなので、そうすることも難しくなったことだろう。2006年、余すところ2つの主要記録うちの1つを達成。それは、イモラでのグランプリでシューマッハが66回目のポールポジションを獲得し、アイルトン・セナの記録を上回ったことだ。フェラーリも多くの記録をもたらしてくれたシューマッハに感謝している。

シューマッハが破れなかった主要記録はただ1つ、出走回数だ。記録保持者はリカルド・パトレーゼ。シューマッハは6出走差でこのイタリア人に負けている。理由は1999年、シルバーストンでの足の骨折。6戦も休場することが無かったら、シューマッハはトップタイだったはずだ。

連続優勝記録については、ちょっと注意書きが必要になる。アルベルト・アスカリはフェラーリ時代の1952〜1953年に9連続GP制覇の記録を達成しているが、この記録はインディ500（選手権の1戦であったが、名称はGPではない）を挟んでいるのだ。1953年のインディ前までが7連勝、インディ後が2連勝（53年インディ500勝者はB.ブコビッチ）。時代が違うために条件を同一にはできないが、これを「7連勝であった」と考慮するならば、シューマッハが2004年にマークした7連勝は、世界タイ記録である。

「ミハエル・シューマッハの記録を破るのは困難だろう」と言うのはフェルナンド・アロンソ。最年少の世界チャンピオンであり、世界最年少のダブルチャンピオンのセリフである。

2006年、ホッケンハイム。88回目の優勝

記録

表彰台

1	ミハエル・シューマッハ	ドイツ	154
2	アラン・プロスト	フランス	106
3	アイルトン・セナ	ブラジル	80
4	ルーベンス・バリチェロ	ブラジル	61
	デイビッド・クルサード	イギリス	61
6	ネルソン・ピケ	ブラジル	60
7	ナイジェル・マンセル	イギリス	59
8	ニキ・ラウダ	オーストリア	54
9	ミカ・ハッキネン	フィンランド	51
10	ゲルハルト・ベルガー	オーストリア	48
11	カルロス・ロイテマン	アルゼンチン	45
12	ジャッキー・スチュワート	イギリス	43
13	デイモン・ヒル	イギリス	42
14	リカルド・パトレーゼ	イタリア	37
	フェルナンド・アロンソ	スペイン	37
16	キミ・ライコネン	フィンランド	36
17	ファン・マヌエル・ファンジオ	アルゼンチン	35
	エマーソン・フィッティパルディ	ブラジル	35
	グラハム・ヒル	イギリス	35
20	デニス・ハルム	ニュージーランド	33
	ジョディ・シェクター	南アフリカ	33

ファステストラップ

1	ミハエル・シューマッハ	ドイツ	76
2	アラン・プロスト	フランス	41
3	ナイジェル・マンセル	イギリス	30
4	ジム・クラーク	イギリス	28
5	ミカ・ハッキネン	フィンランド	25
6	ニキ・ラウダ	オーストリア	24
7	ファン・マヌエル・ファンジオ	アルゼンチン	23
	ネルソン・ピケ	ブラジル	23
9	ゲルハルト・ベルガー	オーストリア	21
10	デイモン・ヒル	イギリス	19
	スターリング・モス	イギリス	19
	キミ・ライコネン	フィンランド	19
	アイルトン・セナ	ブラジル	19
14	デイビッド・クルサード	イギリス	18
15	ルーベンス・バリチェロ	ブラジル	15
	クレイ・レガッツォーニ	スイス	15
	ジャッキー・スチュワート	イギリス	15
18	ジャッキー・イクス	ベルギー	14
	リカルド・パトレーゼ	イタリア	14
20	アルベルト・アスカリ	イタリア	13
	アラン・ジョーンズ	オーストラリア	13

獲得総ポイント

1	ミハエル・シューマッハ	ドイツ	1369
2	アラン・プロスト	フランス	798.5
3	アイルトン・セナ	ブラジル	614
4	ルーベンス・バリチェロ	ブラジル	519
5	デイビッド・クルサード	イギリス	513
6	ネルソン・ピケ	ブラジル	485.5
7	ナイジェル・マンセル	イギリス	482
8	ニキ・ラウダ	オーストリア	420.5
9	ミカ・ハッキネン	フィンランド	420
10	ゲルハルト・ベルガー	オーストリア	385
11	フェルナンド・アロンソ	スペイン	381
12	デイモン・ヒル	イギリス	360
	ジャッキー・スチュワート	イギリス	360
14	キミ・ライコネン	フィンランド	346
15	ラルフ・シューマッハ	ドイツ	324
16	カルロス・ロイテマン	アルゼンチン	310
17	ファン-パブロ・モントーヤ	コロンビア	307
18	グラハム・ヒル	イギリス	293
19	エマーソン・フィッティパルディ	ブラジル	281
	リカルド・パトレーゼ	イタリア	281
21	ファン・マヌエル・ファンジオ	アルゼンチン	277.5

出走

1	リカルド・パトレーゼ	イタリア	256
2	ミハエル・シューマッハ	ドイツ	250
3	ルーベンス・バリチェロ	ブラジル	235
4	デイビッド・クルサード	イギリス	212
5	ゲルハルト・ベルガー	オーストリア	210
6	アンドレア・デ・チェザリス	イタリア	208
7	ネルソン・ピケ	ブラジル	204
8	ジャン・アレジ	フランス	201
9	アラン・プロスト	フランス	199
10	ミケーレ・アルボレート	イタリア	194
11	ナイジェル・マンセル	イギリス	187
12	ジャンカルロ・フィジケラ	イタリア	178
13	グラハム・ヒル	イギリス	176
	ジャック・ラフィー	フランス	176
15	ニキ・ラウダ	オーストリア	171
16	ヤルノ・トゥルーリ	イタリア	167
17	ティエリー・ブーツェン	ベルギー	163
	ラルフ・シューマッハ	ドイツ	163
19	ジャック・ビルヌーブ	カナダ	162
	ミカ・ハッキネン	フィンランド	162

世界チャンピオンタイトル

7
ミハエル・シューマッハ　ドイツ
1994, 1995, 2000-2004

5
ファン・マヌエル・ファンジオ　アルゼンチン
1951, 1954-1957

4
アラン・プロスト　フランス
1985, 1986, 1989, 1993

3
アイルトン・セナ　ブラジル
1988, 1990, 1991

ネルソン・ピケ　ブラジル
1981, 1983, 1987

ニキ・ラウダ　オーストリア
1975, 1977, 1984

ジャッキー・スチュワート　イギリス
1969, 1971, 1973

ジャック・ブラバム　オーストラリア
1959, 1960, 1966

トップ走行距離（km）

1	ミハエル・シューマッハ	ドイツ	24,093
2	アイルトン・セナ	ブラジル	13,328
3	アラン・プロスト	フランス	12,484
4	ジム・クラーク	イギリス	10,141
5	ナイジェル・マンセル	イギリス	9,488
6	ファン・マヌエル・ファンジオ	アルゼンチン	9,032
7	ジャッキー・スチュワート	イギリス	9,000
8	ネルソン・ピケ	ブラジル	7,606
9	ミカ・ハッキネン	フィンランド	7,197
10	ニキ・ラウダ	オーストリア	7,056
11	デイモン・ヒル	イギリス	6,409
12	スターリング・モス	イギリス	6,369
13	アルベルト・アスカリ	イタリア	5,902
14	グラハム・ヒル	イギリス	4,764
15	フェルナンド・アロンソ	スペイン	4,579
16	ジャック・ブラバム	オーストラリア	4,540
17	デイビッド・クルサード	イギリス	4,183
18	ゲルハルト・ベルガー	オーストリア	3,681
19	マリオ・アンドレッティ	アメリカ	3,577
20	ルーベンス・バリチェロ	ブラジル	3,498

記録

チーム優勝

1	フェラーリ	192
2	マクラーレン	148
3	ウイリアムズ	113
4	ロータス	79
5	ブラバム	35
6	ルノー	33
	ティレル	33
8	ベネトン	27
9	BRM	17
10	クーパー	16
11	アルファロメオ	10
12	メルセデス	9
	リジェ	9
	マセラティ	9
	ヴァンウォール	9

エンジン優勝

1	フェラーリ	192
2	フォード・コスワース	176
3	ルノー	113
4	ホンダ	72
5	メルセデス	53
6	クライマックス	40
7	ポルシェ	26
8	BMW	19
9	BRM	18
10	アルファロメオ	12

ドライバー優勝

1	ミハエル・シューマッハ	ドイツ	91
2	アラン・プロスト	フランス	51
3	アイルトン・セナ	ブラジル	41
4	ナイジェル・マンセル	イギリス	31
5	ジャッキー・スチュワート	イギリス	27
6	ジム・クラーク	イギリス	25
	ニキ・ラウダ	オーストリア	25
8	ファン・マヌエル・ファンジオ	アルゼンチン	24
9	ネルソン・ピケ	ブラジル	23
10	デイモン・ヒル	イギリス	22
11	ミカ・ハッキネン	フィンランド	20
12	スターリング・モス	イギリス	16
13	フェルナンド・アロンソ	スペイン	15
14	ジャック・ブラバム	オーストラリア	14
	エマーソン・フィッティパルディ	ブラジル	14
	グラハム・ヒル	イギリス	14
17	アルベルト・アスカリ	イタリア	13
	デイビッド・クルサード	イギリス	13

連続優勝

9	アルベルト・アスカリ	イタリア
7	ミハエル・シューマッハ	ドイツ
6	ミハエル・シューマッハ	ドイツ
5	ジャック・ブラバム	オーストラリア
	ジム・クラーク	イギリス
	ナイジェル・マンセル	イギリス
	ミハエル・シューマッハ	ドイツ
4	アイルトン・セナ	ブラジル
	ファン・マヌエル・ファンジオ	アルゼンチン
	ジム・クラーク	イギリス
	ジャック・ブラバム	オーストラリア
	ヨッヘン・リント	オーストリア
	アラン・プロスト	フランス
	ミハエル・シューマッハ(2回)	ドイツ
	デイモン・ヒル	イギリス

1グランプリあたりの獲得ポイント

1	ミハエル・シューマッハ	ドイツ	5.48
2	ファン・マヌエル・ファンジオ	アルゼンチン	5.44
3	ルイジ・ファジオーリ	イタリア	4.57
4	アルベルト・アスカリ	イタリア	4.38
5	フェルナンド・アロンソ	スペイン	4.33
6	アラン・プロスト	フランス	4.01
7	ジュゼッペ・ファリーナ	イタリア	3.86
8	ジム・クラーク	イギリス	3.81
	アイルトン・セナ	ブラジル	3.81
10	ジャッキー・スチュワート	イギリス	3.64

ポールポジション

1	ミハエル・シューマッハ	ドイツ	68
2	アイルトン・セナ	ブラジル	65
3	ジム・クラーク	イギリス	33
	アラン・プロスト	フランス	33
5	ナイジェル・マンセル	イギリス	32
6	ファン・マヌエル・ファンジオ	アルゼンチン	29
7	ミカ・ハッキネン	フィンランド	26
8	ニキ・ラウダ	オーストリア	24
	ネルソン・ピケ	ブラジル	24
10	デイモン・ヒル	イギリス	20
11	マリオ・アンドレッティ	アメリカ	18
	ルネ・アルヌー	フランス	18
13	ジャッキー・スチュワート	イギリス	17
14	スターリング・モス	イギリス	16
15	フェルナンド・アロンソ	スペイン	15
16	アルベルト・アスカリ	イタリア	14
	ジェームス・ハント	イギリス	14
	ロニー・ピーターソン	スウェーデン	14

コンストラクターズチャンピオンシップ

14	フェラーリ	
	1961, 1964, 1975, 1976, 1977,	
	1979, 1982, 1983, 1999, 2000,	
	2001, 2002, 2003, 2004	
9	ウイリアムズ	
	1980, 1981, 1986, 1987, 1992,	
	1993, 1994, 1996, 1997	
8	マクラーレン	
	1974, 1984, 1985, 1988, 1989,	
	1990, 1991, 1998	
7	ロータス	
	1963, 1965, 1968, 1970, 1972,	
	1973, 1978	
2	クーパー	1959, 1960
2	ブラバム	1966, 1967
2	ルノー	2005, 2006

ハットトリック(ポールポジション・ファステストラップ・優勝)

1	ミハエル・シューマッハ	ドイツ	22
2	ジム・クラーク	イギリス	11
3	ファン・マヌエル・ファンジオ	アルゼンチン	9
4	アラン・プロスト	フランス	8
5	アルベルト・アスカリ	イタリア	7
	アイルトン・セナ	ブラジル	7
7	ミカ・ハッキネン	フィンランド	5
	デイモン・ヒル	イギリス	5
	ナイジェル・マンセル	イギリス	5
10	ジャッキー・イクス	ベルギー	4
	スターリング・モス	イギリス	4
	ジャッキー・スチュワート	イギリス	4

別れの日々

Schumis Abschied
シューマッハの別れ

偉大なるドライバーとしてのキャリアの終焉──
そして、それについてミハエル・シューマッハが語ることとは。

9月10日は、アウトドローモ・ナツィオナーレ・ディ・モンツァのサーキットコースにとって運命的な日。鳥肌の立つ日付だ。
1922年9月10日 モンツァ王宮公園の新しいコースの歴史は、イタリアGPとともに開幕した。優勝を手にしたのはフィアットのピエトロ・ボルディーノ。
1961年9月10日 ドイツ人F1ドライバー、ウォルフガング・グラーフ・ベルゲ・フォン・トリップスが、このコースで15人の観客を巻き込んで死亡。ちなみに彼の故郷は、シューマッハの故郷ケルペンから数キロしか離れていない。
1978年9月10日 ロータスのドライバー、ロニー・ピーターソンが火災事故で重傷を負う。その日の夜に、塞栓症で死亡。
2000年9月10日 ロッジアシケインで多数のマシンが衝突し、コースオフィシャルのパオロ・ジスリンベルティが、飛んだタイヤに頭を直撃されて死亡。
2006年9月10日 この日のモンツァは無事故。しかし、夏の終わりの暖かい空気に包まれた王宮公園は、分岐点に立たされていた。人々の関心は、ミハエル・シューマッハが来年どうするのかにあった。スタンドの横断幕には「シューマッハとフェラーリ──永遠の絆」と書かれている。そしてその横には「行かないで、シューマッハ」の文字。

キミ・ライコネンは、熱狂的なファンの快い拍手で迎えられた。このフィンランド人ドライバーが、2007年にフェラーリのドライバーになることを観客は感じとっていた。彼はもう、口笛を吹いてやじり倒す相手ではないのだ。

ピットストップ後、ミハエル・シューマッハはトップを走っており、イタリア

モンツァでの勝利の後、シューマッハは16年のF1選手生活からの引退を表明。両側には後継者となるキミ・ライコネンと、BMWドライバーのロバート・クビサ

のフェラーリ・ファンたちは歓喜の声を上げた。43周目にフェルナンド・アロンソがエンジンから煙を上げて停止すると、興奮のるつぼと化した。シューマッハがチェッカーフラッグを受け、選手権をリードしているアロンソをわずか2点差にまで追い詰める。まるで獲物を引きちぎるライオンのように。

拳を高々と挙げて、シューマッハがゴールを走り過ぎた。一体このような勝利の瞬間に、われわれは本当にアデュー（さようなら）と言えるのか？　モンツァのレースはとかく心をかき乱す。ミカ・ハッキネンが涙のリタイアをしたのは1999年のモンツァだったし、翌年はミハエルが涙のテレビ記者会見を行った。そして2006年、フェラーリが勝利したにもかかわらず、多くの観客が涙した。シューマッハ自身も表彰台で、そしてロス・ブラウンは優勝インタビューで、さらにコリーナもパルクフェルメで。そして、フェラーリ・チームから、キミ・ライコネンとフェリペ・マッサを2007年のドライバーに確定したとの知らせを受けた時、報道陣も涙ぐんだ。シューマッハは、アウトドローモに設置された巨大スクリーンに映し出され、衛星生中継で何百万人ものファンへ引退を告げた。

ミハエル・シューマッハ　2006年9月10日、モンツァにて

僕にとって今日は特別な日だ。僕の進退についてたくさんの憶測がなされてきた。決断に長くかかってすまない。ただ僕は、正しい時期に言いたかったのだ。手短に言おう――今日のレースが、僕にとってモンツァでの最後のレースとなる。僕はモータースポーツから引退することを決意した。30年以上、このスポーツをやってきた。素晴らしい年月だった。あらゆる瞬間がこの胸によみがえってくる。良いときも、悪いときも。

特に僕の家族、父と亡き母に感謝したい。そして子供たちと妻のコリーナに。僕はいつも君たちに安らぎを求め、君たちに支えられてきた。君たちの力が無かったら、僕の今までの功績は無かっただろう。

すごく難しい決断だったが、フェリペ・マッサのように才能ある若いドライバーに、将来を決めるチャンスを与えてやりたいと思った。僕は妻コリーナとよく話し合って、インディアナポリスでのレースの後、決意した。

あと3戦を残した今、僕はアロンソに対してたったの2ポイント足りない。僕はどうしても8度目のタイトルを獲得したい！　僕は時期を逃して引退するより、絶好調のまま引退したいと思っている。みんなは僕がまだ走れると思うだろうし、僕自身ですら誰も恐れる必要はないと思っている。だが、当然僕は歳を取っていくし、勝利へのモチベーションを持ち続けるのが、だんだん困難になる。この先、今までのレベルを超えるエネルギーと力を維持するのは難しいと思う。

僕は自分自身に問いかけ、その結果、この決断を下した。フェラーリは僕の前から存在し、僕の後にも存続する。僕はさしあたって何もしないけれど、フェラーリの家族の一員でいたいことは確かだ。でも、これからは僕の家族のために尽くしたい。

フェラーリのレーシングスーツを着て、最後の合図。歴史に刻まれる王者の引退

2006年9月10日、ミハエル・シューマッハは驚異的なそのキャリアに、終止符を打つと語った。この日はモンツァのF1にとって、新たな運命の日として書き加えられることになった。

その4週間後。中国GPを経て、アロンソとシューマッハは同ポイントだった。ミハエルは8度目のタイトルに自信を見せていた。しかし、日本GPで起こったこの6年の間で初めてのエンジントラブルに裏切られることになる。シューマッハの希望は地面に向けて叩き付けられた。そして彼は今や、マッサと共にコンストラクターズタイトルに向けてブラジルで闘うのみとなった（レース報告は129ページ以降）。グランプリの2日前、ミハエルはサンパウロのホテル・トランスアメリカで将来について語った。

別れの日々

ミハエル・シューマッハ　2006年10月20日、サンパウロにて

　最後のレースだ。そのことについて僕はあまり考えないようにしている。でも、おかしな感覚だ。僕らは全力で攻める。1・2フィニッシュが欲しいからだ。僕はフェラーリに、コンストラクターズ世界チャンピオンを餞別として贈りたい。フェラーリはそれに見合うだけの力があると思う。そして、僕らは見込みがないかと思われた世界選手権を、一度はひっくり返すことに成功したのだから。

　僕たちは日本GPで、F1では自分の力ではどうにもならない何かが、常に起こり得るのだと知った。僕のリタイアは、僕自身より若いチームスタッフたちに痛手を与えてしまった。だから僕は彼らのところにおもむき、彼らを慰め、すぐに彼らのモチベーションを取り戻させるよう試みた。ここブラジルで僕らは再び勝てると信じている。僕のモットーはみんなが知っているとおりだ。「僕は、もはやこれ以上何も進まず、何も回らないところにいくまで闘い続ける」

　父さんが飛行機でここに来てくれた。おそらく人生で一番長い飛行だったと思う。飛行機が怖くてきっと震えていたんじゃないだろうか。僕の最後のレースに父さんが立ち会ってくれて嬉しい。それに何よりも、ここに友人たちがいてくれるのがとても心地よい。だから、現役生活に別れを告げるのも簡単な気がする。

　これからどうなるかは僕自身も本当に分からない。展望なんていらない。いつか何かがきっと起きるだろう。フェラーリは僕がいなくても、ずっと前からあったわけだし、僕がいなくなってもあり続ける。僕のバッテリーはもう切れてしまった。週末ごとに勝利するという仕事は極めて疲れる。常に精神を集中させ、奮い立たせるモチベーション──僕のバッテリーはもう空っぽなんだ。

　来年レースを見に来るかって？　たぶん、そうするだろう。でも今は距離を置きたい。とにかく日曜日に家にいられるのが嬉しい。F1はテレビで見るよ。でも息子のミックにアイスホッケーの試合があったら、そっちが優先。F1は録画して後で見よう。僕の人気が子供たちに何か影響を与えることはないと思う。僕たちが住んでいる所では、誰が誰であろうと関係がないから。

　一番寂しいのは何か？　難しい質問だ。なぜなら僕は今の人生に、本当に満足しているのだから……。

　サンパウロのレースは最高に劇的だった。シューマッハの闘争心を見せつけられたレースだった。最後尾から4位にまで追い上げた。その日の午後、シューマッハが将来を語った。

サンパウロで想いにふけるシューマッハ。タリスマンと

シューマッハ、ラストランの後で。2006年10月22日、サンパウロ。

　もちろん悲しいよ。8度目のF1タイトル獲得という夢は鈴鹿で失われたと内心思った。でも実を言うと、僕らのトレードマークのことを信じていた。つまり、僕らのマシンは最高だということだ。性能からいえばほかの全部を追い越せる（周回遅れにする）スピードすら出せる。マシンの速さについては完璧なシーズンだった。もちろん表彰台に上りたかった。そうじゃないことが残念だ。

　今、悲しさと自由の喜びが混じり合った不思議な気持ちだ。16年間、僕はF1にものすごく集中してきたし、それぞれの瞬間を愛してもきた。自分自身、とことん考えなかったら、引退を決意することはなかっただろう。今、僕はこの決断に何のためらいも感じない。別の種類のレースに参加することには、今は関心が無い。

　なんとなく愉快だと思う。なぜなら何カ月もの間、辞めるか続けるかを自分に問いかけてばかりいたから。そしてモンツァで引退を告げると、君たちは僕に復帰はいつかと、いつも聞くようになったね。僕にも将来のことはまだ分からない。今知る必要はないとも思う。何かを考える時間はたっぷりある。あれこれ考えるのはすごく楽しいことだ。

引用文は一部省略されています。

Mehr Fahrdynamik und Sicherheit – durch Technik von ZF

www.zfsachs.com

ZF Sachs entwickelt, fertigt und vertreibt weltweit High-Tech-Lösungen für den Antriebsstrang und das Fahrwerk moderner Fahrzeuge.

Um den Anforderungen der Fahrzeugindustrie gerecht zu werden, forschen und entwickeln die Ingenieure von ZF Sachs an progressiven Technologien mit innovativen Materialien und optimierten Fertigungsverfahren. Ergänzt durch Erfahrungen aus dem Motorsport entstehen so Serienprodukte für Antriebsstrang und Fahrwerk. Von elektronisch geregelten Dämpfungssystemen über Keramikkupplungen bis hin zu elektrischen Antrieben für Hybride bietet ZF Sachs der Automotive-Welt Lösungen für Fahrzeuge von heute und morgen.

Antriebs- und Fahrwerktechnik

2006年インディアナポリス。第1カーブで接近戦を開始する
ポールシッターのシューマッハ、そしてライバルのアロンソ。
シューマッハが圧勝、アロンソは5位。
このレースの後、シューマッハは引退を決意する。

29

周囲の声

Tschüss, Ciao, Goodbye, Michael
さよなら、シューマッハ！

引退に際しての、同僚と関係者たちの声

ジャン・トッド　フェラーリ・チーム監督
「シューマッハは全く特別な人間であり、私的な友であり、そしてコースの英雄だ。彼と一緒に仕事することができたのは特権だった」

カルロス・サインツ　ラリーの英雄
「シューマッハが望めば、おそらくキミ・ライコネンと同チームで走ることもできただろう。でも彼は、もうライコネンの時代が来たことを感じ、すべてのストレスから自由になりたかったのだと思う」

セバスチャン・ベッテル
BMWテストドライバー
「シューマッハのドイツのスポーツに対する貢献は本当に素晴らしいと思う。彼は子供のころの僕のヒーロー。そして今でも僕の模範だ」

デイビッド・クルサード　F1ドライバー
「一つの時代の終わりだ。誰がなんと考えようと、ミハエルは歴史を新しく塗り替えた。彼はスポーツを汚したという人もいるけど、そんなことはセナもお得意だったし、ミハエルだけを非難することはできない」

バーニー・エクレストン　FOA会長
「F1にとって深刻な損失だ。引退を考えなかったら、2007年にも必ずコクピットの中にいたはずなのに」

共に5回のタイトルを獲得。ジャン・トッドにとってシューマッハと共に仕事をすることは「特権」

ノルベルト・ハウグ
メルセデス・モータースポーツ副代表
「やはり、少し悲しい。この15年、僕らは大抵敵同士だったが、いつも一緒だった。シューマッハがいなくなるのは寂しい。彼の功績は、誰にも真似できないことだ」

ニック・ハイドフェルド　F1ドライバー
「悲しい。シューマッハの活躍のおかげでドイツにF1ブームが巻き起こったのだから。次の栄冠を手にするのは誰か、残された僕らドイツ人ドライバーにファンの熱いまなざしが向けられるだろう」

ニキ・ラウダ
世界チャンピオン1975、77、84
「シューマッハがそうしたように、私も帽子を脱いで彼に挨拶したい。彼の決断には驚いたが、正しい選択だったと思う。私にとって彼は真の王者だ」

シド・ワトキンス　元レース担当医師
「特にメディアは、彼がいかに思いやりのある人間であるかを理解しなかった。

周囲の声

モンツァでコースオフィシャルが亡くなった時、その未亡人の名前と住所を尋ねたドライバーは、ミハエルが最初だった。未亡人に経済的援助をするためだ。私は彼を非常に寛大な人間だと思う」

ティアゴ・モンテイロ　F1ドライバー
「知れば知るほど人はシューマッハを好きになる。僕はいつでも彼を尊敬していた。彼の功績はあまりに大きい。僕にとってとてもうれしい驚きの一つは、シューマッハが実生活ですごくオープンなこと。彼と共に走れたことを誇りに思うし、幸せだったと思う。だけど、人生はまだまだ続く」

ラルフ・シューマッハ　弟
「10年間共にF1をやっていたのに、来年はもう一緒じゃないなんて、何だか変な感じがする。ミハエルはこの決断を下すまで、じっくり考えたと思う。僕はそのことを尊敬したい。一緒に走れて楽しかった。元気で」

マリオ・タイセン
BMW・モータースポーツディレクター
「栄光に満ちたドラマチックなキャリアの、ドラマチックな終わり。今でも僕がナンバーワンと信じるドライバーの引退だ。F1はしかし、いつまでもそれを嘆いてはいられない。今度は先鋭の新人たちがシューマッハの代わりにファンを魅了してくれるだろう」

ベルント・シュナイダー
5回にわたるDTM（ドイツ・ツーリングカー選手権）チャンピオン
「シューマッハがDTMで走ってくれたらすごい。1年間対戦して彼を打ち負かせたらいいだろうな。そしたら僕は引退したいと思う」

ジャッキー・スチュワート
世界チャンピオン1969、71、73
「ジム・クラークが不幸にして亡くなった時も、F1は生き延びた。J-M・ファンジオが引退した時も、F1は続いた。アイルトン・セナが亡くなった時も同じだ。ドライバーたちはF1というスポーツの一部に過ぎない。だからミハエル・シューマッハを失ってもF1は存続するのだ」

安川　ひろし
ブリヂストン・モータースポーツ推進室長
「ミハエル・シューマッハは、F1史上最も偉大なドライバーだ。僕らは、彼と一緒に仕事ができたことを誇りに思っている。長い付き合いの中で、彼はブリヂストンタイヤの改良と成功に大いに貢献してくれた。そのことに改めて感謝したい」

シューマッハの前チーム監督フラビオ・ブリアトーレは「多くの才能ある新人ドライバー」に期待している

オートバイ世界チャンピオンのヴァレンティーノ・ロッシにとって、シューマッハの引退は予想外だった

フラビオ・ブリアトーレ
ルノー・チーム監督
「F1は偉大なチャンピオンを失った。しかし、F1にはそれを消化するだけの力が十分にある。優れた新人はたくさんいる。シューマッハは引退すべき時が来たことを感じ取ったのだろう」

フェリペ・マッサ　フェラーリ・チームメート
「シューマッハと僕は良い関係を築いていた。彼は特別な存在だ。僕は彼を友人と思っていたし、彼もそうだと思う。シューマッハが引退するのはすごく惜しい。彼は偉大なドライバーで、すべてに打ち勝っていた。仲間の中で、彼は最も完璧なドライバーだ。本当に寂しくなるよ」

ヴァレンティーノ・ロッシ
オートバイ世界チャンピオン
「全く予想していなかっただけに、引退と聞いて残念だ。シューマッハは重大な決断を下した。F1とスポーツ界全体にとって大きな損失だと思う」

ウイリー・ウェーバー　マネージャー
「シューマッハは人生の分岐点に立っていた。彼は長い時間をかけて考え抜いた。F1では16年間、そしてその前のF3では約3年にわたり、私たちは一緒だった。本当に長い時間だ。でもこれで終わりじゃない。これからもずっと共に働きたいし、繋がっていきたい」

周囲の声

マーティン・ブランドル 元F1ドライバー
「シューマッハは、ライコネンがチームメートになることを恐れているのではない。資金や安全面が問題なのでもない。たくさんのキーパーソンがチームを去ることが問題なのだ」

マーク・ブランデル 元F1ドライバー
「もう去る時が来たのだと思う。いい機会だ。彼はまだ優勝する力を持っているし、とにかくまだ速い。でもフェラーリは近い将来、大きく変化するだろう。シューマッハはできる限りの功績を挙げた。これについて誰も文句は言えない」

ニコ・ロズベルグ F1ドライバー
「とても残念だ。7回の世界チャンピオンを相手にレースに挑むのは、とても楽しかったからね。ドイツではF1ファンが一時減ると思う。新しいドイツ人ドライバーが世界チャンピオンになるまでは。もちろん僕がその1人になりたいと思っている」

フェルナンド・アロンソ
世界チャンピオン2005、06
「ジネディーヌ・ジダンはシューマッハよりもっと大きな栄光と共に引退した。シューマッハは歴代の選手の中でもスポーツマンらしくないドライバーだった」

デイモン・ヒル
世界チャンピオン1996
「F1を愛し、F1で成功していながら引退を決意することは、とても勇気のいることだ。正しい決断をしたのだと思う。彼は断固として勝ち続けたし、極限の速度へ挑む精神は、スポーツの歴史に刻まれるだろう」

ゲルハルト・ベルガー 元F1ドライバー
「まず第一に、僕は彼の実力と、とてつもない成功に敬意を表する。第二に、彼は周囲を率いる力があることを証明した。彼は人間的にもできている。あんなにたくさん稼いでいるのに、ひけらかしたりしない。彼のプライベート飛行機は、ミーハーな玩具などではなく、効果的な移動手段だ。彼の関心ごとは二つだけ。スポーツと家族だ。どんな大金がシューマッハの銀行口座に振り込まれても、彼はスポーツクラブで自分を鍛え上げ、毎年数万キロというテスト走行をこなしたのだ。全く感心するばかりだ」

ロス・ブラウン
フェラーリ・テクニカルディレクター
「シューマッハの可能性、プロ意識、走り——もう見られないのは皆寂しい。彼のいないチームは、全く別のチームだ。だからといって、悪くなるとは限らない。F1は躍進するのだ」

ニコ・ロズベルグはドイツ人として世界チャンピオンタイトルを狙う

ルカ・ディ・モンテゼモーロ
フェラーリ会長
「ミハエルは、フェラーリの発展になくてはならない人物だった。ドライバーとしてだけでなく、チームの一員として。モンツァでの劇的な勝利の後に彼の引退を知ったことは、僕にはとても幸運だった。彼が今も世界一のドライバーだということを、彼自身が証明したのだ」

キミ・ライコネン F1ドライバー
「シューマッハの決断に敬意を表したい。僕が彼の後継者となることには何の不安も感じていない。自分に大いに期待しているし、きっとタイトルを手に入れられると思う」

ハンス・ヨアヒム・シュトゥック
元F1ドライバー
「ミハエル・シューマッハは実力だけではなく運もよかった。確かに、ドイツでまた人気が出てきたF1のスーパースターを失ったことは痛いが、彼に続く時代もある」

フランツ・ベッケンバウアー
ドイツ・サッカーの英雄
「偉大な人物が引退するのはいつも残念だ。ドイツのスポーツ界だけでなく、モータースポーツ全体にとって。彼は今までで最も成功を収めたドライバーだ」

ヨアヒム・レーヴ
サッカー ドイツチームトレーナー
「ミハエル・シューマッハは、この10年のスポーツ界を代表する人物だった。彼の引退で大きな穴が開くだろう」

ロリー・バーン
フェラーリ・マシンデザイナー
「友人、同僚、最後のプロとしてのミハエルが引退するのは寂しい。ある時代の終わりだ。彼の残した記録を塗り替えることは困難だ」

トーマス・バッハ
ドイツ・オリンピック・スポーツ連盟会長
「ミハエル・シューマッハの業績は、F1、いやスポーツの常識をはるかに超えたものだ。このような人物が引退すると、それに値する別の人物が登場するまでが問題だ。スポーツには偶像となるべき人物が必要なのだ」

ジェンソン・バトン F1ドライバー
「彼はF1が始まって以来、誰よりも功績を挙げた。ずっと記憶に残るドライバーだ」

Wir werden für Sie da sein

Um eine Tausendstelsekunde zu sparen.
Um die Spitze zu erreichen.

Nur um das Eine zu beweisen:

Unsere Leidenschaft für überlegene Technologie, höchste Qualität und besten Service steht im Mittelpunkt unseres Einsatzes für Sie, und das weltweit. Bridgestone will Sie inspirieren und bewegen.

BRIDGESTONE
PASSION for EXCELLENCE

www.bridgestone.com
www.bridgestone.com/motorsports/

BRIDGESTONE CORPORATION

BMWより心からの挨拶

18年来のライバル、ミカ・ハッキネンがフィンランドから彼のために訪れる

別れの挨拶

アディオス、アミーゴ！　シューマッハの最後のチームメート、フェリペと抱き合う

たくさんのファンが別れを惜しむ横断幕

フェラーリがミハエルに贈った最後のマシン。
このマシンに乗って、シューマッハはサンパウロでの圧倒的な最終レースをやり遂げた。このマシンは、故郷であるケルペンのカート博物館に展示されている

シェイク・ムハンマド・ビン・ラシッド・アル・マクトゥーム・アラブ首長国連邦副大統領・首相は、ドバイ近郊の一つの島をシューマッハにプレゼントした。ここには300もの島からなる人造諸島がつくられており、その住人は最高に贅沢な暮らしを満喫している

1996年から2006年までの11年間、
フェラーリのコクピットはミハエル・シューマッハの仕事場だった。
最後のマシンは248F1で排気量2.4ℓ、最高出力は800馬力で、
回転数19,500rpm

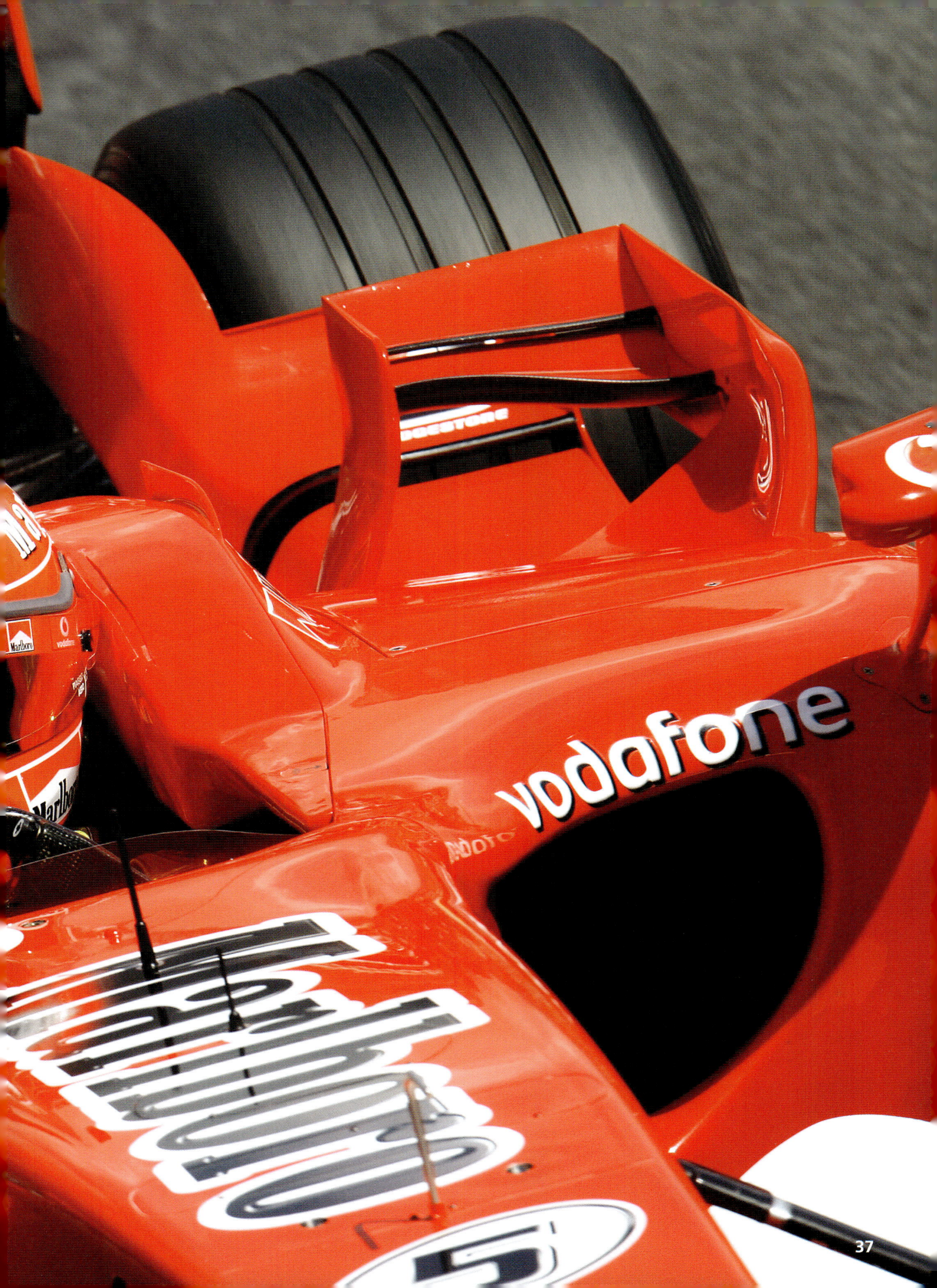
vodafone

プライベート・ライフ

Familienmensch
家族思い

シューマッハはヨーロッパで最も裕福なスポーツマンだ。どんな望みも思い通りにかなえることができる。彼はジュネーブ湖畔に、おそらくスイスで最高額の家を建てた。この豪邸を満喫できるのは、F1を引退してからだ。これからはもっと長く、家族と一緒にいられる。

シューマッハの屋敷は彼のキャリアのように果てしない。スイスの中で最も憧れの美しい場所として知られるジュネーブ湖岸に、ミハエル・シューマッハの一戸建てが出現した。3階建てで、居住面積700平方メートルになる予定だ。居間兼執務室の隣に寝室が8部屋、それに伴うバスルームも数多く作られる。20メートルのプールにはサウナも設備される。30席ある映画館、もちろん完璧なフィットネススタジオ。そしてやはり、コンディションを保つためのプライベート・サッカー場。これは同時にヘリコプター発着場となる。そして地下駐車場には、25台が駐車できる。

2007年晩夏、200メートルにわたるプライベートビーチに面したこの家が完成する。おそらくミハエルは、高さ15メートルの塔のてっぺんにある、彼の執務室の椅子に座って湖を見渡すだろう。そして腕をつねって、これは夢ではないかと考えるに違いない。

またシューマッハは、1991年、F1に進出した時のことを振り返るかもしれない。あの時のシューマッハには、それからの16年でこんなにも人生が変わるとは想像できなかっただろう。この少し前、シューマッハは後に妻となるコリーナ・ベッチュと恋の炎を燃え上がらせた。シューマッハはザウアーラント地方にある小さな町・ハルヴァー出身のコリーナを以前から知っていた。というのも彼女は、ハインツ・ハラルド・フレンツェン

ジュネーブ湖畔のシューマッハの新住居は、まだ巨大な建設現場。古い領主の館（上方）を改築して家族が住む。従業員や客はゲストハウス（左）に滞在する

プライベート・ライフ

プール、映画館、25台が駐車可能な地下駐車場を備えた新住居

と付き合っていたからだ。しかし、恋に破れ、シューマッハに慰められるうちに2人の仲は接近した。ケルペン出身のシューマッハは、当時、メルセデス・ジュニアチームでスポーツカー世界選手権を闘っていた。一方、コリーナは両親の営むタイル会社で事務をしていた。2人にとって、立派なキャリアや大金を夢見ても、それは果てしなく遠いものだった。

ベネトンとの契約で、ミハエルの収入は6桁になり、その翌年の1992年は、なんとミリオネアとなる。2人はマネージャーであるウイリー・ウェーバーの勧めで、税金面で優遇措置のあるモナコへ引っ越す。モナコにはほとんどすべてのF1ドライバーが住んでいた。しかし、2人はそこでの浮ついた派手な生活に馴染めず、スイスに家を探し始めた。そして1996年、ヴフレンス・ル・シャトーにそれを見つけたというわけだ。その1年前の8月5日、2人はボンのペータースベルクで念願の結婚式を挙げた。式の最後に、シューマッハは喜びのあまり参列者全員をホテルのプールに落としてしまったのだという。

1997年2月20日、長女ジーナ・マリアが誕生し、1999年3月22日には長男ミックが生まれた。シューマッハは2人の子供の誕生に立ち会った。そしてこれ以上、子供は望まないと決めたのだという。「お産は本当に疲れるし、痛みを伴う。コリーナが苦しむのにはもう耐えられないよ」

贅沢なのは家族と過ごす時間

新聞は毎年、シューマッハが16年間に稼いだ、とてつもない所得金額を掲載している。彼の総所得は6億ユーロともいわれるが、これは毎年約5200万ユーロが加算されてきた結果なのだ。内訳は、フェラーリから3500万ユーロ、個人的なスポンサーから1000万ユーロ、熱狂的なファンによるシューマッハ・グッズの売り上げが700万ユーロ。ヨーロッパのスポーツマンの中でダントツの金額だ。この金はスポンサーの1つでもあるドイツの資産コンサルティング社によって管理されている。しかしシューマッハが本当に贅沢と思えるものは、どんな銀行にもオファーすることはできない。「僕にとっての贅沢は時間。プライベートな暮らし。だから時間節約のために飛行機を1機買った。少しでも長く家族と一緒にいたいから。高価な物は僕にはあまり必要ない」。以前、シューマッハはヨットを楽しんでいたが、すぐに売ってしまった。その訳は「どのヨットハーバーでも大勢のファンに取り囲まれるから」。

人気があるのも問題だ。世界チャンピオンの座を獲得した2001年、彼は家を探していた。「僕らの子供はドイツ語で育てたいと思っている」。でもその時の居住地、ジュネーブ湖に程近いヴフレンス・ル・シャトーは、スイスの中でもフ

1996年以来、ミハエルとコリーナはジュネーブのこの家に住んでいる

プライベート・ライフ

ランス語圏だった。何人かの仲介人が、ボーデン湖畔などの美しい邸を勧めた。しかし、そこに引っ越してくるのが誰なのかが周囲に知れ渡ると、今度は市町村参事会が開催された。ある仲介人が言うには、「シューマッハが引っ越しするとなると、行く先々で市町村参事会が開催された。彼らはシューマッハがお祭り騒ぎを起こすのではないかと心配していたのだ」。

結局、シューマッハ夫妻は教区民1万人の、ジュネーブ湖に近いヴィラ・イン・グラントに落ち着いた。そこもスイスの中のフランス語圏で、前の家から2,3キロしか離れていなかった。60ヘクタールの家屋敷に4000万ユーロ課税された。宝石商人が所有していたこの邸宅は基礎工事からやり直され、加えて敷地内に400平方メートルの家が、従業員とゲストのために建設された。

「事実、シューマッハ家族はとても謙虚に暮らしている」と言うのは、ヴフレンス村長のルイス・バーデットだ。「彼らは、世界チャンピオンを祝うパーティーを市が主催するのを毎回断っていました」。人口450人の牧歌的なこの小さな村は、サヴォイ・アルペンを望み、ジュネーブ湖から10キロ離れたところにある。住民たちは、村で最も大きな邸宅に住むその有名な隣人を、快く受け入れてくれた。石畳の小道が屋敷へと続き、扉には呼び鈴はあるが表札はない。門のすき間から、遠くへ広がる庭が4つのガレージで仕切られているのが十分よく見える。敷地内を小川が流れている。

2人のフィリピン人従業員、3匹の犬と『モズレー』と『エクレストン』と名づけられた2匹の雄猫が、家族の留守を預かっている。シューマッハがどんなに強く望んでも、コリーナが彼のレースに顔を出すことはあまりない。2週間ごとに両親がいなくなっては、子供たちに規則的で安全な生活を送らせることができないと考えるからだ。しかしパドックでは、F1界のファースト・レディーとして、このマルチ世界チャンピオンの妻であるコリーナ夫人はいつでも大歓迎だ。

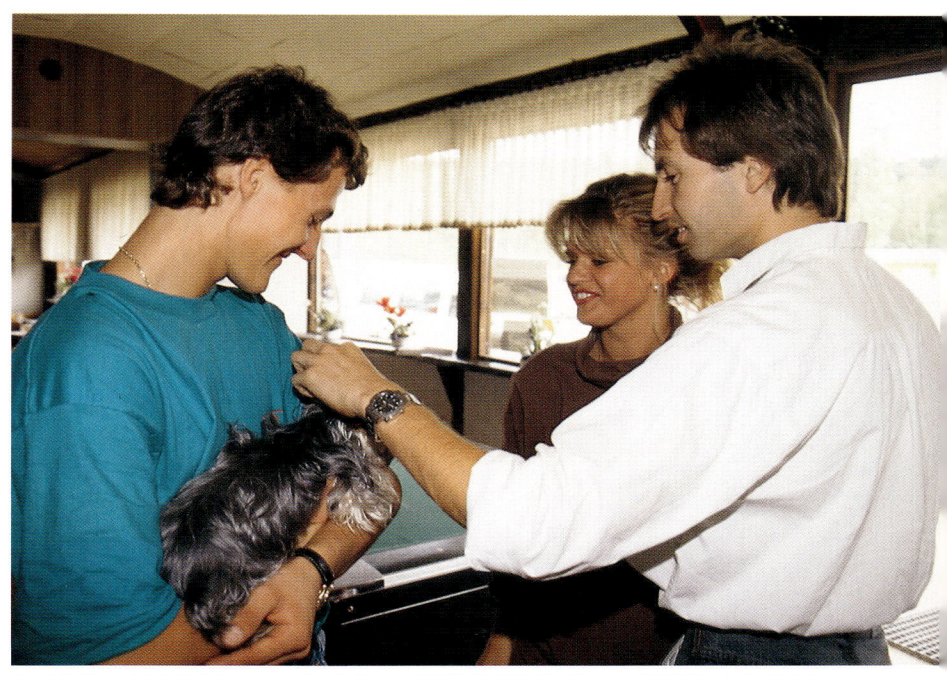

2人の出会い。友としてのシューマッハ、ハインツ・ハラルド、そしてコリーナ。1989年、ケルペンにて

2000年、ミハエルが3度目の世界チャンピオンの座を獲得した時、ミカ・ハッキネンはコリーナに、マイクで一言話してくれるよう頼んだ。その際の、ミカがコリーナに言った、「君はいつもシューマッハの後ろにいて、チャンピオンになるのを助けている。それがいかに重要か僕も知っている。シューマッハは、僕がタイトルを獲得した時もすごく祝福してくれた」という言葉に感動したシューマッハは、長い間のライバルでもあり、また親友でもある彼を抱きしめてこう言った。「ありがとう。全く君の言うとおりだよ」。

プライベート・ライフ。ばく進する世界チャンピオンのシューマッハから、ミ

1999年にミックが生まれた後、当時2歳だったジーナ-マリアを交えた最後の公式家族写真

プライベート・ライフ

ハエル、——正確に言うとラインラント訛りで『ミシャエル』の話に戻ろう。古き良きケルペンの伝統にのっとって、レースのかしこまった世界にさよならを告げつつも、もっと細かな問題を前に、「こりゃぁ、何とかしなくてはならないな」と思っているシューマッハの話に。

高価なマーマレード

シューマッハの家族は、彼の日常生活をこんなふうに語る。地下にこもってトレーニングする以外は、ハーレーを走らせるか、第3リーグに属している地元のサッカーチームでボールを追いかけているかだ、と。大きな買い物はコリーナと一緒、パンは1人で買ってくる。いつも値段には敏感だ。「子供のころからの癖でね」とシューマッハは言う。節約したいときは、安いガソリンスタンドまで遠回りすることもある。彼のお気に入りのマーマレードがスイスでは高いので、わざわざドイツから持ってこさせていた。これを知ったジャム会社が、シューマッハと広告契約を結ぶまでは……。

シューマッハはあれほどの報酬にもかかわらず、なぜこれほどまでに小市民的で普通なのか？　かつてゲルハルト・ベルガーは、今のF1ドライバーには個性が無く、カリスマ性も無いと言っていたが、シューマッハのことを言っていたのだろうか。

しかしその言葉は、シューマッハには当てはまらない。シューマッハは、この言葉を聞いて、憤慨して言った。「ゲルハルトが駆け出しのころは、F1ドライバーが夜通しパーティー騒ぎをするような時代だった。でも、時代は変わった。別の条件の下に置かれれば、人間、キャラクターが変わってくるのは当然のことだ。以前、人は寛容だった。もし僕が昔のゲルハルトと同じようなことを今したら、深刻な個人的問題になるだろう。単純にそういうことなんだ」。

家でのミハエルはサッカー好きの父親だ。フェラーリで活躍する一方、基本的には「この年齢で家族を持ち、仕事もあり、休日には趣味を楽しむほかの人たちと同じだよ」。客人にはロブスターではなく、一般的な料理でもてなす。コリーナとよく行くレストランは、ヴフレンスで2つ星の『エルミタージュ』。「お2人はたいてい魚かお肉だけ召し上がります。シューマッハはミネラルウォーター、奥様はこの地域で取れたワインを一杯だけお飲みになります」と、この店の主人。

まるで自分の村。ノルウェーにあるミハエルのログハウス

驚き、信頼、幸福の表情

レースを熱く見守る、コリーナ、ロルフ・シューマッハ、ロルフの恋人バーバラ

一握りの友人

著名人の周りには、ちやほやするおべっか使いがたくさんいることを、シューマッハも知っている。「幸い、僕にはそういう人たちは、もう近寄らない。昔と比べて今は隔絶されているから」。彼の周囲にいる一握りの友人は、シューマッハが世界チャンピオンになる以前からの付き合いで、信頼できるパートナーたちだ。彼らにシューマッハは深く感謝している。ペーター・カイザーとヘリベルト・フュンゲリングはF1に進出する前、カート時代からの知り合いだ。2人は数多くのレースに招待され、特に日曜日の夜には、気さくなテーブルを囲んで昔話に花を咲かせる。F1でのシューマッハには友達が少なく、最も親しかったのはヨス・フェルスタッペンと、シューマッハにダイビングを教えた鈴木亜久里だけだった。また、マネージャーのウイリー・ウェーバーや、フェラーリ・チーム監督のジャン・トッドも長い付き合いの友人だ。トッドはノルウェーにあるシューマッハ家の別荘で行われるクリスマスパーティーに、何度も招待されている。

600平方メートルもあるログハウスは、トリジルの街から程近い。ここにはビデオカメラを持った観光客も来ないし、マスコミの人間もマイナス30度を恐れてやってこない。冬の数週間、シューマッハ家はこの雪に囲まれた景色を定期的に楽しむ。「誰にも見られずに散歩できるっていうのは、実に気持ちがいいんだ」とシューマッハ。マヨルカ島の別荘は、多くのファンが訪れるので手放してしまった。今ではマネージャーの所有物だ。

シューマッハは数多くの不動産を所有しているが、それらについて彼は何も知らない。投資目的で所有しているだけだ。

尾翼にシューマッハのロゴが記されたプライベートジェット機。「飛行機はプライベート・ライフの時間を増やしてくれるもの」

サッカーも生活の一部。フェラーリでは得られない喜び。シーズン中の怪我は数百万ユーロもの損害に

プライベート・ライフ

そのような資産では、当然、預金通帳には利息が付かない。しかし、所有するすべての不動産は、高利回りを約束してくれる。これで、ボリス・ベッカーやトーマス・ゴットシャークが苦しんだような何百万ユーロもの借金に悩まされることは無い。さらに、約500万ユーロの巨大な投資の対象もある。

これは父親が経営するケルペンのミハエル・カートセンターだ。

「僕が子供のころは、お金が無くていろいろ厄介だったけれども、僕の子供たちの生活は逆にお金がありすぎて複雑だよ」とシューマッハは悩んでいる。彼は子供を甘やかさないよう心掛けているのだという。子供たちがレースを見に来るのはごくまれだ。子供たちが今からスター気取りをしないよう、そして写真を撮られないようにするためだ。

150頭の馬の故郷

どうしてドイツではなく、スイスなのか。そう尋ねられるとシューマッハは、数年前から次のように答えている。「ドイツではゆっくりできないから」。彼は、財務省のことを口に出しはしない。しかし、実際のところドイツでは収入の約半分を国庫へ納めることになるが、スイスでは税金の支払額に交渉の余地があるのだ。シューマッハはスイスでは無職の扱

馬力の猛獣使い、シューマッハはハーレーでの孤独な走りを愛す。そしてパドックにも人知れずやってくる

物言わぬ寄贈者

「シューマッハはかなりの額を寄付しています。でもそれについて一言も話す必要は無いと言います」。発展途上国の子供たちが学校へ行けるようにする、国連プロジェクト『貧しい子供たちの教育』に、シューマッハが貢献していることは有名だ。2002年、ユネスコはミハエルの社会貢献を称え、彼を特別大使に任命した。シューマッハ本人、あるいはマネージャーが、チャリティー・レースの際に何度か、数百万ユーロにも上る小切手をユネスコに渡してきた。

2005年の新年。テレビの視聴者たちは思わず息を呑んだ。番組では東南アジアで起こった津波による被害に募金を呼びかけていた。そこでマネージャーのウイリーはシューマッハの名前で1000万ドルの寄付を申し込んだ。シューマッハは小切手にサインしただけでなく、何をすべきかを救助組織と相談し、その結果、その金額を破壊された水道設備の復旧に充てることにしたのだ。

RTL慈善事業『献金マラソン』も、シューマッハから毎年多額の支援を受けている。シューマッハが着ているレーシングスーツが、毎年11月末にオークションに出品されるのだ。

プライベート・ライフ

いだ。なぜならば、スイスにはF1サーキットコースが無いからだ。それでも、彼に課せられた100万スイスフランの納税額は、この小さな地域にとってかなりうれしい金額であり、同時に納める側のシューマッハにとっても同じくうれしい金額なのである。

ジュネーブ湖より海抜170メートルに、夢のようなギブリンス村がある。そこにシューマッハは、コリーナの夢だった牧場を実現させた。「CR牧場」には150頭の馬を収容できる場所と、長さ95メートルの馬場がある。これはスイスで最も大きい馬場だ。馬はトレーナーのマーティン・ラルコンとそのチームによって調教されている。マーティンはオーストラリア人で、ウェスタン調教乗馬の世界チャンピオンだ。「このスポーツを、私たちの乗馬センターから広めていきたいの」とコリーナは語る。

コリーナにとって馬は人生そのものだ。彼女自身も活動している動物保護団体『ペタ』は、特にトルコで虐待を受ける動物たちを助ける組織だ。そこでは衰弱しきった多数の馬が、想像できないほど過酷な条件の下で働かされている。「人間は時に自分の生活のためなら手段を選ばない。私たちは彼らから馬を買い取って、その代わりにトラクターを与えるの。馬たちは静かで痛みの無い場所でずっと暮らせます」。

「いつか、僕はコリーナの馬の搬送車を運転するだろう。コリーナがトーナメントに出場するときにはね。いい考えだろ?」。そう言ってシューマッハはニヤッと笑った。

シューマッハをとりまくカートの世界

1997年、ミハエル・シューマッハは約500万ユーロを投資して、故郷ケルペンにドイツでも最新のカートセンターを作った。投資するだけにとどまらず、シューマッハはコースの設計にもかなり協力し、カートチャンピオンとしての彼のノウハウのすべてをそこに注ぎこんだ。

いまやMSカート・イベントセンターはシューマッハのファンたちにとって、絶対的な意味合いをも持った場所となっている。カートセンターに通じる道路は、彼が最初にフェラーリでタイトルを獲得した2000年に、これを祝ってミハエル・シューマッハ通りと名付けられた。センター内には600メートルの長さのインドアコースがあり、初心者からプロまで思い思いのスピードを試せる。屋外のコースには電子式ラップタイム測定器や、フラッドライトなどの最新技術が投入されている。シューマッハが引退を宣言した後、訪問者は以前より増えている。特に、毎年12月に開催される、シューマッハ自身も参加する24時間カートレースというイベントは、最高に魅力的だ。

2002年には同敷地内に、『ワールド・オブ・シューマッハ』が開館した。この展示では、シューマッハが夢のキャリアを駆け上がる中で乗ってきた、最初のカートからF1での様々なマシンまでを身近に体験することができる。

住所:
MS Motorsort GmbH
Michael-Schumacher-Str.5,
50170 Kerpen-Sindorf
電話(ドイツ) 022273-6019 0
WEBサイト http://www.ms-kartcenter.de

ケルペンに展示されているシューマッハの駆ったマシン

スーパーモダンなカートコースもある、MSカート・イベントセンター

45

帽子も似合う世界チャンピオン。
チャーミングな性格のコリーナは、誰もが認めるF1のファースト・レディー。
そしてミハエルの大切な助言者でもある

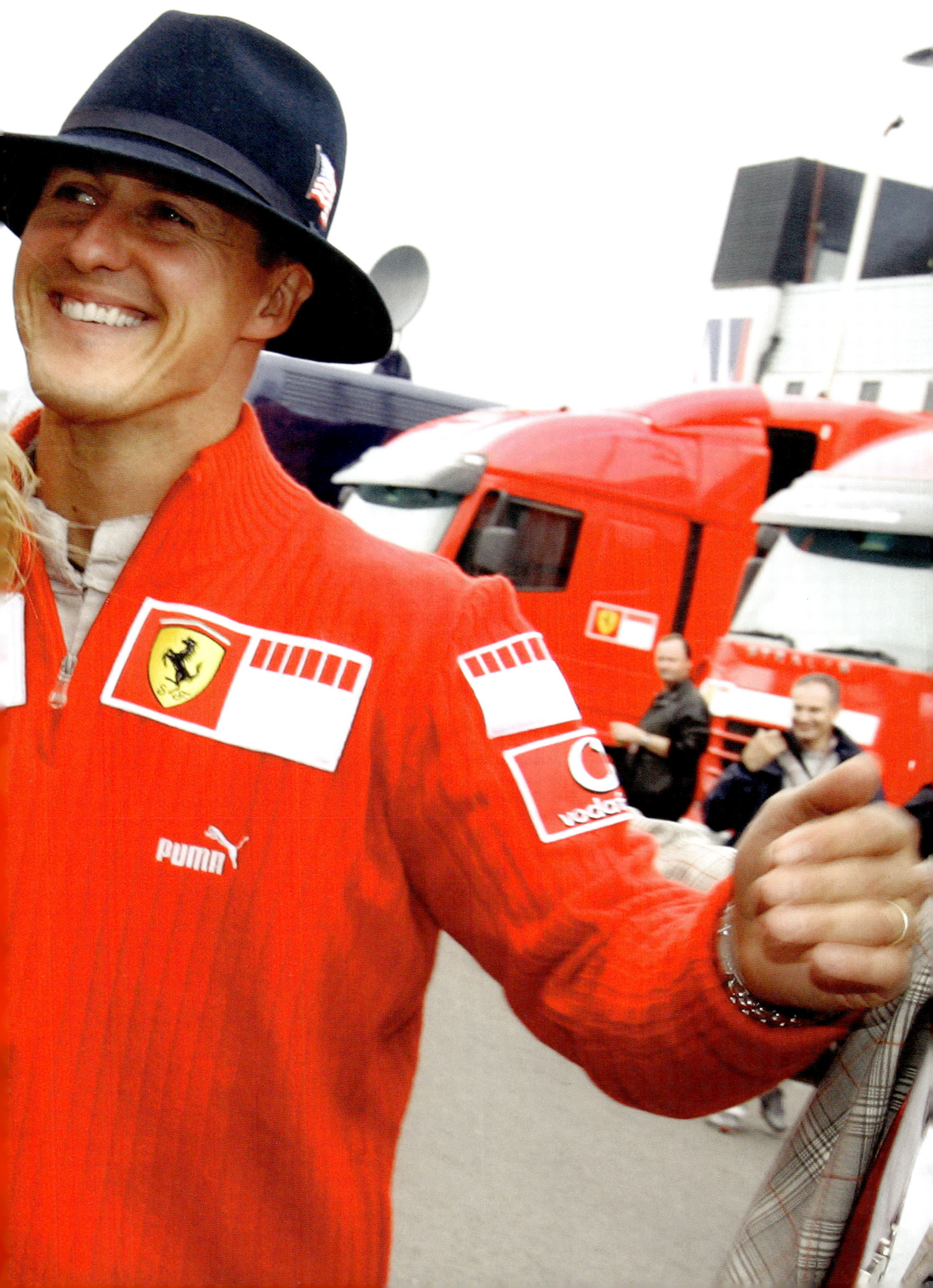
PUMA

ウイリー・ウェーバー

Mister 20 Prozent
ミスター20％

ミハエル・シューマッハのキャリアは、彼のマネージャーであるウイリー・ウェーバーのキャリアでもある。2人は18年間すべての勝利を共に喜び、敗北には共に怒ってきた。彼らは共に裕福になった。そして今後も一緒に仕事をしていくことだろう。

ウェーバーにとってシューマッハのキャリアの終わりは、ずっと前から見通しが付いていた。「シューマッハが今シーズン8回目の世界チャンピオンタイトルを手に入れたら、引退するよう勧めるつもりだ」。こうウェーバーが述べたのは2006年8月。ところがそう長くフェラーリは待ってはくれない。シューマッハはモンツァで引退を告知しなければならなかった。しかしウェーバーは、シューマッハに考える時間をもう少し与えてやるべきだったと考える。

そしてウィルヘルム・フリードリッヒ・ウェーバーのF1でのキャリアも、このシーズン終了とともに終わった。2番目にかわいがっていたラルフ・シューマッハも、少し前に失ってしまっていたからだ。

18年来、シューマッハの後ろにはウイリー・ウェーバーがいた

しかし、職業安定所に行く必要は無い。なぜならウェーバーは「ミスター20パーセント」として、収益の5分の1を受け取っているからで、ミハエル・シューマッハ1人から得る金額だけでも1億2000万ユーロ相当になる。ラルフやほかのクライアントから受け取る割合はさらに高い。「数年前から、報酬は原動力のバネではなくなった」とウェーバー。

時に誰かが彼を、シューマッハに便乗している奴だと表現すると、非常に腹を立てる。「私はシューマッハと出会う以前に、かなり乱暴な方法でいろいろやってきたんだ」。レーゲンスブルク出身の、この仕事熱心な1942年生まれの男は、25歳だったころ、最初の100万ユーロで飲料事業を始めた。その後、ミュンヘンのビジネスセンター『シュヴァービロン』に投資したが、これが破産したので、ほとんどの金を失った。今度はイチからのやり直しだったが、やがて30もの飲食店を経営するまでになった。

豊かになった彼は、80年代、子供のころの夢だったレースに、ポルシェとF3マシンで参加する。しかし、そううまくはいかなかった。「若いドライバーは40代の私に絶対、道を譲らなかった」。そして1983年、友人のクラウス・トレラと一緒に、F3のチームを手ごろな値段で譲り受けるというチャンスが訪れた。チーム名をW.T.S.（ウェーバー・トレラ・シュツットガルト）とし、1988年にはヨアヒム・ビンケルホックをチャンピオンの座に導いた。

しかしウェーバーは、F1の夢を捨てきれなかった。田舎を飛び出して、ピンと張り詰める充実した生活を望んだ。そのためには才能ある若者を見つけることだった。「1989年に20歳になったばかりのミハエル・シューマッハと契約を結んだ時、私は彼のとてつもない才能に気付いていた。しかしケルペン出身のこの若者が史上最強のF1ドライバーになるとは、正直想像できなかった」とウェーバーは振り返る。彼は2年の間、この希望に満ちあふれた若者に投資した。契約書には、将来レースで得た収益の20パーセントをマネージャーに渡すことが記されていた。「あれは宝くじのようなもの。私は1等賞を引いた」とウェーバー。

ウェーバーは、ミハエル・シューマッハにレースのことは何1つ助言できない。彼はドライバーではない。商人であり狡猾な人物だ。ここまで高い割合でドライバーと契約できるのはウェーバーしかいないし、帽子や傘やモデルカーをこうも器用に売りさばくことができるのもウェーバーだけだ。ウイリー・ウェーバーはトルコの市場で繰り広げられる駆け引きよりも、もっと激しく交渉する。「息をするのに空気が必要なのと同様、私には成功が必要なんだ」と言う。シューマッハと共通する考えとして、「オリンピックのように、参加することに意義があるという考えは、われわれには馴染めない。われわれは1位になりたいのだ。それがすべてだ」と語る。

それからもう1つ、「私はミハエルの1歩後ろを行くボディーガードではない。われわれは共にビッグになったんだ」。同様のことはラルフ・シューマッハにも当てはまる。ウェーバーは、1995年にラルフと契約を結び、そして先人であるレーサーたちの後継シート争いとフォーミュラ・ニッポン参戦を通じて、用心深く

飲食店経営からF1へ：ウイリー・ウェーバーにとってシューマッハは宝くじの1等賞

太陽の降り注ぐ家：マヨルカ島にあるウェーバーの別荘

F1に進出させていった。

　ウェーバーはシューマッハ兄弟にとって、マネージャーを越えた存在だったという。ウェーバーは自分自身、2人の教育者を自負していたが、2人に怒鳴るようなことはしなかった。「私が大声で怒鳴ったら、彼らがよそで真似をするだろう。私は彼らのイメージ作りに責任があるからね」。というのも、「成功とイメージだけがスポンサーには重要だ。私の25人の従業員は、夜、家へ帰ってシューマッハについて恋人にこう語るんだ。彼はスタイリッシュで水準が高い、とね」。しかし、パドックでのウェーバーは、特にかわいがっているシューマッハのこととなると、全くの別人だ。1999年にシューマッハが足の骨を折った時、シーズン残りを完全に家で過ごしたいと主張したが、モンテゼモーロはエディー・アーバインのタイトル獲得を支援するよう命じた。このときウェーバーは激しく抗議し、そのため、一時フェラーリ・ピットへの立ち入りを禁止されたほどだ。

　ウイリー・ウェーバーは、いつも心の中の葛藤に悩まされる。豪快で、誰にも依存しないでいたいと思う反面、マジメでいたいと思う。権力的な若者の意思と、マジメなマネージャー、ウェーバー氏としての葛藤は、彼の容姿に見て取れる。3日間もひげを伸ばした顔は、ワイルドな印象を与えるが、彼の履くジーンズは、きっちりとアイロンがかけてある。時々彼を横柄で傲慢に感じる人が、「ウイリーは大層な奴だ」と呼ぶ。そう呼ばれると、ウェーバーには仏教で得心した人のように静かに笑うしかない。「私が重要じゃないって？ ほかのすべての人と同じように？」。

　ウェーバーは数年前、シュツットガルト・デーガーロッホにあるメルセデス・ベンツ社の工場の近くに近代的な事務所を構えた。飛行場には2機のプライベートジェット機が待機し、交渉に出かける主人を待っている。また、ウェーバーは豪華な邸宅をシュツットガルトに所有し、そこで妻のハイデマリー（40年以上前に結婚）とたくさんの動物たちと暮らしている。ウェーバー夫人は、夫の仕事にはあまりかかわらず、もっぱらシュツットガルトにある野良猫、野良犬などの家畜収容施設で活動している。娘のクリスティーナは父の会社で働いている。以前はファングッズの販売を担当していた。しかし商売は以前に比べると芳しくない。『オートビルト・モータースポーツ』のインタビューに対しウェーバーは言った。「われわれはあまりに大金を市場につぎ込みすぎた。消費者は6個目のキャップを買うつもりはないのだ。でも7度目の世界チャンピオンの商品は売れるはずだ」。今後、シューマッハのサイン入りの高価な商品が準備されるという。これからもウェーバーは、シューマッハの金脈が干上がらないように注意を払うだろう。ミハエルの引退宣言の数日後、ウェーバーは自動車付属品会社A.T.Uと広告契約を結んだ。600万ユーロだった。

　これまでウェーバーが交わした中で1番良い契約は？ と聞かれれば、「ラルフ・シューマッハとトヨタの契約」と答える。2005年から2007年までにおそらく5000万ユーロを受け取ると推測される。1人のドライバーに対し、本当に多額の金だ。しかし2005年11月、ラルフはウェーバーとの解約を申し入れた。「恨んではいない」と穏やかに言うウェーバー。おそらくコーラ・シューマッハ夫人の貪欲さに手を焼いていたとみられる。これに対してラルフは、ウェーバーが兄ミハエルの肩ばかり持ち、口喧嘩になると必ず兄の意見を通すと思っていた。

　ミハエル・シューマッハが引退した今、64歳になるウェーバーの人生は変化するだろう。2週間ごとに家を留守にする生活はもう無い。時折ゲストとしてパドックに来ることはあるかもしれないが。マヨルカ島で太陽の光を浴びる贅沢な時を、ゆっくり堪能できるのだ。そして、カトリック教会関連の助言者および商人になる、という昔の計画に転向するに違いない。次はバチカンの聖ペテロ寺院でカーレースでも？ という問いに、ウェーバーは「悪くないね」と答える。

ハイデマリー・ウェーバー。40年来の妻

ウイリー・ウェーバーとラルフ・シューマッハの間に流れる重い空気。2005年11月、2人は穏やかに別れを告げた

DAS ZIEL

KOPFSCHUTZ FÜR MEHR TOP-SPEED. PERFEKTION IM GRENZBEREICH.
OPTIMALER SCHUTZ BEI MAXIMALER PERFORMANCE.

DER WEG

HIGH-TECH AUS DER RAUMFAHRT. FORSCHUNG IM WINDKANAL.
PARTNER, DENEN GUT NICHT GUT GENUG IST.

DAS RESULTAT

DER LEISTUNGSFÄHIGSTE HELM DER WELT.
FÜR DEN BESTEN FAHRER DER FORMEL 1.

DANKE, SCHUMI.
ES WAR EINE TOLLE ZEIT.

SCHUBERTH **RF 1**
Das Non-Plus-Ultra im Helmbereich.
Extrem klein, extrem leicht, super sicher.

Schuberth
HEAD PROTECTION TECHNOLOGY

1992年、南アフリカ・キャラミでのシーズン開幕
上段左から：アンドレア・キエーザ、ベルトラン・ガショー、ジョニー・ハーバート、ミカ・ハッキネン、エリック・バン・デ・ポール、エリック・コマス、ガブリエル・タルキーニ
中段：ポール・ベルモンド、マーティン・ブランドル、ミハエル・シューマッハ、カール・ベンドリンガー、ミケーレ・アルボレート、片山右京、ティエリー・ブーツェン、クリスチャン・フィッティパルディ、ジャンニ・モルビテリ、マウリシオ・グージェルミン
前列：ジャン・アレジ、オリビエ・グルイヤール、ゲルハルト・ベルガー、リカルド・パトレーゼ、アンドレア・デ・チェザリス、ピエルルイジ・マルティニ、アイルトン・セナ、JJ・レート、鈴木亜久里、イワン・カペリ
写真に載っていないドライバー：ナイジェル・マンセル、ステファノ・モデナ、アレックス・カフィ、エンリコ・ベルタッジア、ジョバンナ・アマティ

GRANDE PRÊMIO DO BRASIL
ÃO PAULO 2006

なんと長いキャリアか！ 1992年シューマッハの最初のフルシーズンと2006年最後の引退写真。
彼は、1992年から2006年まで一貫してサーキットに出場した唯一のドライバーだ

2006年、ブラジル・サンパウロでのシーズン最後の写真：
上段左から：ビタントニオ・リウッツィ、スコット・スピード、佐藤琢磨、山本左近、クリスチャン・アルバース、ティアゴ・モンテイロ、ラルフ・シューマッハ、ヤルノ・トゥルーリ
中段：デイビッド・クルサード、ロバート・ドーンボス、マーク・ウェーバー、ニコ・ロズベルグ、キミ・ライコネン、ペドロ・デ・ラ・ロサ
前列：ルーベンス・バリチェロ、ジェンソン・バトン、ジャンカルロ・フィジケラ、フェルナンド・アロンソ、ミハエル・シューマッハ、フェリペ・マッサ、ニック・ハイドフェルド、ロバート・クビサ

プライベート・ライフ

Die Eltern 両親

世界チャンピオンの息子なら、比較的簡単にF1にたどり着いただろう。
でもシューマッハ兄弟にはコネなど一切無かった。彼らを押し上げたのは純粋に才能だ。
両親は、ただ一生懸命働くだけだった。

人生とは激動の連続だ。2003年、サンマリノGPでミハエル・シューマッハはポールポジションを獲得した。0.014秒差でラルフ・シューマッハが2位につけた。数分後、シューマッハ兄弟はそれぞれの妻を伴って、飛行機に乗りケルンへ向かった。ケルン大学病院で、母エリザベートが息を引き取ったからだ。55歳の母は、レースの前日に突然倒れ、集中治療室での治療を受けていた。ラルフとミハエルは数時間、母のそばに付き添った。もうこれが最後だと思ったのだという。しかし、無情にも夜になると2人はまたイタリアへ戻らねばならなかった。そしてその翌朝早く、母の死という悲報が届いた。

フェラーリ・チーム監督のジャン・トッドは、悲しみにくれるシューマッハに、レースに出走するかどうか、自分で決めてもかまわないと指示を出した。ラルフ・シューマッハの監督であるマリオ・タイセンBMWウイリアムズ・ディレクターも同じ考えだった。しかし、シューマッハ兄弟の答えは一緒だった。ラルフはヘルメットを黒に染め、ミハエルは腕に喪章を結んだ。2人は共に1列目からスタートし、16周もの激しい兄弟バトルを繰り広げる。ラルフがピットで引き離されるまでデッドヒートは続いた。ミハエルはシーズン初の勝利。レース後、彼は硬い表情で優勝の表彰台に上がり、記者会見の前にコースを後にした。

その数日後、エリザベート・シューマッハの葬儀が、近親者の間でひっそりと執り行われた。後に残されたものは母の

エリザベート・シューマッハと夫のロルフ。「一緒に店をやっていた」母だった

プライベート・ライフ

思い出だけ。「一緒に店をやっていた母」の思い出だ。店とは、ケルペンにあるカートコースのことだ。エリザベートはそこの軽食スタンドでフリッターを揚げ、肉団子を作っていた。外のコースでは2人の息子たちが、びっくりするような技をほかの子供たちに教えていた。

1968年、母・エリザベートと父・ロルフは結婚した。ロルフは当時、暖炉作りの職人だった。しかし約30年後、2人は離婚する。ミハエルはこれについて何も異論を差し挟まなかった。「僕の両親はこれまで、ずっと昼夜を問わず働いてきた。そんなに働く必要がなくなって、自分たちの時間が増えた時、気付いたんだ。本当は相性がよくないということにね」。

しかし両親は離婚してからも、立派な施設を備えたミハエル・インドアカートコースの経営者の座にとどまった。母であるエリザベート・シューマッハは、上品な女主人の役割に満足していたわけではない。彼女がサーキットコースに現れるのはごくまれだった。病気が少しずつ体を蝕んでいった。そしてあまりに早すぎる死が、皆を驚かせた。

父であるロルフ・シューマッハは、今では新しい恋人バーバラ・シュタールとオーバーベルク地方で暮らしている。ミハエルのF1引退については後になって知った。「私たちはほとんどスポーツの話をしない。ミハエルに助言するなんてことは、もう何十年もやってないよ」。

なぜ、自分の息子が2人とも、これほどまでに突出した才能の持ち主なのか、その理由はロルフにも謎だという。ラルフ・シューマッハが生まれた後、両親は、子供は2人で十分だと思ったそうだ。これは一部の人間にとって幸いだった。というのも、2001年カナダGP後の記者会見で、3位だったミカ・ハッキネンが、ドイツ人兄弟を右手に見て思わず口からこう漏らしたからだ。「まったく……」。そしてうめくような声で、「彼らにもう1人兄弟がいなくてよかった……」と。

2003年イモラで優勝する数時間前、ミハエルは母の死を知った

キャリアアップの日々

Von Laternen zu den Sternen
下積みから大スターへ

自家製のカートで走った人生最初のレースは、街灯に激突して終わってしまった。
そこから厳しい山をぐいぐいと登り始める。最初の優勝カップ、どんどん大きくなるレースカー、そしてメルセデス・ベンツとの契約。
ミハエル・シューマッハの周りには、いつも彼の才能を信じて応援する人がいた。

1950年代初めのある日のこと。ロルフ・シューマッハという名のチビの男の子は、開いた口がふさがらなかった。「近所の青年たちが何人かで、奇妙なものを操っているのを見たんだ。それは後部にエンジンを載せた小型の車だった。青年はガソリンを入れ、その車を実際に200〜300メートル走らせてみせた」。

ゴーカートの前身であるこの車がどこから来たのか、ロルフ・シューマッハはもう忘れてしまった。しかし、それはしっかりと彼の脳裏に焼き付いた。それから約20年後、ロルフに息子ができると、彼はあのときの光景を思い出した。手先が器用な暖炉作りの職人になっていたロルフは、息子に原動機付きペダルカーを作ってやった。当時4歳の息子、ミハエル・シューマッハは、ケルペンの街にある歩道や駐車場を、このペダルカーに乗

Michael – klein, aber schnell

小さいがすばしっこいミハエル

おそらくドイツで最年少のカート・ドライバーが、ニーダーアウセンに住んでいる。その名はミハエル・シューマッハ、4歳。この坊やは4週間前から、父親と共にカートクラブ『グラーフ・ベルゲ・フォン・トリップス』の会員になった。この週末もミハエル少年は、ホレムにあるコースを周回した。ミハエル少年の運転する自家製のカートがひねり出す最高速度は、なんと時速45キロ。車は、チェーンカーと原動機付自転車のモーターを組み合わせたもので、円筒形容器がタンクの代わりだ。ゲルハルト・ゴルナスト（写真左）は、所属する約80人の会員中、最年少であるこの会員を歓迎している。ちなみに、現在カート・ドライバーとして活動する会員は、80人ほどの会員の中で約50人だ。

ミハエルの最初の記事、1973年。誇らしげな父ロルフ（右から2番目）

キャリアアップの日々

って走り回った。初めは危険のないよう長い綱でつなぎ、父・ロルフが自転車で後ろを走った。ひた走るミハエル・シューマッハの車はこの時、実に時速40キロを越えていたという。

「そういう時期は、あまり長続きはしなかった」と父・ロルフは振り返る。「ミハエルが駐車場で、全速力で街灯に激突してしまったからだ」。小さな男の子は何も言わずに、破壊された車を引いて家へ帰ってきた。それから急いで「お医者」へ行った。膝の傷は7針も縫うものだった。「でもミハエルはちっとも痛いと言わなかった。あの子は十分承知していたんだね。自分が失敗したことを」。

ラブだった。ここは1961年に事故死したF1ドライバー、ウォルフガング・グラーフ・ベルゲ・フォン・トリップスの家族が所有していたものであり、約50人の会員がエンジンを搭載した小さなゴーカートをうならせ、レースの賭けをしては楽しんでいた。ゴーカートは1人の会員がアメリカから輸入したもので、ダルムシュタット出身のアドルフ・ノイベルトが整備を行っていた。「ミハエルは、自分のコントロールを利かせながら思い切り暴れまわれる場所を、ついにカートコースに見つけた」と父は言う。「カートシーンに出会ってようやく気付いたのは、いかにポンコツな車を息子が走らせ

びを見い出した。なぜならミハエル・シューマッハは、1975年、まだ6歳の時にクラブ・チャンピオンに輝いたからだ。そのころ、カートクラブ『グラーフ・ベルゲ・フォン・トリップス』は、ケルペン・ホレムからケルペン・マンハイムへと移転。そこでコースの管理人となり、自費で貸カート屋ができる人物を募集していた。これは、暖炉職人だった父にとって、もう1つの職としてもってこいの話だった。肉屋の店員だった彼の妻にとっても、カート施設で軽食スタンドを開くことは、2つ目の仕事として悪くない話だった。

そしてシューマッハ家は、ケルペ

エリザベート・シューマッハは、1992年までカートコース脇の飲食店を営んでいた

6歳のクラブ・チャンピオン、ミハエル

ロルフ・シューマッハが車を組み立てたところから、史上最も偉大なドライバーのキャリアが始まったというわけだ。このメカ好きな父親がいなかったら、息子・ミハエルの才能が見い出されることは、決してなかったに違いない。かつて怒りっぽかった父親・ロルフが、今では「自慢の父親」とまで呼ばれるようになり、そしてあのころ4歳だった男の子・ミハエルは、7度もF1世界チャンピオンに輝いた。あれから30年以上の月日が流れている。

街灯に激突してからというもの、父・ロルフはミハエル・シューマッハを危険な通りから遠ざけた。そこで考え付いたいい場所とは、家の近くにあるカートク

ているか、だ。最初の、私の手作りの原動機付きペダルカーが誇らしく思えた」。

しかし、ポンコツ車からも学ぶことはできる。少なくとも、標準を超えた才能と強靭な意志と自制心があれば。

ミハエル・シューマッハ少年は、ただひたすら走り回った。そんな彼のお気に入りは雨の日のコース。「雨になると、コースにはたいてい僕1人しかいないから、下手でも目立たないんだ。雨の中でスピンしたり、ドリフトさせたりするのはすごく楽しかったよ」。

6歳で初めての優勝

シューマッハ親子はカートに大きな喜

ン・マンハイムのこのカート施設内に引っ越してきた。両親にはミハエル・シューマッハがカートで走り回る様子がよく見えたし、乳飲み子の弟・ラルフは、まさに母乳を乳房から吸うように、サーキットの空気を吸って育っていった。しかしこの小さな家族は以前と変わらず、貧しかった。

カートスポーツに大金を投じられる人は少ない。ミハエル・シューマッハは、金持ちの息子たちが投げ捨てたタイヤなど、質の低い部品も快く使って走り続けていた。

それでも、ほかの誰よりも速かった。これはミハエル・シューマッハにまつわる『神話』の重要な要素となっている。

キャリアアップの日々

ミハエルが使っていた子供部屋に飾られている数々のクラブマイスター表彰状から

学校ではほどほどに

　ミハエル・シューマッハはカートスポーツのことになると全く別人のようになったが、それ以外ではアグレッシブなそぶりをあまり見せなかったようだ。

　ミハエル・シューマッハが通っていたケルペンにあるオットー・ハーン実業中等学校のクラス担任は、当時をこう振り返る。

　「ミハエルは、少ない努力でいかに難関を切り抜けるかをよく知っている、賢い生徒でした。いつも最前列に座って。それだけです」。

　同級生だったアルントは、やっかみ半分にこう言う。「ミハエルは金曜日には早退し、月曜日の朝は遅刻した」。しかし、クンペル・アンドレアスはその訳を知っていた。「ミハエルはカートのことしか頭に無いんだ」。週末にはレースがあったからだ。

　こうした学校での態度は、ミハエル・シューマッハにとって理にかなったものだったといえよう。1984年、ミハエルはドイツ・カートジュニア選手権でチャンピオンの座に輝いた。そして翌1985年には、カートジュニア世界選手権で準優勝する。ところがこの年、ドイツのレースシーンに衝撃が起こった。スーパースターのステファン・ベロフが9月、スパでの事故により命を落としたのだ。「その後……」とユルゲン・ディルクは振り返ってこう言った。「ミハエルはモチベーションを喪失してしまった。中学の卒業試験を受けた後、彼はもう何週間も走るのをやめてしまった」。

　1986年夏、ようやくミハエルはジュニアではなく正式なカート選手権に初参加したが、結果は3位だった。1年後、ミハエルはドイツ・カートチャンピオンならびにヨーロッパ・チャンピオンの座に君臨し、雪辱を果たした。その後、アドルフ・ノイベルト率いる『ユーロカート』チームへと移籍する。

自動車工場での研修の傍ら

　中学を卒業したミハエル・シューマッ

ついにレース用カートへ

　壁紙商人のゲルハルト・ノアック（当時27歳）、彼は1979年にカートコース上で事故を起こし、手を骨折したため、ミハエル・シューマッハにカートを譲った。彼はミハエルの走りを見るなり、かなり興奮し、とっさに自分の本物のレース用カートをあげてしまったのだ。「僕らはドイツ中駆け巡って、数多くのクラブチャンピオンシップに参加した。そこでいつも勝つのはミハエル・シューマッハだった。ほかのドライバーやその両親たちは、それほど夢中になっていなかったようだ」。ノアックはそのうちに壁紙商人を辞めて、カート販売業を始め、独自のマシンも作りはじめた。ミハエル・シューマッハの連勝は、彼の仕事にとってちょうどよい広告となったようだ。

　もう1人の支援者は、アーヘンで自動販売機の据え付けを仕事にするユルゲン・ディルク。ミハエル・シューマッハの代理父となっていく人物だ。ディルクは当時、ミハエル・シューマッハを自分の子供のように世話していた。

　実際に1人の息子の父親でもあるディルクは、あのころのことを嬉しそうに何度も話す。「私がミハエルに、日曜の朝6時に迎えに行くよと言うと、彼はその15分前に家の前に立って待っているんだ。几帳面にまとめた荷物を持ってね。1分でも私を待たせたら悪いと思ったんだろう。これが彼のやり方なんだ。本当に嬉しかったよ」。

キャリアアップの日々

ハは、ダルムシュタットにある自動車工場で研修生となったものの、あまりしっくりこなかったようだ。6カ月後、1987年に、ミハエル・シューマッハはランゲンフェルトにあるフォルクスワーゲンとアウディの販売会社、ウイリー・ベルグマイスター社に転職した。社長のウイリー・ベルグマイスターは、レースの大ファンで、彼自身もツーリングカーで何度も優秀な成績を収めていた。ベルグマイスターはこの新しい研修生にチャンスと休暇を与えてやり、研修の傍らレースに参加できるようにしてやった。

支援者ディルクの仲介により、ミハエル・シューマッハは1988年、2つの選手権に出場する。1つは『フォーミュラ・ケーニッヒ』で、これは75馬力のPandaのエンジンで競われた。そして、ミハエル・シューマッハは卓越した走りで他者を圧倒した。また、もう1つの『フォーミュラ・フォード』でもいい成績を収めた。12レースのうち8レースに参加し、ランキング6位をマークした。

ミハエル・シューマッハによる一連の大成功は、順位やポイントだけでは測れない。もっと重要なのは、『フォーミュラ・フォード』でこの新鋭の若者が、ウイリー・ウェーバーという名のF3チーム監督の目に止まったことだ。シュツットガルト出身のウェーバーは、あらかじめミハエルについての情報を得ていたが、ひと目見るとミハエル・シューマッハが持つとてつもない才能をすぐに確信した。『彼の走る軌跡は毎周ぴったり同じだ。彼のマシンがたどる軌跡どおりに切手を貼っておくとしよう、すると彼は次の周もまた正確にその上を走っていくはずだ』。

自己紹介、テスト走行の打ち合わせ、10年間のマネージャー契約、F3への出場。これらの実現まであと数週間だった。

ウイリー・ベルグマイスターは語る。「あの時、ミハエル・シューマッハは私のところへ来てこう言いました。『ベルグマイスターさん、僕は研修をやめます。ドライバーになりたいのです。F3に出場したいと思っていますが、ちょうど実習試験の真っ最中と重なるんです』と」。そこで、ベルグマイスターはミハエルのために、実習試験を半年繰り上げてやった。1989年の初め、ミハエル・シューマッハは試験に1回で合格。20歳だった。直後、彼はウイリー・ウェーバーが監督を務めるWTSチームとF3の契約を結んだ。このチームに所属していたヨアヒム・ビンケルホックがちょうどチャンピオンシップで優勝し、次はF1チーム・AGSで走ることになっていたのだ。自動車整備工のミハエル・シューマッハに、わずかではあったが職業ドライバーとして定期的な収入が約束された。

1985年当時の写真。
すでにドイツ・カートチャンピオン。
ブリヂストンタイヤを使用。

キャリアアップの日々

F3で過ごした2年間

　新米ミハエル・シューマッハのほか、チームにはベテランF3ドライバー、フランク・シュミックラーがいた。ケルン出身のシュミックラーは、チームではナンバーワンだった。ところが序列はあっという間に逆転する。ミハエル・シューマッハが2度優勝し、ほとんどのレースで表彰台に上ったからだ。このころのミハエル・シューマッハにとっての手ごわいライバルは、オーストリア人のカール・ベンドリンガーとドイツ人のハインツ・ハラルド・フレンツェンだった。シーズン終わりにはベンドリンガーが、同点の2人、フレンツェンとシューマッハにわずか1ポイント差で優勝した。89ポイント後方にミハエル・シューマッハの同僚フランク・シュミックラーが続いた。
「ミハエルは1年でチャンピオンになれなかったことに、相当腹を立てていた。私は彼に、来年頑張れと慰めた。そしてミハエルは来年こそタイトルを取ってやると約束したんだ」。こうウイリー・ウェーバーに振り返る。ミハエル・シューマッハはその約束を果たした。1990年のライバルはオットー・レンジングとウォルフガング・カウフマン。しかし2人とも、このケルペン出身の若者には太刀打ちできなかった。

成功はモテる。1988年ホッケンハイムの表彰台にて

1990年、ミハエルはF3で圧倒的な強さを見せ付けた。ウイリー・ウェーバー（右）とWTSチームの誇りだった

初期のころ：居間の椰子の木の前で

キャリアアップの日々

すでにチャンピオンに確定していたミハエル・シューマッハの1990年は、シーズン終盤に突入していった。ところが、ここでフィンランドからやって来た若いゲストドライバーに敗れる。その名はミカ・ハッキネン……。

ミハエル・シューマッハの胸の中で、復讐の炎がメラメラと燃え上がった。そして、ついに待ちに待った「その時」がやって来た。マカオと富士で行われた国際F3レースだ。ミハエル・シューマッハはミカ・ハッキネンとの死闘の末に、マカオで勝利を収めたのだ。富士でも連勝。「こんなダブル優勝は、いまだかつて誰もなし得なかった。この勝利はわれわれにとって国際的な突破口となる。ここに特別な才能のドライバーがいることに、やっとほかのチーム監督やマスコミは気付いただろう」。こうウェーバーは語る。

スターへの道

1990年、ミハエル・シューマッハは、F3のほかにもう1つの契約を結んでいた。この前年に、モータースポーツとミハエル・シューマッハに幸運をもたらす、歴史的な出来事が起きていたのだ。1989年、ドイツにある世界的な自動車企業メルセデス・ベンツが、45年ぶりに、本格的にモータースポーツに帰ってくると表明した。最終目標はF1参入だ。

750馬力のエンジンが開発され、グループCのスポーツカーで試された。スイス人のペーター・ザウバーがメルセデスのために設計したシャシーで、1989年にはスポーツカー世界選手権で圧勝した。しかし、メルセデス・ベンツに所属していた当時4人の優秀なドライバーは、旬を過ぎた年齢になっていた。そこで当時監督を務めていたヨッヘン・ニアパッシュは幹部たちに、F1プロジェクトには若い才能が必要だと説得したのだという。その時彼は、メルセデス・ベンツに所属するベテランドライバーたちと並んでアクセルをふかす、メルセデス・ジュニアチームを作る必要性を強調した。

メルセデス・ベンツは、F3で成果をあげていた3人と雇用契約を結んだ。ベ

1990年、ベンドリンガー、フレンツェン、シューマッハ。誇らしげなメルセデス・ジュニアたち

1990年、マカオでのF3レースでミカ・ハッキネン（左）に勝利したミハエル

メルセデスの広告。髪のジェルがキマっている。フリッツ・クロイツポイントナー、カール・ベンドリンガー、ミハエル。1991年

かつての支援者たち

ゲルハルト・ノアック
元は自動車機械工だったが、壁紙店の経営を始めていた。熱狂的なカート・ドライバーでもあり、当時10歳だったシューマッハの卓越した才能を最初に発見する。1980年ごろ、シューマッハに自分のカートを贈る。このカートは、少し前に買ったもので、シューマッハと同じレースで自分が走らせたものだった。ケルペン駅の隣にカートショップを開いたが、今ではドイツのサーキットシーンにおいて、若手の育成に最も重要な人物の1人に数えられている。彼が今最も期待をかける若者がセバスチャン・ベッテル（2006年からBMWのF1テストドライバー）で、1997年から注目し、支援している。

ユルゲン・ディルク
かつては自動販売機据え付け職人だった。アーヘン近郊のアルスドルフ出身。カートとフォーミュラ・ケーニッヒ時代のミハエルを1982年から1988年まで世話する。その間、ミハエル・シューマッハの『父親』としてシューマッハのレースすべてに同行。ウイリー・ウェーバーが『寵児』をF3へ引き入れたことで引退する。大変な心臓手術をするが、その後2003年まで、会員数16000人ほどの巨大ファンクラブの代表を務めた。

アドルフ・ノイベルト
熟練の自動車機械工。アメリカの新聞で見たイラストをまねて、1968年、ドイツで最初のカートを作る。80年代初め、カートチーム『ユーロカート』をダルムシュタット近郊の街オッツベルク-レングフェルトに結成。1985年、ドライバーになりたてのジュニアチャンピオン、ミハエルをチームに引き入れる。この2年後、ミハエルはドイツ・カートチャンピオンの栄冠を手にする。ノイベルトの会社『ユーロカート』は、今ではドイツで最大のカート販売会社となり、伝説のイタリア製CRGカートの個人輸入も行っている。

ウイリー・ベルグマイスター
デュッセルドルフ近郊のランゲンフェルト出身、フォルクスワーゲンおよびアウディの販売代理店社長。自らもツーリングカーの優秀なドライバーで、ニュルブルクリンクで開催された24時間レースでは6度優勝。シューマッハは1988年から89年までベルグマイスターの職場で自動車機械工の研修を受け、無事に資格を得た。フォーミュラ・ケーニッヒ＆フォーミュラ・フォードからF3にステップアップしたいミハエルのために、修了試験の時期をずらしてやった。ミハエルのF3初期のころ、スポンサーになる。ちなみにベルグマイスターの2人の息子、ティムとヨルグも期待できるモータースポーツ選手。

ゲルト・ホフマン
スポーツ走行用シートなどの製造会社『ケーニッヒ』の経営者。1988年、『フォーミュラ・ケーニッヒ』を設立。カートチャンピオンのシューマッハを、彼の新しいフォーミュラに引き込むことに成功し、ランボルギーニ販売業者を通じてフォーミュラカーをシューマッハに与える。10回のレース中、シューマッハは9回優勝、1度だけ2位に甘んじた。『フォーミュラ・ケーニッヒ』最初のシーズンに、シューマッハは、ほかに59.5ポイントの差をつけて圧勝。これに並行してシューマッハは『フォーミュラ・フォード』のレースに何度か出走する。その時にF3マネージャー、ウイリー・ウェーバーに才能を発見される。

ヨッヘン・ニアパッシュ
ドイツレース界の『黒幕』と称される人物。1968年までポルシェのテストドライバー、後にフォードのレース監督となる。1972年から1980年まで、BMWモータースポーツアクティヴィティを率いて、ジュニアチームを結成。その後、タルボ、FIA、スポーツ商品化会社IMGに籍を置く。1988年、メルセデスのレース監督とザウバー・メルセデス・チームの代表を兼任。メルセデス・ジュニアチームを編成し、ミハエル・シューマッハをF1に送り出すきっかけをつくる。現在のニアパッシュは、さまざまなレースのアドバイザーであり、経営コンサルタントでもある。

ペーター・ザウバー
スイス出身。メルセデス・ベンツの委託によりスポーツカー（グループC）レースを戦う。1989年と1990年には、メルセデス・ベンツにスポーツカー世界チャンピオンの座をもたらした。1990年、メルセデス・ジュニアチームのシューマッハ、フレンツェン、ベンドリンガーを、メルセデス・ベンツがF1に進出する時のために必要な能力を身に付けさせるべく指導する。1991年末、ジュニアチームは解散。メルセデスはF1進出を延期した。1993年から2005年まで、独自のF1チームを率いたが、後にBMWに売却している。

ヨッヘン・マス
シューマッハに冠を奪われるまで、ドイツ人ドライバーの代表格だった。1973年から1982年までの105回、F1のスタートラインに立つ。F1世界選手権で71ポイントを獲得、優勝経験1回。スポーツカー世界選手権には、1982年以降ポルシェから、1987年以降はザウバーから出走。マスは、メルセデス・ジュニアチームにとって重要な指導者だった。ミハエルのF1進出を大いに支援。後に数年間、RTLのF1中継でハイコ・ヴァーサーと共にコメンテーターを務める。

キャリアアップの日々

ンドリンガー、フレンツェン、そしてシューマッハ。その後まもなくフレンツェンは、F3000をやりたいとして、フリッツ・クロイツポイントナーと交代した。

2年間、メルセデス・ベンツは3人の輝かしい若者たちに、国際的なレースを戦うために必要なすべてのことを叩き込んだ。ほぼ無尽蔵な資金力を持ったトップチームのメンバーとしての自信に満ちた振る舞い、トップクラスのエンジニアたちとどう語り合うか、世界中のスポンサーやメディアとの付き合い方、そして英語で交わす気軽なトーク、などなど。そして何より、F1に匹敵する750馬力の怪物を操ること。このためにペーター・サウバーはじっくりと時間をかけ、忍耐と誠意で3人の教育にあたった。

1990年は1台目のマシンをベテランのジャン-ルイ・シュレッサーとマウロ・バルディが運転していた。そして2台目のマシンは、指導者でもあったヨッヘン・マスと、若者3人が交代で1人ずつ操縦した。ニアパッシュは次のように振り返る。「大抵、ベテラン2人のマシンが優勝した。ところが、マスと新米選手のペアも2位につけたんだ」。またしてもザウバー率いるメルセデス・ベンツ・チームは、チーム部門でもドライバー部門でもタイトルを獲得した。ミハエル・シューマッハとカール・ベンドリンガーはランキング5位だった。

ところが1991年になると、メルセデスのグループCのマシンは非常に頼りないものになった。「革新的なV12エンジンが開発されて、F1のレーシングカーにも導入されるはずだった。しかし、このエンジンは安定性が無く、エンジンの交換には17時間もかかった」とニアパッシュ。

2年続いたメルセデス・ベンツの覇権はジャガーとプジョーによってストップし、周囲の期待を大きく裏切ってしまう。しかし1991年のシーズンファイナルであった10月27日、日本でジュニアチームのシューマッハ&ベンドリンガーのペアが優勝。2人はすでにF1でも走っていたが、そちらはメルセデスエンジン搭載ではなかった。

後輩の育成：ツアーに連れてきた弟ラルフとカートコースで

ザウバー・メルセデスC11が1990年のグループCを制圧。5ℓ、V8、750馬力

台無しになったドイツ・ツーリングカー選手権

1990〜91年、シューマッハは時折、AMGメルセデス・ベンツからドイツ・ツーリングカー選手権（DTM）にも出走した。あるとき、単なるゲストスターターとして出走したはずのシューマッハは、狙っていたわけではなかったが、トップの座に輝いてしまった。1990年、ホッケンハイムでのDTM最終レースでは1周目で、チャンピオンであったベネズエラ人ジョニー・チェコットにシューマッハが追突。このクラッシュによりハンス-ヨアヒム・シュトゥックがDTMチャンピオンに、チェコットがシリーズ2位となった。

1991年、ミハエル・シューマッハは、ザクスピード・メルセデス 2,5 EVO 2で2度出走。結果は25位と14位（1イベント2レース。リタイア2回）。この後、ミハエルはF1に専念し、はるかに多くの成功へと走り出す。

キャリアアップの日々

F1以前のシューマッハの成績

カート・チャンピオンシップ
1984　ドイツ・カートジュニアチャンピオン
1985　ドイツ・カートジュニアチャンピオン
　　　カートジュニア世界選手権2位

1986ドイツ・カートチャンピオンシップ　最終結果

ドライバー	マシン	ポイント
1. ゲルト・ムンクホルム（DK）	Dino	78
2. トーマス・ラーベ	Kali/Parilla	49
3. ミハエル・シューマッハ	Kali	47

加えて：ヨーロッパチャンピオンシップ第3位

1987ドイツ・カートチャンピオンシップ　最終結果

ドライバー	マシン	ポイント
1. ミハエル・シューマッハ	Kali/Parilla	127
2. ペーター・ハントシャー	Mach/KZH	112
3. カール-ハインツ・グルーン	Kali/DAP	68

加えて：ヨーロッパチャンピオン獲得

1988フォーミュラ・ケーニッヒ　最終結果

ドライバー	ポイント
1. ミハエル・シューマッハ	192.0
2. ゲオルグ・フッター	131.5
3. ヘルムート・シュヴィタラ	122.5
4. マルクス・T・ホフマン	107.0
5. アンドレアス・バイアー	106.0
6. クルト・ゲヴィヌス	99.5

1988フォーミュラ・フォード　最終結果

ドライバー	マシン	ポイント
1. マイク・ヴァーグナー	Van Diemen	177
2. ヨアヒム・コシェルニャク	Van Diemen	156
3. フリッツ・クロイツポイントナー	Van Diemen	146
4. クラウス・パンシュルツ	Reynard	138
5. ミハエル・クルム	Reynard	125
6. ミハエル・シューマッハ	Van Diemen	124

（12レース中8レースに出場）

1989ドイツF3チャンピオンシップ　最終結果

ドライバー	マシン	ポイント
1. カール・ベンドリンガー	Ralt RT33	164
2. ハインツ-ハラルド・フレンツェン	Reynard 893	163
3. ミハエル・シューマッハ	Reynard 893	163
4. ミハエル・バルテルス	Reynard 893	150
5. ウォルフガング・カウフマン	Dallara 389	138
6. ペーター・ザコヴスキー	Reynard 893	132

1990ドイツF3チャンピオンシップ　最終結果

ドライバー	マシン	ポイント
1. ミハエル・シューマッハ	Reynard 390	148
2. オットー・レンジング	Ralt RT34	117
3. ウォルフガング・カウフマン	Reynard 390	81
4. クラウス・パンシュルツ	Reynard 390	73
5. ヨルグ・ミュラー	Reynard 390	65
6. ペーター・ザコヴスキー	Reynard 390	61

1990グループCスポーツカー世界選手権
優勝：ザウバー・メルセデス
ドライバー王座：ジャン-ルイ・シュレッサー、マウロ・バルディ（各49.5ポイント）

ミハエルは21ポイントでランキング5位。カール・ベンドリンガーとヤン・ラマースとともに。

1991グループCスポーツカー世界選手権
優勝：ジャガー
ドライバー王座：テオ・ファビ（86ポイント）

ザウバー・メルセデスのヨッヘン・マスとジャン-ルイ・シュレッサーはランキング6位（各45ポイント）。
ミハエルは43ポイントで9位。

スポーツカー世界選手権からF1へ：ジュニア時代のシューマッハ

1991

Von Eddie zu Flavio

エディーからフラビオへ

1991年、ル・マン24時間レースで、ベルギー人のベルトラン・ガショーが優勝した。この年、彼はF1でも走っていた。エディー・ジョーダンが率いる望み高き新チームのメインドライバーとして。ガショーの血の気の多さはコースでは役に立ったが、ロンドンの路上で、ドライバー人生の命取りとなる事件を起こしてしまう。その結果、1人の若きドイツ人ドライバー──ミハエル・シューマッハに大きなチャンスを与えることになるのだ。ガショーはタクシードライバーと激しい口論をするだけではなく、怒りのあまりスプレーを吹きかけたことから、刑務所へ連行された。その結果、ジョーダンのコクピットに空きができてしまう。

22歳のミハエル・シューマッハは、そのころF3000で最初のレースをやり遂げていた。日本・菅生のレースでいきなり2位だった。この若いドライバーにとって、F3000こそがこのまま進むべき

エディー・ジョーダンは、彼の新しいF1チームに期待の新人を迎えて大満足

1回だけのジョーダンでの走行。予選では7位だったが、決勝レースでは400メートルでマシンに裏切られる

道のりだと思われていた。しかし、ドイツに帰るやいなや、マネージャーのウイリー・ウェーバーがびっくりする話を持ってきた。「エディー・ジョーダンが次のスパのレースに出るドライバーを1人探している。彼と交渉しよう」。

エディー・ジョーダンは、豊かな資金を当てにしてメルセデス・ベンツに出向いた。レース監督のヨッヘン・ニアパッシュは、ジュニアドライバーのミハエル・シューマッハを10万ドルでテスト走行させることを提案した。これまで数々の栄光を手にしてきたF3000チームの監督であるエディー・ジョーダンは、この年からF1に進出しており、彼はミハエル・シューマッハのことをすでに知っていた。そして取引は成立する。

ベルギーGP開催前の月曜、ミハエル・シューマッハはジョーダンの工場があるシルバーストンへ飛んだ。シルバーストンのサーキットをほんの数周走っただけで、チームは恐ろしくなってしまった。チームメンバーたちはミハエル・シューマッハをピットに戻して勧告した。「そんなに速く走るな。われわれにはまだこのマシンが必要なんだ」。するとミハエル・シューマッハはすぐさま応えた。「心配無用だ。限界には程遠いから」。これではっきりした。そのすぐ後、ウェーバーの電話が鳴り、電話口でエディー・ジョーダンがこうオファーした。「あなたのところの若者にスパを走ってもらいましょう。ただしそのための費用として45万ドル払ってもらいます」。そしてニアパッシュ、ウェーバー、そしてジョーダンチームのマネージャー、イアン・フィリップスによる契約の交渉は成立した。エディー・ジョーダンが45万ドルを受け取り、メルセデス・ベンツがレーシングカー広告面の転売権を手にした。ウイリー・ウェーバーが相当な出費をするだけでなく、知恵を働かせていなければ、この契約は成立しなかったかもしれない。賢いこの男はジョーダンに、ミハエル・シューマッハはスパのコースを自分の庭のように熟知している、と言って驚かせたのだ。そして、なぜならミハエル・シューマッハはコースから100キロしか離れていない場所に住んでいたから、とまで。後でミハエル・シューマッハが言った。

夢じゃない？ 初めてのF1でヘルメットに見入るシューマッハ

「ありがたいことに、エディーはそのことについて僕のマネージャーだけに聞いたんだ。僕にじゃなくね」。実際、シューマッハはコースのことを一切知らなかったのだが……。

マクラーレン、フェラーリ、あるいはウイリアムズといった財力のあるチームはブリュッセルのホテルに宿泊していたが、新興のジョーダンチームはユースホステルに寝泊りしていた。シューマッハ

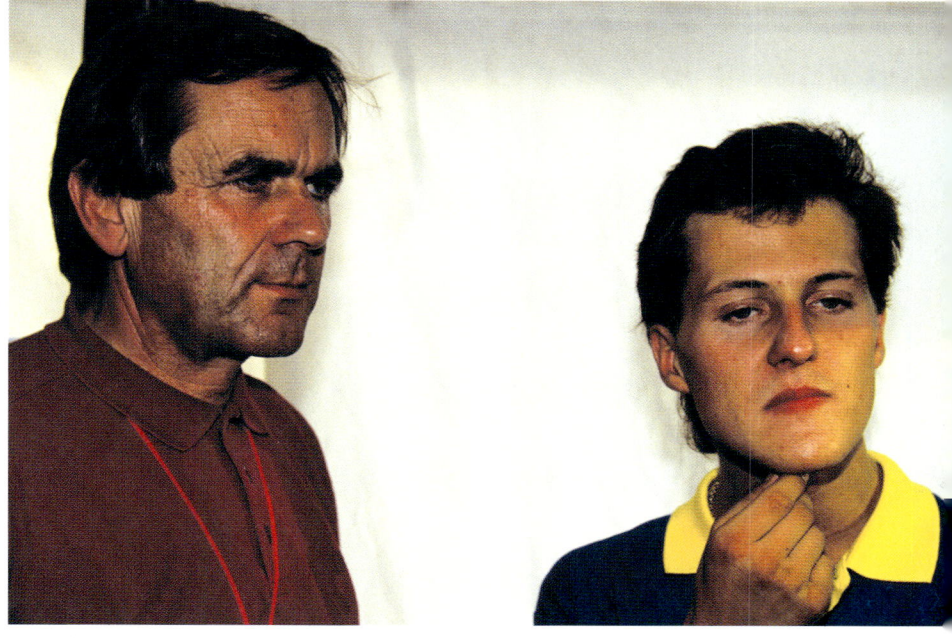

メルセデスのレース監督、ニアパッシュは、ミハエルのデビューに50万ドルを支出した

1991

シーズンの終わり、顔を輝かせるフラビオ・ブリアトーレ（中央）。ミハエルのベネトン加入には大きな意味があった。マクラーレン・チームのマネージャー、ジョー・ラミレス（右）も満面の笑みだ——今のところ

とウイリー・ウェーバーにいたっては家具も無い部屋で、シャワーも共同だった。だがそんなことはどうでもよかった。あのころ、贅沢は何の意味も持たなかった。ベルギーのスパ・フランコルシャンのサーキットを初めてチェックする時、シューマッハはレンタサイクルで走った。当時のRTLコメンテーター、ウイリー・クヌップがそれに伴走した。「ミハエルはコースを走って興奮していた。彼の予想以上に傾斜が激しかったからね」。

予選でシューマッハは世間に認められるほどの高い評価を得た。彼は7番手だった。彼より前のスタートポジションに位置していた6人は、F1の『Who is who?』に載っているような面々だった。アイルトン・セナ、アラン・プロスト、ナイジェル・マンセル、ゲルハルト・ベルガー、ジャン・アレジ、そしてネルソン・ピケ。その直後に緑色のノーズと緑色のレーシングスーツ。当時、3度目の世界チャンピオンを目指していたアイルトン・セナにとっても、シューマッハの走りは印象深かったようだ。「最初のレースでこんな風に走るやつは、特別なや つに違いない」。

しかし、シューマッハが最初のレースで一体どんな奇抜な走りを見せるのかは、結局誰にも分からなかった。というのもジョーダンのマシンは、たった400メートル進んだところで、クラッチ故障のため止まってしまったのだ。しかし、「誰かにこのスーパータレントを横取りされる前に、できるだけ早く本契約を結ばなければ」とジョーダンを焦らせるのに、400メートルは十分な距離だった。

シューマッハへの関心が高まれば高まるほど、ジョーダンはますます金に熱中した。契約は3年間有効。給料はというと、何と無給。その代わり、メルセデス・ベンツが毎年約400万ユーロをこの商売上手のアイルランド人に支払い、シューマッハがレースに出られるようにする。ジョーダンは最初のF1シーズンの後半に、バラ色の時を期待した。というのも、金は流れるように入ってくるし、シューマッハは流れるように走ってくれる。これ以上何を望むというのか？

望むのは無論、契約の延長だ。しかし、ジョーダンはこれを放棄せざるを得なく なる。なぜならミハエルの周辺、特にヨッヘン・ニアパッシュがアンテナを広げて、ジョーダンの深刻な秘密を聞きつけたのだ。それは、1992年、ジョーダンがヤマハのエンジンで走るというものだった。それなら、シューマッハの子供時代の手作りカートを倉庫から運んできても同じことだ。なぜなら、当時のヤマハのエンジンでは決して勝てないからだ。これで、契約は期限切れとなる。

この時点で、すでにシューマッハには強力な代弁者が存在した。F1界のボス、バーニー・エクレストンだった。彼はこの若者に、自動車王国ドイツでのF1の人気をもっと高めるチャンスを見い出していた。この小男はある大きな意図を持って策略を練った。それは、シューマッハはベネトンで走るべきだというものだった。しかしフラビオ・ブリアトーレ率いるチームは、その決断にためらった。ベネトン関係者はシューマッハを全く必要としていなかった。「彼らは『シューマッハは未熟だし、誰も彼を知らない』と断った。しかしシューマッハがなんとかベネトンで走れるよう、私はひたすら

勧めた」。このようにエクレストンは後に語っている。

そこで、厳しい交渉が避けられなくなった。ジョーダンはダイヤモンドの原石を手放したくなかったし、ベネトンは必ずしもシューマッハを欲しくはなかった。そしてエクレストンは、ぜひ実現したいと願うビジョンを持っていた。

コモ湖畔の高級ホテルで、ついに決着をつけるべき時がやって来た。最後のポーカーゲームで、若きシューマッハを巡る争奪戦が繰り広げられた。こんなことが起きていようとは、シューマッハ自身、知るよしもない。夜通しの交渉の末、それまで大抵がそうであったように、エクレストンが勝利した。エディー・ジョーダンはシューマッハをあきらめなくてはならず、そのための財政的な保障もなされなかった。一方、ベネトンのドライバーであったロベルト・モレノは、シューマッハのために席を明け渡すことになる。モレノは高額の小切手を渡されて、たった2回のレース契約をジョーダンと結ぶ。これらすべてが、たった400メートル、F1レースに参加しただけの若い才能のために取りはかられたのだ。

F1では時計の針がどんなふうに時を刻むのか。若く、才能溢れるミハエル・シューマッハが事実を知ったのはしばらくしてからだ。彼はイタリアで行われる次のレースの少し前、天真爛漫にこう言っていた。「モンツァでまたジョーダン・チームに会えるのをとても楽しみにしているよ。僕たちはスパ・フランコルシャンのレースで、互いにすごくよく理解できたから」。ところがその直後、シューマッハはベネトンに乗り込み、3度の世界チャンピオン、ネルソン・ピケの同僚となる。ピケから最初に学んだこと、それは、「F1は極端に厳しく、また人間関係も目まぐるしく変化する世界だ」という掟だった。

続く5つのグランプリは、ミハエル・シューマッハの僚友ネルソン・ピケにとって苦しい闘いとなった。イタリアGPの予選でシューマッハは高給取りのピケを上回り、さらに本番のレースでも打ち負かすことに成功する。シューマッハは5位となり、3度の世界チャンピオン経験者であるピケは、彼にとって200戦目となったこのレースで、残念ながら6位に終わったのだ。

さらに、ポルトガルとスペインのレースの両方で、シューマッハは6位となり、それぞれで1ポイントを獲得した。

しかし、鈴鹿で行われた日本GPでは予選の際、時速300キロでベネトンを破壊してしまう。その直後からシューマッハは、長い間、背中の痛みを訴えるようになる。シューマッハは後日、「あれはいい勉強になった。速いのは結構だけど、負傷と一緒では困るよ」と、この時のことを振り返って語っていた。

ところが、リタイアはオーストラリアのファイナルレースでも続く。ちなみに、あれは歴史に残る最短時間のグランプリだった。集中豪雨のため、15周を過ぎたところでレースは中断されてしまったのだ。

シューマッハの同僚ネルソン・ピケは、この時にはもうF1からの撤退を決意していたと考えられる。39歳になっていたこのベテランドライバーは、途方もなく速い青二才に、これ以上自らの評判を傷つけられたくなかったはずだ。

史上最も短いGP。オーストラリアGPでのシューマッハは6周目でリタイア。しかし、彼はロイヤルクラスでの輝かしい時を予期していた

1992
Schlagabtausch mit Senna

セナとの激しいバトル

3度の世界チャンピオンと肩を並べて走る。ますます激しくなるシューマッハとセナの戦い

新しい年が始まった。シューマッハのベネトンとの契約の中には、メルセデス・ベンツが要求した次のようなただし書きがあった。『メルセデス・ベンツがF1に参入する際には、ベネトンはシューマッハを解雇すること』。

この間、メルセデス・ベンツの上層部は、F1参入を延期することを決定していた。ところが、シューマッハのかつての支援者ペーター・ザウバーが、メルセデスの援助により「翌1993年からF1に参戦」予定であると発表する。メルセデス・ベンツはパートナーであるイルモアを通じてエンジンを提供する。ペーター・ザウバーはすべてお見通しだった。つまり、メルセデスが彼のレーシングカーのコンセプトに関与しており、したがってシューマッハを出走させる選択肢を持つことにもなる、と。一方、ベネトン・チーム監督、フラビオ・ブリアトーレにもすべては明確だった。ミハエル・シューマッハが1995年までベネトンと契約を結んでおり、ザウバー・イルモアはまだ当分、正式なメルセデス・ベンツのチームとはならないことを。

ベネトンのチームディレクター、トム・ウォーキンショウは、シューマッハの胸にピストルを突きつけるようにして言い放った。「来年ザウバーで走りたいなら、今すぐ荷物をまとめてもいいぞ」。こうした脅しの効果はてきめんだった。ザウバーもメルセデス・ベンツも威嚇をやめて、シューマッハという夢のドライバーをあきらめるしかなかった。その間、シューマッハはあまりに多くの取引に付き合わされたが、ペーター・ザウバーもメルセデスも彼のキャリアに傷を付けたくなかった。そしていつの日かシューマッハを取り戻すことができるとメルセデスは確信してもいたのだ。そしてようやく決着がついた。シューマッハはベネトンに留まり、いよいよ本格的に1992年のシーズンが始まったのだ。そこでシュー

フランスGP、ルーキーをたしなめるセナ

マッハは、マーティン・ブランドルという経験豊富な僚友を得る。

疾風怒濤のシーズンが始まった。幕開けとなった南アフリカのキャラミでは4位、メキシコシティとサンパウロでは続けて3位を獲得し、表彰台に。毎回、ミハエルを打ち負かしたのはナイジェル・マンセルとリカルド・パトレーゼだった。ウイリアムズ・ルノーは手の届かないほどの圧勝ぶりで、世界チャンピオンのアイルトン・セナ（マクラーレン・ホンダ）にもチャンスが全く無いほどだった。

シーズン4戦目のバルセロナで、ベネトンは新車B192を投入。シューマッハは2位につけた。「こいつは一発でフロントランナーだ！ このチームにいて本当によかったよ」。シューマッハは興奮して言った。そろそろ難しい課題に立ち向かう時がきていた。課題、それはF1王者アイルトン・セナとの対決であり、もうそれが避けられない時期だった。

最初のバトルをシューマッハが仕掛けたのは、よりによってブラジル戦でのことだった。故郷でのレースで、セナが攻撃しないはずがない。「セナが僕にしてきたことがどんなことだったか、わからない。ただ、あれは世界チャンピオンにふさわしくない行為だった」と、シューマッハ。シューマッハは、セナが故意に自分を妨害したと主張する。これに対してセナは、フランス戦の1周目のバトルの時、シューマッハが自分の行く手を阻んだと主張する。そこで騒動が起こった。セナがベネトンピットに突然入ってきて、シューマッハの襟元をつかんだ。マクラーレンのスタッフが両者を引き離した。ところが、シューマッハのほうが1枚上手だった。「セナは僕の首をマッサージしたかっただけだよ」。

一方、ホッケンハイムでは本当のマッサージを受けた。心のマッサージだ。ついに、地元の観客を前に、スーパースターのマンセルとセナに並んで表彰台に上がったのだ。シューマッハは喜びの涙を抑えることができなかった。これがこのシーズンで一番のクライマックスだと誰もが思った。しかしそれはベルギーでく

つがえされる。スパ・フランコルシャンのコースで（これは後に『シューマッハコース』とたとえられ、また当日のような天気のことを人々は『シューマッハウエザー』と呼ぶようになる）、シューマッハは新人時代を卒業し、マイスター試験に合格するのだ。

レースの真っただ中、同僚のマーティン・ブランドルに追い立てられたシューマッハはコースから外れてしまう。そして次に何が起こったか。これがまさに恐るべき才能の真価、そのものだった。第一に、マシンをコースに戻し、第二に、かすめ過ぎるブランドルの背後で、リヤタイヤに発生したブリスターを見逃さなかった。「タイヤが歪み始めた。僕たちは同じ調子で走り、速さも同じくらいだったが、タイヤにはよくないペースだったようだ。だから新しいのと交換するために、できるだけ早くピットに入った」。

この巧みな判断が、シューマッハを初の勝利に導いた。センセーショナルなデビューからちょうど1年、シューマッハは一気に頂点に駆け上がったのだ。そして人々はそろそろ気付き始めた。サッカーとボリス・ベッカー（テニス）以外に、ドイツ国内でもう1つのスポーツに火がつくだろうことを。

ナイジェル・マンセルがチャンピオンに輝くことは、ハンガリーGPで決まっていた。しかし、1992年の準優勝者は誰か。アデレードでの最後のレースで、3人のドライバーにチャンスがあった。マンセルの僚友、リカルド・パトレーゼが56ポイント、アイルトン・セナが50ポイント、そしてシューマッハが47ポイント。

セナとマンセルがクラッシュ、パトレーゼは51周でストップ。ここでシューマッハが勝てば、彼にとって最初のフルシーズンでありながら、準世界チャンピオンに輝くことになる。

しかし、セナのチームメートのゲルハルト・ベルガーが激しく防戦し、勝利を阻む。結果、ベルガーが0.7秒早くゴールを駆け抜けた。

ミハエル・シューマッハは世界チャンピオンシップ3位でシーズンを終えることになったわけだが、初のフルシーズンでアイルトン・セナを撃破した。そして前年の世界チャンピオンはミハエルより3ポイント少ない結果となった。

シューマッハは、ドイツにいられる時間があまりないことを知っていた。「ケルペンの見ず知らずの人たちが僕の家の庭に立って、一緒にグリルをするようになったら、僕はもうドイツにはいられない」。モナコが呼んでいたのだ。

シューマッハは自身最初の表彰台をマンセル＆パトレーゼと共に喜ぶ。メキシコにて

レース結果163ページ

1993
Verloren gegen die Elektronik
ハイテクに敗北

ミハエル・シューマッハとベネトン・チームは、大いなる自信をもって1993年のシーズンに突入した。しかし、ハイテクを駆使したウイリアムズ・ルノー（アラン・プロストとデイモン・ヒル）には全く歯が立たないということが、彼らの目にも明らかになった。だが彼らはそれでもシリーズ2位をマークしたかったのだ。フラビオ・ブリアトーレは新しいメンバーにリカルド・パトレーゼを起用した。パトレーゼはF1ドライバーの中でも出走数が最多の240と、経験豊かなドライバーだった。

激闘の相手はアイルトン・セナが走るマクラーレン・チーム。勝利に慣れきっていたマクラーレン・チームからはこの年、ホンダが撤退してしまい、代わりにベネトンと同じフォードのV型8気筒に期待をかけることになった。これは最もコンパクトなエンジンだった。多くのチームは10気筒、フェラーリは12気筒を搭載していた。フォードはマクラーレンとベネトンの両者を平等に取り扱うことを約束した（異論もある）。

南アフリカでの幕開けは、ベネトンにとって厳しいものだった。マクラーレンのドライバーだったアイルトン・セナは予選で、シューマッハに1秒以上の差をつけた。そしてレース中、シューマッハがセナの脇を抜こうとした時、巧妙に弾き飛ばされてしまった。セナは2位でゴールを走り抜ける。

さらに追い打ちをかけるかのように、ベネトンは悲劇に見舞われる。続く2レースではセナが勝利。厄介なのは、フォードがマクラーレン側に引き寄せられており、ロン・デニスのチームに、より優れたエンジンを使わせていることだった。その事実を少なからずベネトン関係者もつかんでいた。

挫折の年。最高の電子技術を投入したウイリアムズ・ルノーから勝利を奪えたのはたった一度だけ

1993年は、ハイテクを用いた装備の使用が広く許可されていた。ウイリアムズ・ルノーは、前年からトラクションコントロールシステムを導入していた。マクラーレンは同様の機器を、パートナーのタグ・エレクトロニクスに設計させていた。一方ベネトンは、エンジンサプライヤーのフォードに依頼していた。しかし、「時間がかかり過ぎる」とシューマッハはぼやいていた。

　6戦を終えた時点で、セナがランクトップだった。セナはプロストを制し、またミハエルの3倍のポイントを獲得していた（42対14）。ベネトンはモナコでようやくトラクションコントロールシステム、インタラクティブ・ドライビング・システム及びオートマチック・トランスミッションを手に入れた。「やっと競争に耐え得るマシンになった」と喜ぶシューマッハ。

　しかし、それから先は挫折の連続だった。シューマッハが楽観視できたのはシーズン中盤だけだった。カナダ、フランス、イギリス、ドイツGPで3位が1回、2位が3回、計22ポイントを獲得。ポルトガルでは優勝を果たした。しかしセナは強力なウイリアムズ・ルノーから計5回も優勝をさらった。セナは最後にウイリアムズ・ルノーのヒルを追い越し、シリーズ2位にのし上がる。チャンピオンはもちろん、4度目の世界王座が確実だったのはアラン・プロスト。

　セナはコースでシューマッハの行く手を遮るだけでなく、契約に関わるポーカーゲームを始めようとする。セナはシーズンが終わったらマクラーレンを去ろうと思っていた。移籍先として希望するチームはウイリアムズ・ルノーだったが、彼はまずベネトンでうわさを立てる。シューマッハは、セナとのペアでは絶対にうまくやれないと思っていた。「1つのチームは1人のトップドライバーに集中すべきだ」と興奮して言う。

　ベネトンは譲歩し、新たに3年間の契約をシューマッハと結ぶ。ブリアトーレは約1800万ドルの給与を用意した。結局、アイルトン・セナは翌年ウイリアムズ・ルノーで走る契約書にサインをする。個人的ライバルのアラン・プロストをチームから追い払うかたちで。

　シューマッハは4位でシーズンを終えた。この結果に満足できないシューマッハ。しかし1994年、カードは十分にシャッフルされる。これまでチームが大金を投入して開発してきたハイテク装備を、FIA（国際自動車連盟）が禁止することになったのだ。これにより、いつも同じドライバーが上位に並ぶのを避ける、というのが狙いだった。

　それでもなお、1994年も昨年と同じくウイリアムズ・ルノーの優勢が予想された。シューマッハは、今度は王座を狙ってセナと競わねばならない。■

スペインGPで勢力図が明らかに。プロストとセナが手前、シューマッハのベネトンにはパワーが欠けていた

レース結果163ページ

1994
Tragödie und Triumph

悲劇と栄冠

1994年のシーズン、ベネトン・チームは空力実験を重ねた新型マシンを投入する。「これまで運転してきたマシンより、はるかに優れたマシンだ」とシューマッハも喜ぶほどだった。ベネトンはこの年、マシンの色を変えた。これまでのスポンサー、キャメルの代わりに新たにメインスポンサーとなったマイルドセブンが青と緑のカラーを好んだからだ。

このシーズンは、ミハエル・シューマッハにとって素晴らしい滑り出しとなった。6年間のマクラーレン勤務を終え、念願のウイリアムズ・ルノーで走るアイルトン・セナに打ち勝ったのだ。ブラジルでは、このスーパースターがドライブミスからリタイアしたことが決定打となった。続くパシフィックGPでもシューマッハが優勝し、一方のセナはアクシデントのためポイント獲得ならずだった。シューマッハが、ヨーロッパシーズンの始まりであるイモラでも宿敵を制するか、ファンは楽しみに待っていた。

ところが、運命は全く別の企てを持っていた。7周目を疾走するアイルトン・セナが、タンブレロコーナーで壁に激突してしまったのだ。後に事故を分析したところ、ステアリングコラムが折れたことが原因。壊れたサスペンションアームの一部による衝撃が彼の命を奪ってしまったことも判明した。

シューマッハは葬儀には参列せず、後に独りで、かつて自分の目標であったセナの墓前で最後の別れを告げた。そして、このセナの死はシューマッハの人生を再び大きく変えた。追う立場から追われる

「魔術師」アイルトン・セナはブラジルでのシーズン開幕戦でポールを、シューマッハは優勝（日本のTIでも）を獲得。そして第3戦はイモラだが……

イモラ、運命のレースのスタート。セナ（No.2）がレースをリードし、新しくデザインされたベネトンのシューマッハ（左）が追う

立場へ。3連勝を果たしたシューマッハは、突然チャンピオン候補本命になる。いまや、F1で成功したい者は、彼を打ち負かさなければならない。

しかし、シューマッハに勝つことは難しく、そのため汚いことを仕掛けてくるライバルたちも何人かいた。例えば、シューマッハが5速に固着した状況のギヤで走り続けたスペインGPで2位に入った時、1つの「疑惑」が浮上した。「1つのギヤだけでそんなに速く走れるということは、完全なギヤで走るほかの者をだましているのではないか」。2レース後、次のような評判が立った。「トラクションコントロールシステムが問題だ。ベネトンはすでに禁止されている技術を用いている」。しかし、こうした悪いうわさが実証されることはなかった。

一方、このころ、シューマッハ自身にとって、もっと悪い出来事が起きた。イギリスGPで5秒のペナルティーストップを課せられたのだ。その理由はフォーメーションラップ中にデイモン・ヒルを追い越したことにあった。「チームから情報を得ていなかった」と語るシューマッハ。そして黒旗が振り下ろされた。失格だ。ところがなんだかんだで、シューマッハは走り続けてしまった。FIA会長のマックス・モズレーは数日後、厳しい処罰を告げてきた。「2位の6ポイントを剥奪し、2レース出場停止とする」。仕方なく、シューマッハはイタリアとポルトガルのグランプリ出場をあきらめ、デイモン・ヒルが少しずつ追い上げる様子を黙って見ているしかなかった。

ベネトン・チームはさらに痛い打撃を受けてもいた。ホッケンハイムで、シューマッハの僚友ヨス・フェルスタッペンがガソリン補給の際、突然火の海に囲まれてしまったのだ。この事件をきっかけとして、ベネトンがガソリンタンクのフィルターに工作をしているとの調査結果が出された。また、スパ・フランコルシャンでは、マシン底面のスキッドブロックの厚さが規則違反だとして、シューマッハの優勝が取り消された。確かに規定より1ミリ薄かった。トラクションコントロール、黒旗、ガソリンフィルター、スキッドブロック——ベネトンは疑惑の渦からなかなか抜け出せなかった。

シューマッハは、どうしてもイメージの刷新をしなければならなかった。メディアなどで『インチキ・シューマッハ』と言われる始末だったからだ。2レース出場停止の間、シューマッハはスイスに戻り、フィットネスクラブ・ボルツェンに足を運んだ。そして常にマネージャー、ウイリー・ウェーバーと携帯電話で対策を話し合った。

ウェーバーは全力を投入し、大声で、ベネトンがシューマッハの評判に傷を付け始めていると主張した。この時のウェーバーの目論見は、延長したばかりの契約期間を短くして、1995年までとし、給与を2倍にすることだった。

そしてこの豪腕マネージャーはついに、

シャンパンの泡が板についてきたシューマッハ。このシーズンは8回も勝利して表彰台へ

1994

バーニー・エクレストンの望みどおり。シーズン終盤のヘレスで和やかに握手するライバル、シューマッハとデイモン・ヒル

不可能を可能にした。シューマッハは、なかなかかなえられることのない『少ない労働でより多くの給与を得ること』に成功したのである。こうして彼は最後の3レースに突入する。ライバルのヒルにヘレスで勝利。しかし鈴鹿では敗北。決着は最終レース、アデレードでのオーストラリアGPに持ち込まれた。

ところがここで、シューマッハは大きなミスを犯してしまう。ヒルに激しく追い上げられ、ウォールに激突。ヒルはシューマッハの脇を抜けようとする。そこで、ふらふらとコースに戻ってきたシューマッハと接触。ウイリアムズ・ルノーはそのまま走り過ぎ、シューマッハはこわばった表情でストップ。ヒルの次の周回を待った。すると、コースオフィシャルに知らされる。「フロントサスが折れたため、ヒルがリタイアした」と。

その結果、シューマッハは世界チャンピオンの座を獲得した。ヒルと1ポイント差だった。「もちろん、できればレースをヒルとの真っ向対決で終わらせたかった。でも、タイトル獲得にふさわしいのは僕だと思っている。僕はセナをブラジルで破った。今シーズン、僕ほど勝ち続けている者はほかにはいなかった」。

勝利に能書きはいらない。ミハエル・シューマッハは勝利に終わったチャンピオンシップに続き、さらなる意欲をもって1995年のシーズンに突入する。2度目のタイトル獲得で、前年に起こった一連の疑惑をすべて消し去るために。

1994年、オーストラリア。ヒルと接触、そして、初のタイトルを手中にする

レース結果163ページ

1995

Titel ohne Fehl und Tadel

完全無欠のタイトル

　ベネトンは長年のパートナーだったエンジンサプライヤーのフォードと別れ、新車B195の背ではルノーのV型10気筒エンジンがうなり声を上げていた。ウイリアムズも使っているこのエンジンは、当時のF1界で最も性能の高いものだった。しかしシューマッハは、そのスーパーエンジンが、ベネトンのシャシーにはしっくりこないのではないかと思っていた。「確かに今までとは全然違う。でも僕がマシンを操縦しているんじゃなく、マシンが僕を操縦しているんだ」と文句を言うシューマッハ。しかし、ブラジルでの初戦、シューマッハは2番手を走るウイリアムズのデイビッド・クルサードを除く、すべてのマシンを追い抜いた。だがこの日、残念ながら「ベネトンとウイリアムズは規定違反の燃料を入れている」という議論が起こる。このスキャンダルは罰金を支払いなんとか収まった。しかし、F1にネガティブな印象を植え付けてしまったようだった。

　ウイリアムズのデイモン・ヒルは、好転の兆しを感じ取った。彼は続く2戦とも勝利する。一方シューマッハは、たった4ポイントを獲得したに過ぎなかった。永遠の小麦色の青年、フラビオ・ブリアトーレは、天才レースストラテジストのロス・ブラウンとロリー・バーンと共にテストの日程を組んだ。それはモナコとフランスで勝利するために、必要なものだった。

　レースでのシューマッハとヒルは互いに対して闘争本能をむき出しにしていた。故郷のGPシルバーストンでは、ヒルが猛烈なアタック、結果、両者ともリタイアに終わる。同じようなことがモンツァでも起きた。興奮したミハエルを、コースオフィシャルがやっとのことでヒルから引きはがした。ミハエルにとってシーズン最悪であったこの2レースでは、彼のチームメート、ジョニー・ハーバートが優勝している。

　シューマッハは1995年、計9回の勝利を飾った。大きな夢だったホッケンハイムでの勝利は、感極まるものだった。そしてまさに驚くべき闘いは、スパだった。悪天候のせいでシューマッハは予選16位からスタートしたが、96分後には1番でゴールを駆け抜けたのだ。

　巧みな戦術、秀でたドライビングテクニック、大胆さ、これらの集大成が、ニュルブルクリンクで開催されたヨーロッパGPでのシューマッハの優勝につながり、モータースポーツの歴史に輝かしい1章が書き加えられた。ミハエルが10万の観客が送る嵐のような拍手喝采の中、先行するアレジに迫った時、なんとリタイアしていたデイモン・ヒルがコースの縁から喝采を送っている。続くTI英田（現・岡山国際サーキット）でのレースは、シューマッハが優勝、ヒルはタイトルへの最後の望みを絶たれた。シューマッハ

モンツァでクラッシュし、ヒルに文句を言うシューマッハ。コースオフィシャルがとりなす

2年連続タイトルに歓喜するミハエルとフラビオ・ブリアトーレ。しかし、ベネトン・ドリームチームの雲行きはすでに怪しかった

1995

の1995年のチャンピオン獲得が確実となる。シーズン終わり、デイモンに堂々33ポイントのアドバンテージだった。

　ミハエル・シューマッハは史上最年少のダブル世界チャンピオンだ（当時）。とりわけ彼の1995年の走りは、批評家たちを圧倒した。ミハエルの熱意と、十分に発揮された彼の実力とが、ベネトンにチーム結成以来、初のコンストラクターズタイトルをもたらした。共に働いた4年半の間、シューマッハは僚友のネルソン・ピケ、マーティン・ブランドル、リカルド・パトレーゼ、J.J.レート、ヨス・フェルスタッペン、そしてジョニー・ハーバートに対し鼻持ちならない態度をとったこともあった。しかし、セナの死以来、どこを見てもシューマッハと比較できるような個性的なドライバーは探し出せなくなってしまっていた。

　シューマッハがさらに上を目指したいなら、自分でその方法を見つけなければならない。「僕には新しいモチベーションが必要だ」。シューマッハは95年シーズン中盤、マネージャーのウイリー・ウェーバーに告げた。これを聞いたウェーバーは、待ってましたとばかりにほかの複数のチームと交渉を開始する。という

シューマッハに押し寄せる幸福の波。コリーナはシューマッハにとって理想の女性

1995

のも、フラビオ・ブリアトーレとの関係が、過去数カ月、冷え込むばかりだったからだ。マクラーレンと新たに手を組んでいたメルセデス・ベンツと、伝統的チームのフェラーリからオファーがあった。そしてF1界のスーパースポンサー、マールボロがシューマッハとの契約を迫る。あるマールボロ社員が言う。「この何年もの間、われわれは莫大な金額をF1の広告に拠出してきた。ところが、新聞で見るのは決まってロスマンズかマイルドセブンだ」。ウェーバーがオファーした給与は2500万ドル前後だった。

1995年8月6日、シューマッハはチーム監督フラビオ・ブリアトーレに対し、シーズン終了後にベネトンを辞めることを告げた。ブリアトーレは、口をヘの字にして言った。「君はフェラーリで人生の多くを学ぶだろう」。この翌日、華々しいパーティーが開催された。チーム変更ではなく、コリーナとの結婚を祝って。挙式はボンのペータースブルクで行われた。

数日後、バーニー・エクレストンは述べた。「私はミハエルをフェラーリに行かせたかったことを白状します。最高のドライバーが最高のマシンに乗らないほうが、わくわくするでしょう」。

別れ。シーズンが終わり、シューマッハは過去を一瞬だけ振り返り、そして赤の未来へと向かって歩みだす

ニュルブルクリンクで華々しくアレジ（フェラーリ）を追い抜くシューマッハ。10万の地元ファンがシューマッハの足元にひれ伏した瞬間だ

レース結果164ページ

チームメート

Die Teamkollegen bei Benetton

ベネトンでの同僚

ミハエル・シューマッハは、F1最初の年からチームメートを驚かせた。ミハエルの隣で、彼らは次々に入れ替わる。トリプル世界チャンピオンまで引退させてしまった。
1シーズンをわずかに越えて同僚だったのは、たった1人しかいない。

1991 — NELSON PIQUET ネルソン・ピケ

ネルソン・ピケ（ブラジル）、1952年生まれ
F1経験：1978-91（エンサイン、マクラーレン、ブラバム、ウイリアムズ、ロータス、ベネトン）
シューマッハ以前：199GP、23勝、481ポイント、世界チャンピオン（1981,83,87）
シューマッハの同僚時代：5GP、4.5ポイント
シューマッハ年間成績：5GP、4ポイント（ジョーダンでの1GP除く）

　ブラジル人。アラン・プロストと並んで80年代に好成績を残す。ベネトンとは1990年から契約。1991年カナダGPでの優勝が最後となる。その7レース後、新しいチームメート、ミハエル・シューマッハを得る。5回のうち4回の予選でミハエルに敗北した後、このシーズンの終わりでF1を去る。1992年、インディカーレースで重傷を負う。

1992 — MARTIN BRUNDLE マーティン・ブランドル

マーティン・ブランドル（イギリス）、1959年生まれ
F1経験：1984-96（ティレル、ザクスピード、ウイリアムズ、ブラバム、ベネトン、リジェ、マクラーレン、ジョーダン）
シューマッハ以前：83GP、16ポイント
シューマッハの同僚時代：16GP、38ポイント、ドライバーズランク6位
シューマッハ年間成績：16GP、53ポイント、1勝、ドライバーズランク3位

　F3時代はセナのライバルだったが、F1では大成できなかったブランドル。それでも、158レース、98ポイントという成績を残した。残念ながら優勝は果たせず。ブランドルにとってミハエルは『厳しいブロッケン（ドイツの山脈最高の山の名前）』だった。シーズン終了後、ブリアトーレに解雇される。その後、デイビッド・クルサードのマネージャーを務めた。

チームメート

1993 — RICCARDO PATRESE リカルド・パトレーゼ

リカルド・パトレーゼ（イタリア）、1954年生まれ
F1経験：1977-93（シャドウ、アロウズ、ブラバム、アルファロメオ、ウイリアムズ、ベネトン）
シューマッハ以前：240GP、6勝、261ポイント
シューマッハの同僚時代：16GP、20ポイント、ドライバーズランク5位
シューマッハ年間成績：16GP、52ポイント、1勝、ドライバーズランク4位

　リカルド・パトレーゼは、特別な記録を持っている。それはほかのGP出場者はおろか、シューマッハもなし得なかった、F1レース最多出場だ。256回のレース（6勝、281ポイント）の中で、最大の功績は、1992年、同僚のナイジェル・マンセルに次いでシリーズ2位に輝いたことだ。そして1993年、ブリアトーレと契約を結ぶ。シューマッハと一緒に過ごした年を最後に、F1を引退。

1994 — JOS VERSTAPPEN & JJ LEHTO ヨス・フェルスタッペン&J.J.レート

　1994年、ベネトンはまるでシャツを替えるように、しばしばミハエル・シューマッハのチームメートを替えた。この年は3人のドライバーを起用。

ヨス・フェルスタッペン（オランダ）、1972年生まれ
F1経験：1994-2003（ベネトン、シムテック、アロウズ、ティレル、スチュワート、ミナルディ）
シューマッハの同僚時代：10GP、10ポイント、ドライバーズランク10位

　ヨス（通称「ボス」）・フェルスタッペンは、テストドライバーとしてベネトンにやって来た。しかし、レギュラードライバーのJ.J.レートがテスト走行の際に首を痛め、事故で休まなければならなかったため、この新人がレースにも計10回投入された。ヨスはシューマッハの『ボス』になることはなかったが、オランダのF1ファンには絶大な人気を誇った。しかし、F1人生の中で、残念ながら強いチームに属することは二度となかった。

J.J.レート（フィンランド）、1966年生まれ
F1経験：1989-94（オニクス、ダラーラ、ザウバー、ベネトン）
シューマッハ以前：54GP、9ポイント
シューマッハの同僚時代：6GP、1ポイント

　フィンランド人J.J.レートの正式な名前は、イルキ・ヤルビレート。『シューマッハ・シーズン』の直前、テスト走行の際、首にひどい怪我を負う。イモラで起きた事故、スピンのトラウマに悩み、長期休暇も。結局、シーズン最後の2戦、ジョニー・ハーバートと交替させられ、ザウバーに帰る。

シューマッハ欠場の2レースはフェルスタッペン&レート。ジョニー・ハーバートの最後の2戦は0ポイント。
シューマッハ年間成績：14GP、92ポイント、8勝、世界チャンピオン

1995 — JOHNNY HERBERT ジョニー・ハーバート

ジョニー・ハーバート（イギリス）、1964年生まれ
F1経験：1989-2000（ベネトン、ティレル、ロータス、リジェ、ザウバー、スチュワート、ジャガー）
シーズン前：63GP、18ポイント
シューマッハの同僚時代：17GP、45ポイント、2勝、ドライバーズランク4位
シューマッハ年間成績：17GP、102ポイント、9勝、世界チャンピオン

　ハーバートは、ベネトンで1シーズンを越えてシューマッハと過ごした、ただ1人のドライバー。1994年最後の2レースをベネトンで走るが、0ポイントに終わる。彼の通算3回の優勝のうち2回はベネトン時代の1995年に経験。F1ドライバーを引退して5年後、人懐っこいハーバートは、再びパドックに戻ってきた。今度はジョーダンチーム（後にミッドランド）のチームディレクターとして。

ベネトン

1985年、アパレル業者のルチアーノ・ベネトンは、成績の芳しくないイギリスのチーム、トールマンを買収した。惜しいことにトールマンのスーパースターだったアイルトン・セナは1984年末にロータスに移籍していた。1年後、ゲルハルト・ベルガーがベネトン・チームに初優勝をもたらす（1986年メキシコGP）。

ルチアーノ・ベネトンと息子のアレッサンドロは、1989年、チームの管理をフラビオ・ブリアトーレに委ねる。当時ベネトンの販売部長だった39歳の貪欲なブリアトーレは、実のところF1経験が皆無だったが、カリスマ性とセンスのよさを持ち合わせていた。彼は1990年に、3度の世界チャンピオン、ネルソン・ピケを起用し、ピケは2回優勝を獲得する。ベネトンはこれでマクラーレンとフェラーリに次ぐシリーズ3位に浮上する。

1991年、3人の新しい男が入ってきた。共有者としてトム・ウォーキンショウが、テクニカルディレクターとしてロス・ブラウンが、そして残りの1人がミハエル・シューマッハだった。その4年後、ミハエルの2度目のチャンピオン戴冠と、コンストラクターズチャンピオンシップでの優勝を果たし、彼らの連係プレーが実を結んだ。

シューマッハがベネトンを去ったことで、チームはトップの座から転落する。ゲルハルト・ベルガーとジャン・アレジの新ペアは、たった1度しか優勝できなかった（ベルガー：1997年ドイツGP）。成功好きのベネトンファミリーは、1997年の終わり、ブリアトーレを解雇した。代わりに世界ラリー選手権でスバルを頂点に導いたデイビッド・リチャーズを監督に任命し、チームを1999年、29歳のコッコ・ベネトンに譲与した。その後の衰退は、監督にもドライバーのジャンカルロ・フィジケラとアレクサンダー・ブルツにも止められなかった。

2000年、フラビオ・ブリアトーレが不死鳥のように灰の中から蘇った。彼は友人のバーニー・エクレストンの紹介で、4年間、エンジン製作会社の代表として息を潜めていた。この会社は、旧ルノーF1エンジンの開発を『スーパーテック』『プレイライフ』などの名前で進めていた。再びベネトン・チームを2年間率いたが、その後、アパレル企業の名前はチームから消えた。2002年以降、チーム名は「ルノー」になった。とはいってもシャシーは、引き続きイギリスのエンストンにあるベネトンの工場で作られていた。ブリアトーレはそこで彼の手腕を発揮する。そして2002年、負け続きのミナルディチームから、ルーキーであったフェルナンド・アロンソを引き抜き、1年間はルノーのテストドライバーとして、そして2003年にはレギュラードライバーとして投入したのだ。2年後にアロンソは世界チャンピオンの座を獲得し、さらにルノーをコンストラクターズチャンピオンに導いた。

フラビオ・ブリアトーレがベネトン親子にサンドイッチされた。ルチアーノ（右）、息子のアレッサンドロ

ベネトン・チームの栄光の年表

（1981－1985年　トールマンとして）
参加グランプリ1981－2001年：317
ポールポジション：16
優勝：27

年	エンジン	ドライバー		ランキング	ポイント
1981	ハート・ターボ	B.ヘントン	D.ワーウィック	—	—
1982	ハート・ターボ	D.ワーウィック	T.ファビ	—	—
1983	ハート・ターボ	D.ワーウィック	B.ジャコメリ	9	10
1984	ハート・ターボ	A.セナ	J.チェコット		
		S.ヨハンソン	P.マルティニ	7	16
1985	ハート・ターボ	T.ファビ	P.ギンザーニ	—	—
1986	BMW・ターボ	T.ファビ	G.ベルガー	6	19
1987	フォード・ターボ	T.ブーツェン	T.ファビ	5	28
1988	フォード	A.ナニーニ	T.ブーツェン	3	39
1989	フォード	A.ナニーニ	J.ハーバート　E.ピロ	4	39
1990	フォード	A.ナニーニ	N.ピケ　R.モレノ	3	71
1991	フォード	N.ピケ	R.モレノ		
		M.シューマッハ		4	38.5
1992	フォード	M.シューマッハ	M.ブランドル	3	91
1993	フォード	M.シューマッハ	R.パトレーゼ	3	72
1994	フォード	M.シューマッハ	J.J.レート		
		J.フェルスタッペン	J.ハーバート	2	103
1995	ルノー	M.シューマッハ	J.ハーバート	1	137
1996	ルノー	J.アレジ	G.ベルガー	3	68
1997	ルノー	J.アレジ	G.ベルガー　A.ブルツ	3	67
1998	プレイライフ	G.フィジケラ	A.ブルツ	5	33
1999	プレイライフ	G.フィジケラ	A.ブルツ	6	16
2000	プレイライフ	G.フィジケラ	A.ブルツ	4	20
2001	ルノー	G.フィジケラ	J.バトン	7	10

2002年以降　チーム・ルノー

年	エンジン	ドライバー		ランキング	ポイント
2002	ルノー	J.バトン	J.トゥルーリ	4	23
2003	ルノー	J.トゥルーリ	F.アロンソ	4	88
2004	ルノー	J.トゥルーリ	F.アロンソ　J.ビルヌーブ	3	105
2005	ルノー	F.アロンソ	G.フィジケラ	1	191
2006	ルノー	F.アロンソ	G.フィジケラ	1	206

1995年11月、エストリルにて。シューマッハがフェラーリで初のテスト走行。白のレーシングスーツはスポンサーが付いていないことを表す。テストでは、エレクトロニクスに裏切られた。チーム監督ジャン・トッドとシューマッハは、目の前に立ちはだかる大きな壁を予感する

1996

Das Aufbaujahr

フェラーリ移籍の年

2500万ドル──ミハエルがフェラーリと結んだ2年契約の年俸だ。「全くばかげている」とブツブツ言うのは、ウイリアムズのパートナー所有主、パトリック・ヘッドだった。「そんな大金、高いドライバーにかけるより、マシン開発にかけたほうがましだ」。そう、フェラーリは考え方が違うのだ。

過去10年間に何億という金が、新しいマシン、新しいエンジン、新しいコンセプト、新しいドライバーに投資されてきた。しかし、結果は失望だけだった。過去5年間、81レースのうち優勝できたのは、たったの2回。2台ともゴールに到達したことはほとんどなかった。クラッシュやトラブルによるリタイアなら何度もあった。だらしなさ、高慢さ、享楽的な甘い生活、そして混沌としたレース担当部局──これらすべてが、F1で最も高額な予算があるはずのこの名誉あるチームを、中団に墜落させていた。1979年にジョディ・シェクターが世界チャンピオンの栄冠をフェラーリにもたらしたのが最後だった（82-83年にコンストラクターズ王座は獲得）。

シューマッハは1996年に3度の優勝を飾った。これはフェラーリの過去5年間の通算勝利数を上回る

土砂降りの雨の中、シューマッハがジャン・アレジを追い抜き、勝利へまっしぐら。ベネトンの新ペア、アレジ／ベルガーにはこのシーズン、勝利はなかった

この3年間、新監督ジャン・トッドは混沌としたチームに、いかにしてモチベーションを与えるかという課題と格闘していた。トッドはやる気満々のシューマッハに期待していたが、チームの大半は彼に懐疑的。デザイナーのジョン・バーナードもそうだった。「僕たちは、1996年のタイトルを奪える状況にはないよ」と、シューマッハはきっぱりと言った。「優勝2回がいいところだと思う」。シューマッハは知っていた。この年はウイリアムズのもので、デイモン・ヒルに、ついに世界チャンピオンのチャンスが来たことを。ヒルは同僚のジャック・ビルヌーブだけに勝てばよかった。

　シューマッハとエディー・アーバイン（シューマッハ同様、フェラーリでは新人）は、初戦前にほとんどコースを走ることができなかった。というのも、マシンの完成が遅れたからだ。それでもエディーはシーズンを3位で開幕させる（これが1996年、彼の唯一の表彰台）。一方、シューマッハはブレーキの故障でリタイア。この時シューマッハは、ウイリアムズのデイモン・ヒルとジャック・ビルヌーブに対し、勝算がないことに気付いた。「僕たちは1周につき1秒、ウイリアムズより遅い。やるべきことはたくさんあるね」。フェラーリはV12に別れを告げて、ほかのチームと同じV10をこの年から使用。しかしこのエンジンもウイリアムズのルノーV10には、性能的に及ばなかったのだという。

　それでも、ヨーロッパGP、ニュルブルクリンクではジャック・ビルヌーブに0.7秒遅れ、シューマッハは2位でゴールを駆け抜けた。シューマッハは地元のファンに熱狂的に歓迎されて表彰台に上る。2週間後のイモラでも2位だった。モナコで自分のミスからリタイアとなった後、スペインGPで、偉大なる瞬間がやって来た。1周目を6番手で走っていたシューマッハは、土砂降りの雨の中、すべてのライバルたちを蹴散らし、フェラーリでの初優勝に到達したのだ。

　ドイツの大衆紙は、「シューマッハが今年も世界チャンピオンか？」と喜びの記事を掲載した。が、その後の5戦で予想は外れる。ミハエルは3ポイントを獲得したのみ、アーバインは0だった。毎回、フェラーリ・チームのどこか一部が機能しなくなっていた。イタリアのプレスはジャン・トッドの更迭を要求した。しかし、シューマッハはチーム監督を擁護し、「ジャンを解雇するのは最大のミスだ」と言った。そして、シューマッハはすべてのテストプログラムを引っ張っていった。アーバインはすでに影響力を失っていた。シューマッハはベネトン時代の親友、ロス・ブラウンとロリー・バーンを引き抜いた。彼らは1997年の契約をフェラーリと交わした。一方、フェラーリが停滞していくのを利用して、シューマッハの豪腕マネージャーのウェーバーは、少なくとも1998年までの契約の延長を認めさせる。これにより、シューマッハの給料は1000万ドル上がって3500万ドルとなった。

　シーズン後半、シューマッハは2レース続けて優勝する。運命のコース、スパとまさしくモンツァで。それはフェラーリが、1988年に優勝して以来のイタリアGP優勝だった。イタリアで不滅の地位を築くには、この優勝でもまだ十分ではなかったようだが、シューマッハは家族の絆を大事にするイタリア国民に告げた。「コリーナと僕は親になります」。

　そしてシューマッハは、初のフェラーリ・シーズンを美しく終えた。デイモン・ヒルとジャック・ビルヌーブは、なお2人の間でチャンピオン争いを続けており、結果、ヒルが勝利した。シューマッハは誓って言った。「タイトルは貸し出しただけさ」。シューマッハは世界チャンピオンシップの得点数でいうと、59ポイントで3位、チームメートのアーバインは11ポイントで10位。シューマッハはエディーを『協力的なチームメート』と、新しい契約書の中でたたえた。

　フェラーリは、コンストラクターズ世界チャンピオンランキングで、シーズン2位に輝いた。しかし、ウイリアムズ・ルノーには105ポイント（！）及ばなかった。3位はベネトン・ルノーで、1995年のコンストラクターズタイトルの後、急激な下降線をたどる。マネージャーのフラビオ・ブリアトーレ、彼は長年フェラーリでペアだったゲルハルト・ベルガーとジャン・アレジを雇っていたが、この結果で、チーム監督としてそう長く生き残れなくなった。とりわけ頼りにしていた2人、ロス・ブラウンとロリー・バーンを失ったことは大きい。2人はシューマッハを追ってフェラーリに移籍した。

シューマッハの肩に重荷。足の不自由な跳ね馬

最終戦鈴鹿でようやく確実となったヒルのタイトル。シューマッハとマクラーレンのハッキネンがヒルにシャワー

レース結果164ページ

1997

Rammstoß
クラッシュ

苦いシーズンの終わり。ビルヌーブはシューマッハを追い越そうとした時、シューマッハに突撃をくらう。でもシューマッハがリタイアし、ビルヌーブはチャンピオンに

　長きにわたるシューマッハのライバルは、もう競争相手ではなくなってしまった。世界チャンピオンとなったヒルはフランク・ウイリアムズと不和になり、アロウズに移籍する。

　この年もウイリアムズ・ルノーの存在が、物事を決める尺度となる年だった。つまりジャック・ビルヌーブを破ることが、まさにタイトル争いを制することだった。今年、ビルヌーブと共に走るのは、ミハエルのF3時代の仲間、ハインツ-ハラルド・フレンツェン。そして3人目のドイツ人がF1に入ってきた。マネージャー、ウイリー・ウェーバーは、『弟シューマッハ』ラルフをジョーダンに入れたのだ。

　ルカ・ディ・モンテゼモーロ会長は、元スターデザイナーのジョン・バーナードに対する信頼を失い、バーナードがシャシーを設計しているイギリスのオフィスを閉じてしまった。ロス・ブラウンとロリー・バーンがマシン開発に専念する。1994年と1995年の成功トリオが再び1つになった。シューマッハはニヤニヤしながら言った。「ジョニー・ハーバートがいれば、これで全員そろったね」。しかし、アイルランド人のエディー・アーバインがフェラーリの第2コクピットをキープ。

　フェラーリからの宣言が耳に入ってきた。3年後、シューマッハでタイトルを獲得するというものだった。しかし、モンテゼモーロの要求の本音は明らかだった。ブラウン、バーン、シューマッハのトリオによる完成品を、1997年にも差し出してほしいのだ。

　シューマッハにとって本当によい年になりそうだった。プライベートでは、シーズン開幕2週間前に1児の父となる。また、コース上でもよい結果が期待できた。オーストラリア戦の終盤には10人のドライバーが生き残っていたが、シューマッハに先着したのは、マクラーレンのドライバー、デイビッド・クルサードだけであった。

　前年、印象に残るレース展開でチャンピオンシップ2位だったジャック・ビルヌーブは、ハーバート、そしてアーバインと衝突しリタイア。しかし次のブラジル戦ではシーズン初優勝を飾り、ビルヌーブは今年のタイトル有力候補に挙げられた。シューマッハは5位に終わる。アルゼンチンでもシューマッハにとって状況の好転は見られない。ルーベンス・バリチェロと衝突してリタイア。一方、ビルヌーブはまたもや表彰台の最上段に上っていた。アーバインの2位がフェラーリの名誉を救い、ラルフ・シューマッハが家族の名誉を救った。ラルフは3度目のF1出場で表彰台に上ることができたのだ。

　続く5戦にわたり、シューマッハは不利な状況を何とか挽回する。3勝、39ポイントを獲得し、8戦終了時点で選手権トップに躍り出る。タイトルにかけるフェラーリとドイツのファンの期待はますます膨らんだ。

ケルペン出身のシューマッハ兄弟は、初めて一緒にF1で過ごす1年の間、完璧に協力し合った。兄は弟にマニクールで1点を与えてやり、弟はハンガロリンクで兄が4位から這い上がれるようお返しをした。しかし、兄のタイトル獲得の見通しはまだ立たなかった。

ドイツのニュルブルクリンクで、この年のシーズン最後の3戦が始まった時、とんでもないアクシデントが起きる。スタート直後、フィジケラが同僚ラルフをせぬことが起きると不都合だが……」。慎重に言葉を選んだ。

いまやビルヌーブが9ポイントのアドバンテージだ。しかし日本GPでビルヌーブが失格となり、ミハエル・シューマッハが勝利したため、ヘレスでの最終戦前にミハエルは、1ポイントのアドバンテージを取り戻した。

ヘレスで起きたミステリーが、センセーションを巻き起こす。これは、ビルヌーブ、ミハエル・シューマッハ、フレンツェンが予選で同タイム―1分21秒072―を出したのだ。レースでは48周までミハエル・シューマッハが主導権を握っていた。そこで、迫ってきたビルヌーブのプレッシャーに耐え切れず、急ハンドルを切り、ウイリアムズを脇へ押しやってしまう。しかし、リタイアとなったのはミハエル・シューマッハ。ビルヌーブは走行を続け、タイトル獲得に必要な順位でゴールした。

ミハエル・シューマッハはこの衝突について、無実を繰り返し主張したが、FIAは反則と決定。ミハエル・シューマッハは世界選手権78ポイントを獲得していたが、タイトル準優勝は取り消されてしまった。その結果、2位はハインツ-ハラルド・フレンツェンの手に渡った。

3勝を獲得したのはマクラーレン・ペアのデイビッド・クルサードとミカ・ハッキネンだった。これで、1998年のミハエルの主たるライバルがはっきりした。というのもウイリアムズが第1グループから姿を消してしまうことが確実だったからだ。ルノーからのF1エンジンの提供が得られなくなるのだ。

1997年唯一のライバル。ジャック・ビルヌーブとシューマッハ。日本GPで

マクラーレン・ドライバー、クルサードとハッキネンが新チャンピオンをたたえる

押しのけ、弟・ラルフは兄・ミハエルの車線内に入り込んでしまう。ラルフは即刻レースをリタイアすることになってしまうが、ミハエルはなんとか持ち堪えた。ミハエルは腹を立てたが、冷静さを保った。「当然失望した。でも誰を責めるつもりもない。シーズンのこの時期に予期

愚かだった。シーズン終盤、弟・ラルフが兄・ミハエルを巻き込んでグラベルへ。「きわめて不都合なこと」と思ったのはミハエル・シューマッハだけではなかった

レース結果164ページ

1998

Rad weg

タイヤ・バースト

ベルギーGP：デイビッド・クルサードの予想外の急ブレーキで、シューマッハが衝突。3本のタイヤでフェラーリをピットへ運ぶ

昨シーズンはすれすれの敗北。1998年こそは、なんとしてもマラネロにタイトルをもたらしてほしいと、フェラーリファンは望んでいた。赤の軍団は、シューマッハ、トッド、そしてブラウンの活躍で、ついにトップチームにのし上がったのだ。

しかし、この年、カードは再び十分にシャッフルされた。FIAによる規定変更で、これまでより車体を細くしなければならなくなった。また、使い慣れたスリックタイヤに代わって、溝付きタイヤが使用されることになる。ここでまたシューマッハの鼻が利き、チーム間の勢力図の変化を感じ取る。「マクラーレン・メルセデスは非常によいパッケージをまと

めた」と予想。「今年はタイヤが重要な問題になる」。

『シルバーアロー』の『非常によいパッケージ』には、ほとんど太刀打ちできなかった。マクラーレンはブリヂストンタイヤを履き、ハッキネンとクルサードは思うがままにフィールドを制していた。一方フェラーリは、グッドイヤーのタイヤ性能のゾーンに留まり、せいぜいのところ、「ベスト・オブ・ザ・レスト」という感じだった。

メルボルンでの幕開けで、シューマッハは3番手からスタートしたが、見込みは少ないと感じていた。そして、日曜のレース結果は、彼の予想が的確だったことを示す。ハッキネンと同僚のクルサー

ドが恐ろしいほどに圧勝したのだ。それ以外でゴールを通り過ぎた者たちは、マクラーレンに容赦のない差をつけられていた。シューマッハはいやな目に合わされたという顔をしていた。それはただ、エンジントラブルでゴールに到達できなかったからだけではない。今シーズンの戦いがいかにハードなものであるのか、フェラーリ・チームは気付き始める。そして全力でページをめくろうと試みた。

グッドイヤーは反撃できる底力を証明し、第3戦のアルゼンチンで競争に耐えうるマテリアルを届けてくれた。シューマッハは最前線でシルバーアローを追い立て、ハッキネンに23秒のアドバンテージで優勝した。「奇跡だよ。世界が全

く違って見える」と喜ぶシューマッハ。

6月、ついにシューマッハは不利な条件を克服した。3連勝し、リードするハッキネンに2点差と迫る。5度目の優勝となったハンガリーGPの後、ミハエルはタイトルに手が届きそうだった。

しかし、スパ・フランコルシャンには、喜ばしい雰囲気などなかった。アルデンヌ地方に襲い掛かる激しい雨の中、クルサードがミハエルを2周にわたってブロック攻撃したのだ。おまけにプーホンコーナー近くで突然のスローダウン。シューマッハは水しぶきの中、反応が遅れ、スコットランド人（クルサード）に追突した。パドックで、シューマッハはクルサードの襟首をつかみ「俺を殺すつもりか？」と怒鳴った。殴り合いになるのをやっとのことでフェラーリ関係者が阻止したほどだ。

ハッキネンとシューマッハのタイトル争いは、鈴鹿GP前の時点でシューマッハが4ポイント、ハッキネンに遅れをとっていた。シューマッハには実質的に優勝が必要であり、なおかつハッキネンを3位以下にせねばならなかった。

しかし、ポールポジションを取りながらも、フォーメーションラップでまさかのエンジンストール。「クラッチがいかれた」。結果、シューマッハは最後尾からのスタートに。それでも鬼神の追い上げで3番手に浮上する。しかし32周目、右リヤタイヤがバーストし、リタイア。ハッキネンが逃げ切り優勝、世界チャンピオンとなった。

失望を隠せないシューマッハ。しかし、彼はすぐに未来を見据えた。「人生は先へ進んでいく。1999年にはうまくいくよ」。そして、ミハエル・シューマッハは、『シューマッハであること』を首尾一貫して意識しており、勝つには力不足のマシンでもシリーズ2位を獲得できることを、この年に証明したのである。このことはメルセデス・レース監督のノルベルト・ハウグにも明らかだった。「赤が勝つとしたら、われわれはフェラーリに負けるのではない。シューマッハに負けるのだ」。

競争相手のタイヤをチラリ。タイヤ戦争が1998年のシーズンの展開を左右した

サイドポッド上のウイングもフェラーリにはあまり役に立たなかった。FIAから禁止の忠告をもらっただけ

鈴鹿でのファイナルレース。クルサードとアーバインに肩車されるチャンピオン、ミカ・ハッキネン

レース結果165ページ

1999
Der Beinbruch
足の骨折

シルバーストン。時速100キロでタイヤバリアに突っ込み、脛骨（すね）と腓骨（ふくらはぎ）を骨折。6レース欠場でタイトルの可能性は消えた

呪文をかけられたようだった。この2年間というもの、ミハエル・シューマッハはタイトルの目前までは迫ってはいた。ところがいつも最後のレースで夢が破れる。そして1999年こそ、すべてにおいてゴーサインが出ていた。真新しいマシンF399にシューマッハは一目ぼれした。「今まで運転したフェラーリの中で最高だよ」と夢中になって話していた。今度こそうまくいくだろう。フェラーリはマクラーレンと同様、ブリヂストンタイヤで武装していた（この年と翌年は全車ブリヂストン）。

しかしシルバーアローは、この日本製タイヤを十分使いこなしており、第1戦のメルボルンから、予選でポールポジションを手中に収めた。舞台裏ではフェラーリ関係者がブリヂストン側に、マクラーレンとは異なるタイヤを提供しているのではないかと文句を言っていた。

ミカ・ハッキネン、リタイアに悔し泣き。モンツァにて

この日、もっとまずいことが起きた。シューマッハがエンジンストール。1998年最終戦と同様、最後尾からのスタートとなる。このレース中、シューマッハはテクニカルトラブルに悩まされ続け、最後は1周遅れの8位となった。しかし、フェラーリの計算どおり、エディー・アーバインが勝利する。マクラーレンは2台ともゴールできなかった。

そして本当に上り調子になってくる。第1戦と第2戦の間に、シューマッハは2人目の子供の父親になった。これがシューマッハの調子をさらに上方へ押し上げたようだった。そして第3戦のイモラで、ロン・デニスが恐れていたことが確証された。「フェラーリはシステムアップのスペシャリストだ。彼らは不屈の精神で闘う」。こうマクラーレン代表のデニスは予言した。そしてシューマッハの勝利がその予言を実証して見せた。

「おめでとう」とシューマッハ。いまやハッキネンもダブル世界チャンピオン

世界チャンピオンのチャンスを逃したアーバインを和ませるトッドとシューマッハ

　続けてモナコでも勝利し、チャンピオンシップでハッキネンより優勢であることが明らかになってくる。しかし次の優勝には「待った」がかけられた。バルセロナで3位につけた後、次のカナダではウォールに激突してしまったからだ。しかし彼は楽観的に「あきらめる理由はどこにもない」と語った。それから2戦後のシルバーストンで、タイトルの夢が消え去るとは知らずに。

　1999年7月11日14時03分。レースが中断される。ビルヌーブとザナルディがスタートで立ち往生したのだ。シューマッハはこれに気付くのが遅れ、ストウコーナーで、同僚エディー・アーバインの内側をものすごいスピードで駆け抜けた。「突然、ブレーキが空っぽに抜けたんだ」。時速200キロを超える速度でグラベルを直進し、時速100キロでタイヤバリアに正面から突っ込んだ。レースを見守る世界中が息を呑んだが、シューマッハは何とか脱出の合図を送っていた。しかし、自分の力ではコクピットを出られない。右足のすねとふくらはぎの骨が折れていたのだ。その瞬間、シューマッハは悟った――これで長い休みに入ることを。

　シューマッハにとって苦しみとなった6レース、ミカ・サロが代理を務めた。この間、アーバインがシューマッハの代わりに、ジョディ・シェクター以来のフェラーリ・ドライバーズタイトルを横取りしようとしていた。シューマッハは度々運転を試してみたが、素直に認めるしかなかった。「まだ無理だ」と。

　強力なライバルを失い、モチベーションを失ったかのようなミカ・ハッキネンは、その後、力を弱めていく。続く7戦でたった1度の優勝に終わった。モンツァでミカは自分のミスから涙のリタイアとなる。世界チャンピオンタイトルは失われたかのように見えた。「ミハエルにとってベストな状況のシーズンだ」とマネージャーのウェーバーは嫌味を言った。「彼がここにいないのが残念だ」。

　シーズン最後から2番目のマレーシアGP、ついにシューマッハは復活。首位を独占していたが、エディーに抜かせた。「自分のためじゃなく、チームのために走るんだ」と、淡々と語った（車両規定を巡る失格騒ぎもあった）。

　エディーは4ポイントのアドバンテージでファイナルレースに挑む。彼が鈴鹿で勝利すればフェラーリ20年ぶりの世界チャンピオンに輝く。しかし、ハッキネンが巻き返し、最後はアーバインに約1周の差をつけた。アーバインは3位でゴールを通過。シューマッハも2位に終わる。再びミカ・ハッキネンが世界チャンピオンの座を獲得した。しかし、フェラーリもコンストラクターズタイトルを獲得。1983年以来初である。

「2000年の世界チャンピオン、お大事に」。ファンは2000年のシューマッハのタイトル戴冠を確信していた

レース結果165ページ

2000

Der erste Ferrari-Titel!

フェラーリ初タイトル！

シューマッハは新しいチームメートを得た。惜しくもチャンピオンを逃したエディー・アーバインはジャガーに移り、替わりにルーベンス・バリチェロが入ってきたのだ。このブラジル人はシューマッハより3歳若いが、キャリアはシューマッハと同じくらい長かった。彼は、スターであるシューマッハの後ろにいる2級品ではなく、「自分がナンバーワン」と言ってのける。

新しいマシン、フェラーリF1-2000には、ミハエルはとても満足していた。しかし、マクラーレン・メルセデスも自信たっぷりだった。冬の間に1万2000キロにも及ぶテスト走行を、トラブル無しでやってのけていたからだ。しかし開幕レースで彼らは、黒いキャップの下からがっかりした顔をのぞかせる。なぜなら、マクラーレン2台はフロントロウを得たものの、両方ともリタイアしたのだ。結果、フェラーリが輝かしい1-2フィニ

バルセロナ。早すぎる発進で給油係を巻き込んでしまう。ギョッとしてバックミラーを見るシューマッハ。だが大事には至らなかった

日本グランプリで、椎間板を痛めそうな態勢のジャン・トッド。1979年以来初のフェラーリのドライバーズタイトル獲得である
互いに慰め合うマクラーレン・ドライバー、ミカとデイビッド

2000

ファイナルまで緊張の連続のコリーナとミハエル・シューマッハ：成功できるのか？

ッシュを遂げ、ミハエル・シューマッハは弟・ラルフともシャンパンをかけ合うことができた。ウイリアムズがBMWエンジンを搭載した初レースで、そのドライバーを務めた弟・ラルフは、瞬く間に3位表彰台を手に入れたのだった。

サンパウロとイモラでも同様のことが起きた。ミカ・ハッキネンがポールを得ていたが、表彰台の頂点に上がったのはシューマッハ。マクラーレン代表のロン・デニスは、体から汗が吹き出た。「これではミハエル・シューマッハに今シーズン全部のグランプリを奪われる。もしわれわれがタイトルのチャンスを求めるなら、今すぐ勝たなければならない」。

デニスの喝が功を奏した。母国イギリスのシルバーストンで、『シルバーアロー』が赤の軍団による連続優勝を撃破したのだ。バルセロナでも優勝を奪った。今度は、フェラーリ・チームに問題が起きる。ピットストップの際、ロリポップが合図を早く出したため、シューマッハは発進を開始した。給油係がまだ作業していることに気付かずに。シューマッハは彼を巻き込んでしまう。代わりの給油係は経験が浅く、次のピットインで17.5秒という、恐ろしくイライラする時間がかかった。勝つには長すぎる時間だ。これに加えてスペインの照りつける太陽の下、兄弟喧嘩が始まる。弟・ラルフが追い越しの体制に入ったが、兄・ミハエルがアクセルを踏み、激しいバトルとなった。両者は接触するほどの間隔だった。バリチェロは、この有利な瞬間を利用して、2人を追い抜いていった。「全くばかげた行動だ」と言うラルフに、「自分のポジションを守るには当然の行為だ」と反論するミハエル。結局、2人のマネージャー、ウェーバーが取り成すことになる（トラブルを抱えていたミハエルが、チームメートを先行させるためにラルフをブロックしたようだ）。

ニュルブルクリンクでシューマッハは勝利を挙げた。F1サーカスがモナコに開催地を移した時点ではっきりしていたことは、マクラーレンも強いが赤の軍団ほどの力はないということだった。46対28、こうポイントスタンドには示されていた。シューマッハが優勢だった。

モンテカルロでもその週末を彼が制圧した。しかし、それは、壊れた排気管から赤く燃える高熱のガスが出始め、リヤサスがそれに持ち堪えられない、という状況になるまでだった。修理不可能のた

ミカの素晴らしい走り：スパでシューマッハがゾンタ（中央）を追い越す横で、両者をパスするハッキネン

め、シューマッハはリタイアを余儀なくされる。

モントリオールで優勝し、ミハエルはミカに24ポイントの差をつけた。これはまあまあの状況だったが、ミハエルを落ち着かせる材料にはならなかった。「まだ9つもグランプリが残っているし、もう長い間タイトルを獲得していない」と、勝利を確実とする声を戒めた。

シューマッハの予測は的中した。フランスではエンジンストップ、オーストリアとホッケンハイムではスタート直後にコースアウト。それでも、ホッケンハイムではルーベンス・バリチェロが、彼にとって初のGP勝利を獲得した。

シューマッハはハンガリーでもポールスタートをしたにもかかわらず、勝てなかった。ハッキネンが勝ち、2ポイントリードして世界選手権を引っ張ることに。赤の軍団は少しずつ深刻になってきた。また鼻先でタイトルを奪われたくなければ、何か事を起こさなければならない。シューマッハは闘争心を高めて言う。「今度は僕がみんなの気持ちを駆り立てる番だ。やってみせるよ」。

スパで忘れ難いシーンが生まれた。シューマッハがリカルド・ゾンタを追い越そうとしていたその時、ハッキネンのマクラーレンが疾走してきた。そして一気に両者をパスしてしまったのだ。全世界が認めたのは、この駆け引きでハッキネンに軍配が上がり、彼の勝ち目が見えたことだった。

一方、シューマッハは優勝を逃したレースが5回も続いたが、そのものずばりのフェラーリの母国、モンツァで価値ある優勝を手にした。41回目の勝利を記録し、アイルトン・セナの成績に並んだ。その後のテレビ記者会見でシューマッハは思い切り泣いた。シューマッハがマシンではなく、人間だということを世界は知ったのだった。

しかし、この大勝利にコースオフィシャルのパオロ・ジスリンベルティの死が影を落とす。スタート直後のクラッシュの際、彼はバーストして飛んだタイヤの直撃を受けてしまったのだ。

アメリカGPは、エンジントラブルに泣いたハッキネンから、ついにリードを取り戻した。日本GPで、ついにフェラーリ最初のタイトルを獲得できそうだった。今度こそミハエル・シューマッハは黙っていない。鈴鹿でポールと優勝を奪い、そしてタイトルを獲得した。彼の努力のたまものだった。フェラーリが、21年ぶりにドライバーズ世界チャンピオンを輩出した。そのドライバーこそ、ミハエル・シューマッハ、その人だ。後にジャン・トッドは、グラスを高く持ち、すべてのフェラーリファンに言った。「わがチーム、スクーデリアに乾杯！」

最終戦マレーシアでの勝利により、フェラーリはコンストラクターズタイトルまでをも獲得した。シューマッハと彼のチームは、なんと赤いかつらをかぶって歓喜した。「今年のタイトルは、僕にとって最も偉大なものだ」。シューマッハは満面の笑みを浮かべた。

モンツァでの勝利に涙を抑えきれないシューマッハ。41度目の優勝を飾り、セナの記録に並ぶ

シーズン中盤は厳しかった。ベルギーではハッキネンとの攻防に敗れる

レース結果165ページ

シューマッハとバリチェロは2000年マレーシアGPでフェラーリのコンストラクターズタイトル獲得を決定した。
戦略の天才、ロス・ブラウンとともに赤のかつらで表彰台に。シルバーアロー（マクラーレン）のデイビッド・クルサードもびっくり

PETRONAS
PETRONAS
Marlboro
Marlboro
BRIDGESTONE
Sabelt
BARRICHELLO
OMP

2001
Bruderzwist
兄弟喧嘩

兄・ミハエルからの仲直りの肩たたきも、弟・ラルフには何の意味も持たない。ニュルブルクリンクでミハエルに激しく攻め立てられて

この年は、すべてのシューマッハ・ファンにとって衝撃から始まるシーズンだった。メルボルンでのシーズン開幕戦のフリー走行で3度の世界チャンピオンに輝くシューマッハが、フェラーリF2001を転倒させてしまう。「リヤのコントロールが利かなくなって、ブレーキをかけた。そしてグリーンからグラベルへと入った時、転倒した」。しかしその後、シューマッハは調子を持ち直し、ポールポジションを獲得する。そして気持ちのよいポール・トゥ・ウインを見せてくれた。

ところがジャック・ビルヌーブとラルフ・シューマッハの招いた大事故が影を投げかける。ビルヌーブがBMW・ウイリアムズの後部に突っ込み、壁まで吹き飛んだ。すると壁の後ろにいたコースオフィシャルのグラハム・ビヴァリッジに飛んできたタイヤが命中し、彼を死に至らしめる。表彰式は控えめに行われた。「コースオフィシャルの方が亡くなられたことを、たった今知りました。僕たちは皆、衝撃を受けています。今はレースについて多くを語るべきではないでしょう」。レースの後、シューマッハは胸を詰まらせて語った。

2001年はF1の勢力図が変動した年でもある。まず、1998年以来の長年の宿敵であるミカ・ハッキネンに容赦なく

ブラジルGP。ウイリアムズの接近。モントーヤが「セナS字」で容赦なくミハエルに迫る。ぞっとするバトルはこれだけではない

不運がつきまとう。1998＆99年ダブル世界チャンピオンは、シーズン8戦目のカナダGPでやっと表彰台に上がった。3位だった。その後、2度の優勝（イギリス、アメリカ）を果たしたが、このシーズンを台無しにしてしまったことのフラストレーションがあまりに大きく、このシーズン限りで彼はF1から身を引いてしまう。悲しむ者がいれば、喜ぶ者もいる。というのも、マクラーレン・メルセデスでは、ハッキネンの同僚デイビッド・クルサードが、シーズン前半は力強い走りを見せ、ブラジルとオーストリアで2度優勝を獲得。

モナコGPを終え、王者ミハエル・シューマッハはクルサードを12ポイントリードしていた。BMW・ウイリアムズは、ミハエルの弟・ラルフと新人のファン-パブロ・モントーヤのコンビ。この2人のドライバーたちとミハエル・シューマッハは、この年、激しいバトルを繰り

ドイツGPのスタート。ギヤトラブルを起こしたシューマッハのフェラーリに、ルチアーノ・ブルティが追突

ハンガリーGPで歓喜。シーズン13戦目ですでにタイトル確定

2001

広げた。モントーヤとの対決のハイライトは、ブラジルGPだ。安定走行を続けてきたモントーヤが、セーフティーカー退出の後に世界チャンピオンのフェラーリを一気に追い越したのだ。「反撃できると思った。でもその時には彼は通り過ぎた後だった」。シューマッハはレースの後、血気盛んなモントーヤに敬意を表した。しかし、オーストリアGPでモントーヤと衝突した後の発言では怒りをあらわにした。「彼はもう負けていた。それなのに僕をグラベルへ追い出そうとあれこれ手を尽くした」。それでも、フェラーリ・チームの戦略のおかげでシューマッハはクルサードに次ぐ2位となる。

弟・ラルフとの対決は、まずは柔和なものだった。イモラで、BMW・ウイリアムズのラルフがF1初勝利に輝いた。ミハエル・シューマッハは数周走ったがクラッチ故障でリタイアせざるを得なかった。兄・ミハエルは若い弟・ラルフにパルクフェルメでおめでとうと言った。「すごくいい走りだったよ」と、家族でありライバルでもある弟を褒めた。カナダでの直接対決で、初めて兄は弟に負けた。「ほかの誰かに負けるよりは、当然、弟に負ける方がいいね」。表彰式の後、こう語った。

良好な兄弟関係にヨーロッパGP、ニュルブルクリンクで大きなひびが入る。弟・ラルフは兄・ミハエルと並んでフロントロウにいた。スタートと同時に、兄・ミハエルは弟・ラルフをピット側の壁方向へ、ラルフが屈服するまで押しやった。レース後、「ラルフにリードされると、難しいことになると知っていたから」と、彼のとった痛烈な戦略の説明をした。その後、ラルフはピットアウトの際に白線を踏んだとして10秒のペナルティーを課せられる。ミハエルがスタートの際にとった行為は、ラルフに嫌な後味を残した。彼は2位のモントーヤと3位のデイビッド・クルサードにはおめでとうと声をかけたが、優勝者の兄には何も言わなかった。フランスGPでも、再び兄・ミハエルと弟・ラルフの対決になった。ラルフはポールを奪ったものの、フェラーリに逆転されてしまう。というのも、ピットインの時、タイヤ交換に手間どり、しかも交換したタイヤの調子がいまひとつだったからだ。

しかし、ラルフはシーズン3回目の優勝を果たし、一方ミハエルは、それを眺めているしかないレースがやってくる。それは、ドイツGPでミハエルに降りかかった災難だった。スタートの際、ギヤがロックし、そこにプロストのドライバー、ブルティが突き当たり、ミハエルのマシンとクラッシュしてしまう。レース中断。そしてミハエルはスペア・カーの燃料ポンプまで故障。弟・ラルフはBMWエンジンでの母国優勝を獲得した。

兄弟関係にどんな危機が迫っているか、最後の日本GPではっきりする。2001年10月5日、ラルフは恋人コーラ・ブリンクマンと結婚した。彼女はすでに妊娠していた。しかし、「結婚式のことは何も聞かされていなかった」とミハエル。

ミハエル・シューマッハは2001年、合わせて9回の優勝を手にした。オーストラリア、マレーシア、スペイン（ここでは最後の周でリタイアしたミカ・ハッキネンが、それまで首位だった）、モナコ、ニュルブルクリンク、フランス、ハンガリー、ベルギーそして日本。ミハエルは、スクーデリア・フェラーリと共に、過去に例を見ない数々の成功に酔いしれた。ブダペストでの13戦目にして、すでにミハエルには新たなタイトル獲得を祝うことができた——フェラーリでは2度目の、自分自身には4度目のタイトルを。この日、フェラーリのコンストラクターズチャンピオンも決まった。当然、表彰台のムードは高まり、国歌の後に「ウィー・アー・ザ・チャンピオン」がスピーカーから大音量で流れた。続く記者会見でミハエルは、「何を話したらいいのか分かりません。僕はすごくクールに思われていますが、本当はとても感情的なんです。ただ言いたいのは、チームのみんな本当にありがとう、ということです」。

データから見ると、ベルギーGPでのミハエル・シューマッハの優勝は重要だ。52番目の勝利。それは、これまでの最多勝記録保持者アラン・プロストの数を追い超すものなのだ。「だけど、今は記録には興味がない。記録は、F1を引退してから楽しむものさ」とミハエル・シューマッハは応えた。しかし、かなりの不満がたまっていたのは、チームメートのルーベンス・バリチェロだった。2001年、ミハエルの9勝に対して、彼は1度も優勝できなかったのだから。

ブダペストでミカの壊れたマクラーレンが引かれるところ。それを野次る？チャンピオンチーム

レース結果166ページ

2002
Stallregie

チームオーダー

すべてを制圧した2年間、ここで、フェラーリの優勢が劣勢に転じると考える者は狂っている。フェラーリのF2002、別名「赤の女神」との競争には、誰も勝てなかった。

2002年前半、フェラーリにとって最強の敵はBMW・ウイリアムズだった。しかしミハエル・シューマッハの切り札は、何といってもフェラーリに信頼されていること。4度の世界チャンピオン、シューマッハは、2002年シーズンの全レースでポイントを獲得し、さらに信じ難いことに、全レースで表彰台に上がっていた。彼は合計11回もの勝利を祝ってしまう。旧宿敵のミカ・ハッキネンはF1を去り、マクラーレンの彼のシートには「次の」フィンランド人、キミ・ライコネンが座っていた。

フェラーリは、前年の改良型マシンでシーズン開幕を迎え、第3戦でようやく新車が投入される運び。メルボルンでの開幕戦、ラルフ・シューマッハとルーベンス・バリチェロが絡み合うように衝突。混乱は広がり、8台のマシンがリタイア。表彰台では今シーズンの勢力図が見て取れた。シューマッハが1位、ファン-パブロ・モントーヤ（BMW・ウイリアムズ）が2位、キミ・ライコネン（マクラーレン・メルセデス）が3位。

マレーシアGPではシューマッハとモントーヤが1列目からスタートし、次のカーブで互いに接触した。ミハエルは、新しいフロントウイングをピットに取りにいかなくてはならず、モントーヤは、後でドライブスルー・ペナルティーを受けた。「ファンは僕にもう少し場所を空けなければならなかったのに、行く手を遮った」と語るミハエル・シューマッハ。しかし結局、これはレースではよくあるケースだった。結果、弟ラルフが得をし、このレースに勝利した。

続くブラジルGPではモントーヤがポールポジション、ミハエル・シューマッハがその隣にいた。「やられたらやり返

F1公用語はドイツ語？　グリッドに並ぶ4人のドイツ人。ハイドフェルド、フレンツェン、ラルフ・シューマッハ、そしてミハエル・シューマッハ

すまでさ」と、モントーヤは肩をすくめて予告していた。ミハエル・シューマッハの口数は少なかったが、スタートで第1カーブを曲がり、モントーヤを抜いて首位に立った。モントーヤはフェラーリに接触し、フロントウイングを壊してしまう。「どうしてそんなに怒っているのか、全く分からない」。レースの後、シューマッハは平然として言った。ミハエル・シューマッハはこのコロンビア人に直前のマレーシアGP、そして去年のサンパウロの仕返しをしたのだった。この後、モントーヤの熱も冷まされ、2002年の続くレースではミハエルとのバトルをあきらめた様子だった。このシーズン、モントーヤは1度も勝利せずに終わる。

2002年シーズン、マレーシアでのラルフの勝利のほか、フェラーリ以外のドライバーが表彰台の最上段に上ったのは、もう1戦だけ。デイビッド・クルサードがモナコでの市街地クラシックレースに優勝した時だった。

そのほかの15戦すべてで、常にフェラーリのドライバーが表彰台の頂点に上っていた。ただし、オーストリアのスキャンダルレースの際の表彰は、困惑一色だった。レース中、ルーベンス・バリチェロは僚友シューマッハの前を走っていた。そして最後の1周、ゴール直前でアクセルを戻し、シューマッハを勝たせたのだ。表彰式で起きた耳をつんざくようなブーイングの嵐が、フェラーリのチームオーダーを、聴衆が快く思っていないことを証明した。『王者』シューマッハはあっさりとその駆け引きを認め、バリチェロを表彰台の最上段に導いた。このことで、非難の口笛はさらに収まらなくなった。その後の記者会見では、「こんなやり方で僕のオーストリア初勝利を獲得したくなかった」と小さな声で述べた。フェラーリのチームオーダーは、監督のジャン・トッドが過去の経験を踏まえて発動する。トッドは言う。「1997年も1998年も、あと少しというところでタイトルを失った。今回のことは、最後には懐かしく思えるようになる」。

FIAは、そのチームオーダーのためにフェラーリを処罰することはできない。なぜなら明確な禁止行為ではないからだ。しかし、フェラーリには1つの罰が与えられた。50万ドルを支払うこと。「シューマッハがバリチェロを表彰台の最上段に誘導したことは規則違反である」との理由で。

2002年シーズンの17レース中11番目のレースであるフランスGPの前には、すでに世界チャンピオンタイトルの行方は明らかだった。そしてフランスでも勝ったシューマッハが86ポイントとし、6レースを残してシューマッハの戴冠が決定した！

2002年フランスGP自体はスリリングな闘いだった。スタート後、モントーヤがシューマッハをリードしていった。

最初の給油ストップの後、順位が入れ

オーストリアGPのチームオーダーの後、ミハエル・シューマッハが同僚を勝者の椅子に誘導

ブラジルGPでフェラーリが投入した新車F2002「赤の女神」。フェラーリが独占的に15勝をあげてシーズンを制す

2002

ドラマチックなシーズン幕開け。メルボルンでラルフがバリチェロに追突し宙を舞う

替わる。ピットアウトでシューマッハは白線を踏んでしまい、ドライブスルー・ペナルティーを課せられてしまう。全く同じミスをラルフ・シューマッハとデイビッド・クルサードが繰り返す。これにより、2002年初めて、マクラーレンのキミ・ライコネンが首位に立つ。ミハエル・シューマッハはこのフランスでは少し控えめにしていた。というのも1週間後の母国ホッケンハイムでの王座決定を狙っていたからだ。ところがこのフィンランド人（ライコネン）が、ゴールまで5周のところでオーバーランしたため、シューマッハは言ってみれば望まずして優勝、マニクールで世界チャンピオンを決めてしまった。

シューマッハは、クールダウンラップで、ヘルメットの中で泣いていた。「どうしようもない感情に襲われている。今、この瞬間、自分に掛かっていた圧力がどれほど大きかったかを感じている」。

1週間後、モトドロームを改築したホッケンハイムのスタンドで、ファンたちはシューマッハを熱狂的に祝った。コースを囲んで大掛かりな世界チャンピオン獲得記念パーティーが行われた。ここでも優勝。

USグランプリ。並んでのゴール通過は失敗に終わる。ルーベンスがゴール直前でシューマッハを追い越していた

2002

フランスGPで3年連続のタイトルを祝う。フェラーリ会長モンテゼモーロを囲むミハエル・シューマッハとチームスタッフ

　この勝利の後、ミハエル・シューマッハが成し遂げてきた連続勝利が、いともたやすく止まる。シリーズ2位を確保したいルーベンス・バリチェロを優先させることもあって、終盤の5レースはルーベンス3勝、シューマッハ2勝という展開になったのだ。アメリカGP、インディアナポリスでは嫌な後味が残る。ミハエルがゴール直前、2番手を走るバリチェロに追いつかせた。「並んでゴールすることを計画していた。しかし、そううまくはいかなかった」と話すミハエル・シューマッハの目が笑っていた。ルーベンスが100分の1秒早かった。彼はオーストリアでのチームオーダーを思い出してこう言った。「これで2人のバランスが取れたね」。アメリカのファンたちは激怒し、レースの本当の勝者を騙し取られたように感じた。そのとき、スクーデリアは無実を主張した。でも、「あれはミハエルのアイデアだよ」と、ロス・ブラウンはゴールでの"ミス"に肩をすくめて見せた。

　ルーベンスは世界チャンピオンシップ2位を獲得した。フェラーリは2002年、獲得できるものはすべて勝ち取った。ドライバーズ世界チャンピオンシップを1-2で、そしてコンストラクターズ世界チャンピオンも。221ポイントを獲得し、2位のBMW・ウイリアムズの92ポイントを大きく引き離したのである。

　しかし、多くのF1ファンが嘆いていたことも確かだ。フェラーリの独占はF1を退屈にする。FIA会長、マックス・モズレーは、ショーを盛り上げるためにルール変更を考えていた。

　5度目のタイトル獲得で、ミハエル・シューマッハは伝説のドライバー、ファン・マヌエル・ファンジオに追いついたのである。

キャップの向こうで「おめでとう！」。コリーナとミハエル・シューマッハにとって、今シーズンは退屈だった？

レース結果166ページ

108

「誰かに負けるとしたら、弟がいいね」とミハエル・シューマッハ。2003年フランスGPでラルフは2戦連続優勝を果たすが、それがこの年最後の勝利となる。
3番手のミハエルとBMW・ウイリアムズのチームメート、モントーヤからシャンパンの祝杯

2003

Finale Zitterpartie

フィナーレ　震える一戦

2003年、レギュレーションの極端な変更が行われる。ドライバーをアシストするハイテク機器の使用は厳しく禁止、新たにポイントシステムが変更（新：10-8-6-5-4-3-2-1）、予選では各ドライバーがワンラップアタック方式で競い合うという内容だ。しかしこれらの一部は後に再び変更されることになる。

過去の2シーズン、フェラーリが圧倒的に強かったが、この年、その流れは多少トーンダウンして始まる。最初の3レース、シューマッハは1度も表彰台に上ることがなかった。ブラジルGPでは豪雨の中、スリップしてコースアウト、リタイアしたが、これは2001年ホッケンハイム以来のリタイアだった！　自分のドライビング・ミスによるものだと彼は認めている。

スペインGP、赤の圧勝を食い止め、地元で2位を確保したのはフェルナンド・アロンソ

エラ状の通風用切り込みから、この年のフェラーリは『赤い鮫』とも呼ばれる

ゴール通過後に、親指を立てて健闘をたたえ合う兄弟。

サンマリノGPでついに女神が舞い降りた。しかし、ミハエルとラルフのシューマッハ兄弟にとって、その日は悲しい日となってしまった。レースの数時間前、母が亡くなったのだ（P54参照）。それでも2人はスタートした。ミハエルはシーズン初優勝、ラルフは4位だった。

　スペインGPでは、新しい『奇跡のマシン』が投入される。公式にはF2003 GA。これは1月に亡くなった、『フィアットとフェラーリの父』ジャンニ・アニエリにちなんだ名前。非公式には『赤い鮫』──車体の脇に配置した通風用のスリットがエラを思わせるためそう呼ばれた。ミハエル・シューマッハは、このGPと次のオーストリアGPに優勝。モナコではファン-パブロ・モントーヤ、キミ・ライコネンに次ぐ3位。7戦を終え、タイトル防衛者であるミハエルは、キミ・ライコネンに4ポイント差のランク2位。

　カナダGP、ミハエルはラルフをレース前半で逆転し、0.7秒早くゴールを通過して逃げ切った。これについてラルフは激しく非難される。攻撃する代わりに、ずっとおとなしく兄の後ろを走っていたためだ。「ラルフは1度も兄を攻撃しようとしなかった」と、今やジャガーを首になったエディー・アーバインは、手厳しく批判する。シューマッハはランク首位へ。

　ニュルブルクリンクとマニクールの両レースでは、『弟のほうのシューマッハ』が優勝。ラルフは2週連続で勝利し、同僚のモントーヤもそれぞれ2位に。

最後まで戦う。オーストラリアの開幕戦で、すでにシューマッハとライコネンがシーズンを通じてタイトルを争うことが予感された

兄・ミハエルは弟・ラルフに辛うじて勝利。しかしラルフが兄を攻撃していなかったとして、マスコミに激しく非難される

A1リンクでのピットストップの際、フェラーリから炎が噴出した。シューマッハは冷静に対応し、レースを制す

BMW・ウイリアムズは、スクーデリアの主たるライバルに成長した。フェラーリには悲劇的なムードが漂った。原因はタイヤだ。「タイヤがいつも最高とはいえない」とミハエルも不平を言った。ウイリアムズは一昨年から、マクラーレンも前年からミシュランタイヤにスイッチしており、3強チームで唯一、ブリヂストンを使うのがフェラーリだった。

イギリス、ドイツ、ハンガリーのレースでもミハエル・シューマッハは表彰台を逃した。それでもチームメートのルーベンス・バリチェロが、イギリスでシーズン初勝利をあげる。ホッケンハイムでタイヤがパンクした後、ミハエル・シューマッハはなんとか2点を獲得した。しかしブダペストでは、またしてもとんでもない不幸に見舞われる。61周でシューマッハはルノーのフェルナンド・アロンソに冷酷にも抜かれ周回遅れに。22歳のスペイン人は、初優勝を飾った。彼はF1史上、最年少のGP勝者だ。ルノーが上昇気流に乗っていることは明らかだった。

ハンガリーGP後、ここ何年かの間には無かったほど、タイトル争いは面白くなってきた。ミハエル・シューマッハが72、モントーヤが71、ライコネンが70ポイント。ラルフ・シューマッハは58、アロンソは54ポイント、理論的にはこの2人も、残り3レースでタイトル獲得のチャンスがあった。

F1では頻繁に起きることだが、ここでFIAが指令を下した。それによると、ミシュランタイヤの走行面が負荷により幅が広がり、規定の270ミリを超えているというのだ。このためFIAはモンツァ以降、タイヤのコントロールを強化する。ミシュランは新しいタイヤを製造しなければならなくなった。ミシュランのドライバーたちは新しいタイヤがこれまでよりよくなったと主張するが、モンツァの結果は別のことを表していた。カナダ以来、初めてミハエル・シューマッハが優勝し、モントーヤが2位、ライコネンが

日本GF、ファイナルレースの一瞬。トヨタのダ・マッタ、弟・ラルフ、兄・ミハエルが接近状態に

2003

3人のタイトル候補。モントーヤ、シューマッハ、ライコネン。背後にはそのまた後継者も

4位に。今やチャンピオンの可能性は、この3人だけにあった。

そしてこのトリオもインディアナポリスで解消する。まだ3周目、モントーヤがバリチェロと衝突。そして短い雨。シューマッハは次に起こるタイヤ交換の際のカオスでも冷静さを保ち、ライコネンを制する。70回目のグランプリ優勝だ。ポイントはシューマッハ92、ライコネン83。シューマッハは、タイトル獲得にあと1ポイントだ。ライコネンが最終戦で勝利し、シューマッハがポイントを全く獲得できなければ、ライコネンがチャンピオンとなる。モントーヤは脱落。

そして鈴鹿での最終戦は震える一戦となった。予選でシューマッハたちの出走時に、にわか雨が降り出す。キミ・ライコネンのスタートポジションは8位、シューマッハが14位に。決勝、シューマッハは佐藤琢磨と接触し、失ったフロントウイングを交換しなければならず、そのため最後尾（！）に落ちる。トップを走るのはチームメートのバリチェロ。27周以降、そのすぐ後をキミ・ライコネンが追走する。40周、シューマッハは8位にまで追い上げ、これで必要な順位に到達した。しかしその直後、次のドラマが起こる。ダ・マッタが嫌がらせに（？）、ブレーキを早く踏んだ。シューマッハは気付くのが遅れ、フルブレーキをかける。ラルフ・シューマッハは避け切れずにフロントをフェラーリのリヤタイヤにぶつけてしまう。しかしブリヂストンタイヤがなんとか持ち堪え、ミハエルはタイヤを振動させながらも8位でゴールする（バリチェロが優勝した時点で、ミハエルの王座は決定）。

6度目のタイトルは、ミハエル・シューマッハにとって、これまでで最も苦しいものだった。彼は8位なので表彰式にもインタビューにも姿を現さなかった。レース終了後、長い時間が経ってから、彼は幾つかの言葉を公表した。「僕は幸運だ。でも今は完全に空っぽで、パワーダウンしてしまった。今この瞬間、タイトルを獲得したことへの感情が全くない。あるのはチームへの気持ちだけだ。われわれが共にやり遂げたことを誇りに思っている」。

6度目のタイトルを祝う夜のパーティーは、ミハエルがこれまで経験した中で最も乱雑だった。ミハエルはまだパドックにいて、カールハインツ・ツィンマーマンというF1界の重要人物に酒を注いでもらっていた。チームスタッフたちが荷物をまとめている中、トヨタのシャツ（これは彼にオリビエ・パニスが着せたもの）を着たチャンピオンが、フォークリフトに乗ってガレージを通っていくのが見えた、とか。

母の死、その日イモラで勝利したシューマッハ。チームメートのバリチェロがそっと抱きしめる

レース結果166ページ

2004

Dominanz pur

完全なる支配

「わ れわれは2003年の準世界チャンピオンだった。次はタイトルだ」とマクラーレン代表、ロン・デニスが2004年のシーズン開幕前、力を込めて宣言した。冬の間、自分を過小評価することによって、再び輝きを取り戻したミハエル・シューマッハは、ほかの自称『タイトル候補者』に比べて物静かにコースにいた。

恐ろしくなるほど優勢にレースを制していくことになるミハエル・シューマッハは、メルボルンでの開幕戦、チームメートのルーベンスを制し、ポールポジションを獲得。そしてレースが始まると、自分を過小評価していた冬のミハエル・シューマッハは、もうそこにはいなかった。第1戦、赤軍団による最初の1-2フィニッシュ。『準世界チャンピオン』のシルバーアローは、クルサードが慰めの1点を獲得。これでフェラーリの優位が明らかになった。この状況が続くならば、2002年のように圧勝するのではないか、ということが。

イモラでモントーヤがシューマッハと激闘

マクラーレンは不振。バーレーンのレースでも、キミのマシンから炎が

「マジですごい！」とハンガリーのグリッドガール。ブダペストでフェラーリはコンストラクターズタイトルを獲得。次のベルギー戦ではシューマッハが7度目の世界チャンピオンに

2004

モナコのトンネルから出たところ。くず鉄と化したシューマッハのマシン。モントーヤがフェラーリをガードレールに押しやった

　勢いは続く。6回の世界チャンピオンは、セパンの日差しに焦げ付くこともなく、圧倒的な強さを見せつけた。一方、マクラーレンはエンジン損傷で『シルバーの炎』と化した。

　初開催のバーレーンは、砂漠の砂があるという以外、特にいつもと変わったことはなかった。フェラーリの優勢はどうにも打破できないかと思われた。レースの終わり、シューマッハはゆっくり走り、同僚バリチェロがゴール写真用に追いつくよう配慮する余裕を見せた。

　赤の軍団が幸運続きなのに対し、シルバーアローは不運続きだった。3戦目、3回目のメカニカルトラブルで、ライコネンは深く落ち込んでいた。ウイリアムズもいまひとつ。

　ところが、BARだけは全く様子が違った。前年末にジャック・ビルヌーブを乱暴なやり方で追い出すと、突然チームの状況が変わったのだ。ジェンソン・バトンがバーレーンでも3位となり、すでに2回目の表彰台、本格的にシューマッハに迫ってきた。イモラでこの若きイギリス人は、シューマッハ以外でこのシーズン初のポール獲得者となる。

　イモラでのスタートで、モントーヤがシューマッハのすぐ後ろに迫ってきた。モントーヤは王者に乱暴にグリーンへ押しやられ、その際ラルフも巻き添えを食った。結局表彰台の真ん中に上ったのはミハエルだった。「ファン(モントーヤ)は目に入らなかった」と、テレビ記者会見でにこやかに話す。この少し後、スペインではミハエルの200GP、75勝を記念して祝杯が挙げられた。

　飲み屋でF1の賭けをするものは少なくなってきた。「F1は退屈だ」という雰囲気がはびこっていた。その理由はいたって単純だった。スクーデリアの圧勝に対抗する強い競争相手がいないこと。しかしフェラーリ——ルカ・ディ・モンテゼモーロにとって、その状況はリラグゼーション・セラピーと似ていた。「この美しい退屈さを楽しもう」と喜ぶ。

　モナコGPではシーズン最多の事故数。ドライバー全員に怪我が無かったのは幸いだった。3周目にしてBAR佐藤琢磨のエンジンからものすごい煙が上がった。ザウバーのフィジケラは視界を遮られて横転し、上下逆さになってガードレールまで転がった。ラルフ・シューマッハを追い越そうとしたアロンソは、結局、ルノーをスクラップにしてしまう。その間、キミ・ライコネンは——この年、よくあることだが——エンジントラブルで止まってしまった。

　46周、シューマッハもリタイアを余儀なくされる。セーフティーカー先導中、優勝の力を十分に備えたフェラーリを安定走行させていたシューマッハが、トンネルに入り、出てきた時にはマシンがくず鉄と化していた。モントーヤが王者の

116

王者からの冷たいシャワー。ポールスタートのアロンソがフランスGP決勝で2位。アロンソにとってこのシーズンで最良の結果だった

後部にガシャンと食らわせたのだ。「シューマッハが突然理由もなくブレーキを踏んだ。これに反応できなかった」と、コロンビア人は弁解した。これに対してシューマッハは、「タイヤとブレーキの温度をキープしたかった。先導車がテンポを決めたんだ。ファン（モントーヤ）の反応が鈍かったんだよ」。これで、全勝という完全無欠のシーズンへの夢は、はかなく消えた。

ルノーのドライバー、ヤルノ・トゥルーリがモナコGPでキャリア初優勝を奪い、フラビオ・ブリアトーレ監督と共に歓喜した。しかしその数週間後、彼らの間には不和が生じ、トゥルーリはトヨタへ移籍することに。

スクーデリアがモナコのカオスレースを終えると、また『お馴染みのこと』となる。ヨーロッパGPからハンガリーGPまで、王者ミハエル・シューマッハが連勝。7連続優勝という数字は、ほかのチームの統計担当を鬱にさせる。スパのお気に入りレースを2位で終わると、計算上誰にも追い越されることはなくなった。これで世界チャンピオンが確定した。

ここから先、ルーベンス・バリチェロが力を発揮してイタリアと中国で優勝、準世界チャンピオンの座を獲得する。

ルーベンスは母国ブラジルでのレースは、惜しくも3位に終わった。モントーヤが、シーズン唯一の優勝を飾ったからだった。その他、フェラーリ以外のドライバーでは、キミ・ライコネンがベルギーGPで年間優勝者リストに記入された。フェラーリは18戦15勝。

シーズンが終わると、フェラーリ（6年連続のコンストラクターズタイトル）のガレージでは、皆、勝利に陶酔していた。18戦中13勝したシューマッハの話で持ち切りだ。7度目のタイトル、そして5連覇はファンジオを超える新記録。シューマッハは『永遠の最高記録一覧表』ともいえる王者だが、なおあと2つの記録に達していなかった。それは、ポールポジション数（アイルトン・セナの65）と、出走数（リカルド・パトレーゼの256）だった。

ほかのチーム、特にマクラーレン・メルセデスには二日酔いのような雰囲気が漂っていた。大声でタイトル獲得を宣言していたシーズン前、そしてあまりに多かったエンジン故障。ロン・デニスは、苦く惨めなユーモアを飛ばすしかなかった。「少なくとも、好調な時の記録を維持できてよかった。つまり1988年にわれわれが16戦15勝した時の勝率と勝利数の記録だ」。ユーモアは必要だ。なぜならマクラーレンは過去に8度もコンストラクターズタイトルを獲得している名門だからだ。しかしこの年はフェラーリ、BAR・ホンダ、ルノー、そしてBMW・ウイリアムズに次ぐランキング5位に終わった。

レース結果167ページ

シューマッハの『雨の神』ぶりは、現役後半になっても御覧のように健在。雨といえば、彼が7度目のタイトルを獲得した2004年の日本GPでは、台風によって、土曜日の予選が日曜に延期されるという出来事があった。そんな混乱もなんのその、シューマッハは鈴鹿でシーズン記録となる13勝目をマーク

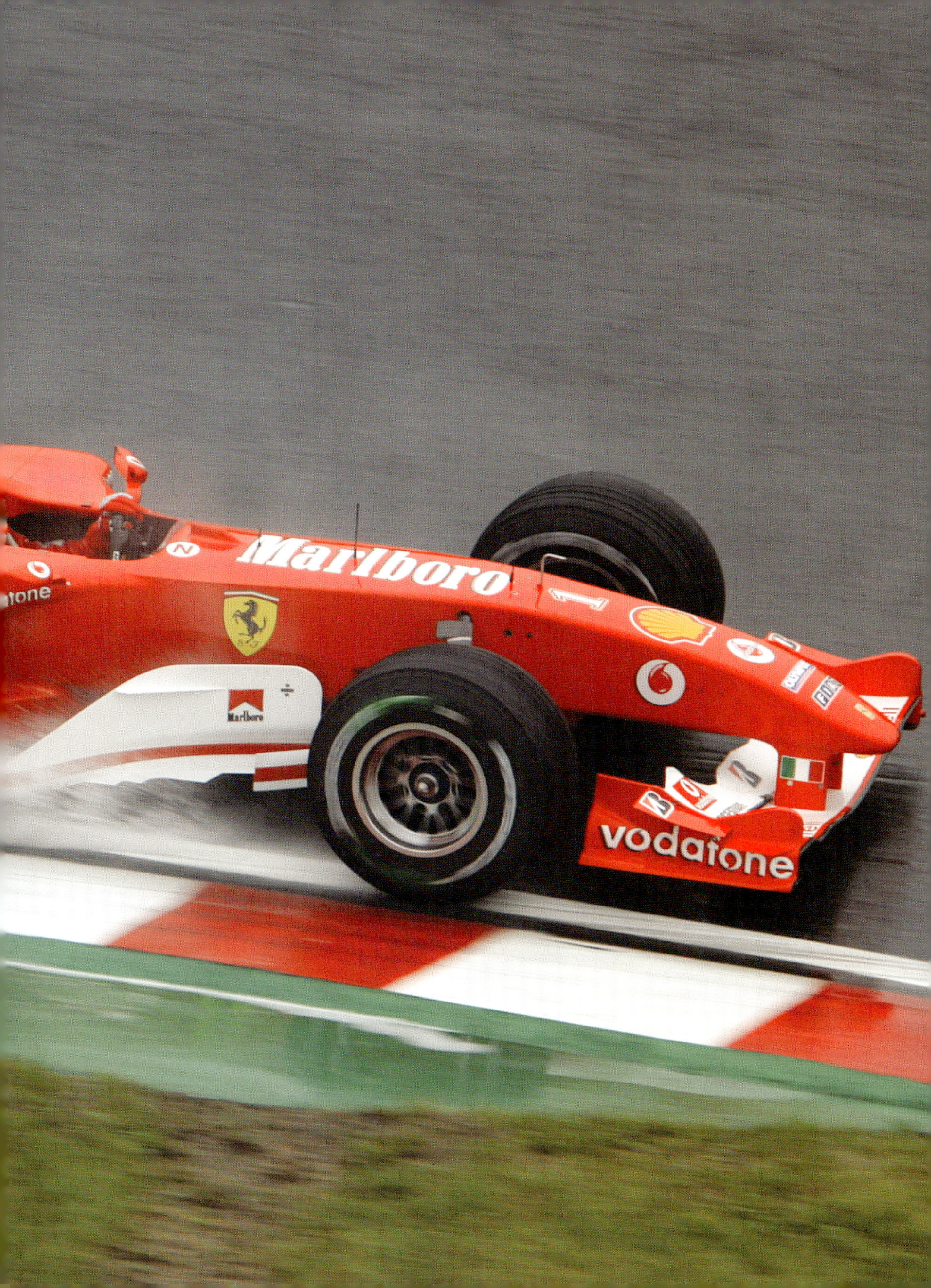
Marlboro
Marlboro
vodafone

2005
Wachablösung
王者の交代

2005年を迎えるころ、F1に掛かる費用は計り知れないほどに上昇していた。

こうした傾向を見たFIA（国際自動車連盟）が急ブレーキをかけ、レギュレーションを徹底的に変更した。1つのエンジンで2戦を走らなければならなくなった。また、タイヤの交換は、欠陥が生じた場合にのみ許されることになり、タイヤの耐久性が大きな問題となった。予選から本戦のゴールまで、タイヤの性能がキープされなければならない。マシンがピットインしてきたときも、タイヤメーカーのエンジニアはゴムの状態を観察する以外にやりようがない（このルールは、この年限りで消滅するが）。

FIAは、レーシングカーの空力の進歩についても問題視する始末。規則の変更により、費用を食いとめ、そして同時にコーナーを走るときの速度を、『常識的な速度』に抑えるのが目的だという。

ミハエル・シューマッハはこの新しい規則を支持し、特にスピードの抑制について歓迎した。「マシンの速度を遅くするのは、正しい方向への第一歩だと思う」と、前年の王者は語った。「昨年のブラジルでの最終レースを見ればわかるように、ドライバーの90パーセントが頭をまっすぐにしていられない。首の筋肉痛がひどくなるばかりだからだ」。

シューマッハは、これまで度々行われたレギュレーション変更にその都度従い、そしてベストを尽くしてきた。だから2005年も勝利は確実と思われた。

フェラーリは、前年の改良型マシンを使用してシーズンに突入。これまで何度となく、この戦略は結果的に好調だった。しかし、メルボルンでの開幕戦、勢力図に変化が見えた。予選の雨、引き続いてのエンジン交換、それ以外はすべてシューマッハにとっては予定通りだったが……。レコードチャンピオンは最後列からスタート。同僚バリチェロは11番グリッドからスタートし、最後は2位まで追い上げたが、シューマッハは自分のミスからニック・ハイドフェルドに接触し、リタイア。

これに対してルノーはすべてが好調だった。フィジケラは、ポールポジションから安定した走りを見せてポール・トゥ・ウイン。ルーベンスの後ろではルノー2人目のドライバー、フェルナンド・アロンソが表彰台に。アロンソはしかし、さらに上を目指す。

すでに第2戦でこの若きスペイン人は王位の笏（しゃく）を受け継ぎ、かつてのチームメートでトヨタに移籍したヤルノ・トゥルーリに24秒の差をつけて優勝。シューマッハのマシンが今や競争相手にならないことを証明していた。1分

スペイン国王ファン・カルロスⅠ世が幸運を祈って、国民的英雄アロンソと世界チャンピオンと共に

バーレーンでようやくフェラーリの新型車登場。ローマ教皇ヨハネ・パウロⅡ世の死を悼んで鼻を黒く染めている。2005年はフェラーリにとって悲しみの年になった。フェルナンド・アロンソとルノー・チームは、ミハエル・シューマッハとスクーデリアに全くチャンスを与えなかった

半後にゴールしたシューマッハは、期待外れの7位に終わった。

前年の改良型のマシンでスタートするというフェラーリの戦略が失敗に終わったことは、誰の目にも明らかになったのである。

そこからはスクーデリアにとってパニックに陥ったかのような状態だった。予定より2レース早いバーレーンで、新型マシンをピットに迎え入れたのだ。しかし期待は外れた。むしろ反対だった。つまり、シューマッハが2001年ホッケンハイム以来の技術的な欠陥を理由にリタイアする一方で、アロンソは世界チャンピオンへの道をひた走っていた。またポール、そしてまた勝利、と。

F1の世界は上下が逆さまになったようだった。とてつもないスピードと信頼性。これは過去数年間、フェラーリが独占していたが、今はルノーのトレードマークになったかのようである。赤のフェラーリ軍団に対し、アラーム音がけたたましく鳴り響いていた。

イモラでは、ついに最後通告的な事態が到来する。アロンソが1列目からスタート、一方のシューマッハは悲劇的にも13番手に沈む。シューマッハは予選でドライビングミスをしでかしたからだ。腹の中では憤激していたものの、シューマッハは彼なりのやり方で反撃した。トップを走るアロンソの後ろに食いつき、1周ごとにその差を縮めていった。そして50周目、ついに狙いを定めて全速力でアロンソの脇を抜こうとするシューマッハ。しかし、アロンソはこれに屈しなかった。若いながらもこのチャンピオン候補は、冷淡なベテランのように走り、

インディアナポリスでの走行中にタイヤがバースト、ラルフ・シューマッハが壁に激突。ミシュランはレースの棄権を勧めるしかなかった

闘魂とピットクルーの完璧な仕事でシューマッハはイモラで2位に。しかし、1年を通じて表彰台はたったの5回

2005

インディアナポリスのレースは茶番に。ブリヂストンユーザーのフェラーリ、ジョーダン、ミナルディだけがスタート。ミハエルはシーズン唯一の『勝利』を手にする

シューマッハのすべての攻撃をかわした。フェルナンド・アロンソはシューマッハとの直接対決に勝利したのだ。事態は決定的に。

シューマッハは額に汗をにじませて「今まで経験したことのないような激しいバトルだった」と、うめいた。シューマッハは負けたのだが、興奮してこうも言った。「多くのグランプリで大変な思いをしてきたが、最も素晴らしいレースだった」。

続くグランプリは、偉大な世界チャンピオンにとって興奮できるものではなかった。ライバルの故郷、スペインではタイヤがパンク、モナコでも7位。さらにニュルブルクリンクでも5位と、がっかりする結果続きだった。カナダで、ようやくシューマッハはキミ・ライコネンの後ろにつけて2位に。

アメリカGPの予選の際、ラルフ・シューマッハがフリー走行でリヤタイヤの異常により、時速約300キロで急カーブの壁にクラッシュした。躍起になって原因を追究するが成果が得られず、ミシュランは危険を冒すのを避け、レースの棄権を勧めた。

アメリカGP決勝で、F1最大のスキャンダルが発生した。フォーメーションラップの後、ミシュランタイヤを履いているチーム全部がピットインしてしまったのだ。その結果、スタートポジションに着いたのはたった6台だった。フェラーリ、ジョーダンそしてミナルディ。15万人のファンは激怒し、瓶や缶をコースに投げつけ、耳をつんざくようなブーイングの嵐が巻き起こる。

シューマッハがシーズン初で唯一の『勝利』を楽しめなかったことは言うまでもない。このレースの後、F1を再びインディアナポリスで開催するかどうか、議論を呼んだ。

フランスGPではすべてのマシンが出そろい、いつもの様子を取り戻した。勝者はフェルナンド・アロンソ。この間、キミ・ライコネン——そして特に彼のチーム——は、以前の速さを取り戻し始めていたが、信頼性の面でアロンソとルノーにはまだ及ばなかった。

アロンソは、このレースからドイツGPに至るまでの3レース、毎回表彰台に上った。一方、シューマッハはというと、フランスの3位が唯一の表彰台。その後も流れは変わらなかった。特に痛かったのはベルギーGP、お得意のスパでの佐藤との接触だ。

アロンソは不可能を可能にすることができた。つまりF1王者の座に輝いたのである。史上最年少の世界チャンピオンの誕生だ。

シーズン後半もアロンソは着実に表彰台ゴールを重ねて、速いが安定性を欠くライコネンをふりきった。タイトル決定後の、シーズンを締めくくる中国GPでの彼の勝利は、まさに『大勝利』そのものだったのである。

それでも、シューマッハはかろうじてキミ・ライコネンの後ろにつき、ドライバーズランク3位に入った。しかしそんなことは、シューマッハのような男にとって何の慰めにもならない。

チームに要求されたことは、2006年には根本的に改良したマシンをつくることだった。ミハエルは、習慣だった長い冬の休暇も返上し、テスト走行を続ける日々を送る。

レース結果167ページ

2006
Die letzte Saison
ラストシーズン

シーズン開幕戦から世界チャンピオン争奪戦を見せるシューマッハとアロンソ。フェラーリが再び蘇った

バーレーン
復活

ミハエル・シューマッハが最後にグランプリ優勝を果たしたインディアナポリスでの大騒動より266日。2006年3月12日、バーレーンでのシーズン開幕戦で、レコードチャンピオンが再び上位に戻ってきた。バリチェロがホンダへ移籍し、代わりに25歳になるブラジル人、フェリペ・マッサがザウバーからフェラーリに入ってきた。ミハエル・シューマッハより12歳も若く、以前にフェラーリのテストドライバーとして鍛えられており、また、ジャン・トッドの息子・ニコラスがマネージメントをしていた。

予選方法がまたもや変更になり、今度は3段階の"ノックアウト方式"でポールポジションを争う。シューマッハは通算65回目のポールポジションを獲得し、セナが残した夢の記録に並んだ。「灰の中から蘇った不死鳥のように感じる」と、地獄の時期を乗り越えたシューマッハは喜んだ。フェリペ・マッサはフェラーリ移籍後初のレースで、シューマッハのすぐ後ろに位置。

しかしレースではフェルナンド・アロンソがフェラーリの新人フェリペを第1コーナーでとらえ、粘り強くシューマッハの後を追う。16周目、シューマッハが最初のピットイン。一方、タイトル防衛者アロンソはそれより4周長く走った。シューマッハは2回目のピットインまではトップを守っていた。ここでもアロンソはシューマッハより長く走る。その3周でスパートをかけ、完璧なピットイン。これでほんのわずかだけトップに躍り出た。最後の最後までシューマッハは歯を食いしばって追いすがったが、1秒とほんのわずかの遅れで勝負はついた。

バーレーンでのポールを祝福するブリアトーレ

マレーシア
後退

マレーシアの予選開始前に、シューマッハのエンジンが息絶えた。エンジン交換に対するペナルティーの結果、シューマッハは14番手に、マッサも同様でなんと21番手に降格。

ジャンカルロ・フィジケラが、危なげないレース展開でポール・トゥ・ウイン。そしてスターティンググリッドは7位と振るわなかったアロンソが、見事な走りを見せて2位に浮上。一方フェラーリでは、チームリーダーより先にナンバーツーがゴールへ。熱狂的なレースではあったが、赤のチームは5位と6位に終わり、この結果はスクーデリアにとって明らかな敗戦を意味した。

オーストラリア
スクラップ

フォーメーションラップでは、マクラーレンの血気盛んなファン-パブロ・モントーヤがスピン。その直後、フィジケラがマシンに異常を訴える。2回目のフォーメーションラップ、そしてようやくレース開始。1周目、ニコ・ロズベルグとフェリペ・マッサが接触してストップ。

クルサードとトゥルーリもマシンをひどく破損。5周目、クリスチャン・クリエンがクラッシュ。そして、シューマッハもミスを犯す。34周目、シューマッハはコントロールを失い、ウォールに激突。「気付いた時にはグリーンの上だった。あれは僕のミスだ」とミハエル。レースの結果は、セーフティーカーが4回出動、スクラップになった2台のフェラーリ、タイトル保持者アロンソの意味のある優勝、となった。

サンマリノ
リベンジ

F1ファンたちがイモラに帰ってくると、前年、アロンソがシューマッハを制して勝利したことが思い出される。

ここで新たなページがめくられた。シューマッハがポールからのスタートを切る。これは彼の長いキャリアの中で通算66度目のポール獲得となり、セナの記録を破った。

アロンソはチャンスをうかがっていた。シューマッハの最初のピットストップの後、やっとアロンソはシューマッハに追いついた。フェラーリの後部にぴったり張り付き、そのまま追う。

前年のイモラとは逆の展開だ。「やられたらやり返す」というモットーのミハエルは、アロンソのどんな攻撃も跳ね返した。アロンソは攻撃に夢中になりすぎオーバーランしたが、態勢を整え、シューマッハに次ぐ2位となる。

この時点でアロンソには余裕の15ポイントアドバンテージがあった。

ヨーロッパ（ニュルブルクリンク）
優秀な頭脳

シューマッハとアロンソは、今シーズン初めてフロントロウ対決となる。

2回目のピットストップまでは、アロンソはシューマッハのフェラーリを常にバックミラーでとらえていた。アロンソには、トップでピットインする必要があった。シューマッハはぴったりとライバルの後ろにつけている。

優秀な頭脳の持ち主、ロス・ブラウンの戦略が38周目に実行される。アロンソがトップでピットイン。シューマッハは3周にわたってスパートする。さらにピットクルーの完璧な作業が、彼を41周目にトップに押し上げた。シューマッハの前を走る者はいなかった。

「幸せすぎるほどの幸せだ」と、ミハエルは激戦の末に勝ち取った2連勝を喜んだ。「われわれのマシンは信頼性もあり、そして速いのだ」。

スペイン
スピードダウン

フェルナンド・アロンソの母国、バルセロナのレースでは、フィジケラがキャスティングボードを握っていることを見せつけた。ルノー勢がフロントロウを独占し、アロンソがいともたやすくレースでもトップに躍り出た。アロンソの後ろではチームメートのフィジケラがミハエル・シューマッハを抑えて、アロンソに決定的な有利をもたらす。最初のピットインの段階で、シューマッハはアロンソのアシスト役であるフィジケラをとらえることに成功する。

しかしこの時点で、世界チャンピオンたるアロンソはハイペースでトップを走り、その差は広がるばかり。シューマッハは彼の母国での勝利をあきらめざるを得なかった。15点アドバンテージのアロンソに、世界チャンピオンタイトル連覇がいよいよ現実のものとなってきた。

モナコ
違法駐車

モナコでは、予選でミハエル・シューマッハに情け容赦ない敗北が待っていた。トップタイムをマークしたシューマッハだが、モンテカルロのただでさえ狭い公

オーストラリアでは、9台がリタイア。シューマッハ車もその1台

イモラでシーズン初の優勝ジャンプ。アロンソとモントーヤは若干冷め気味

2006

モナコ、ラスカスでの疑惑。アロンソたちのアタックを故意に邪魔した？

道コース、ラスカスコーナーで止まってしまい、後続をブロック。これによりアロンソも当然タイムロス。この『違法駐車』は故意ではないとシューマッハは弁解したが、FIA審査委員会はドライブミスと認めず、彼の予選タイムを抹消する。その結果、ポールを譲り受けたアロンソとシューマッハとの間には20台の車が入り込み、アロンソがそのままレースを制することになる。

こき下ろされたミハエル・シューマッハは、スタート直後から追撃戦を開始する。通常、モナコでの追い越しは不可能と言われているが、そんなことは、この37歳の別格の帝王にはどうでもよかった。この7度のチャンピオン戴冠者は、最後には5位にまで返り咲く。「レースを見た人には理解できるだろう。僕の辞書にギブアップの言葉はないんだ」。こうシューマッハは闘争心を表した。

イギリス
チャンスなし

イギリスではシューマッハ、ライコネン、アロンソの三つ巴の闘いとなる。セーフティーカーの退出後、シューマッハは2番手のライコネンを抜こうとするがかわされる。他方、アロンソはというと、別世界をばく進中。シューマッハのファンは、アロンソの燃料の量が実は少なく、早くピットインすることを願った。が、それは誤りだった。アロンソはトップトリオのうちで一番遅く給油に入った。

終盤、シューマッハはライコネンを押しやって順位を逆転する。しかし首位アロンソには手が届かず。アロンソは堂々たる23ポイントのリードだ。

カナダ
大きく後退

カナダの予選でシューマッハは、期待外れの5位となる。

フィジケラがフライングスタートを取られドライブスルー・ペナルティーを課せられたため、シューマッハの順位はレース序盤で1つ上がった。

14周目、大暴れしていたモントーヤがついに壁に激突。

シューマッハは、2位のライコネンを猛追。そして、キミのマクラーレンにトラブルの悪魔が忍び寄る。2度のピットインで作業に時間をかけてしまった。残り2周、ライコネンはラインを外してしまい、その横をシューマッハが抜き去る。結果は、シューマッハが再び2位。アロンソが優勝し、シューマッハに対するリードは25ポイントに。それは今シーズンでミハエルが最も大きく後退した事実を表していた。

USA
ターニングポイント

ドラマチックなスタートだった。フェラーリ勢がフロントロウを独占。その後ろでは大騒ぎが起きていた。第2コーナーでモントーヤが同僚ライコネンの後部に追突。2台が吹っ飛び、それに巻き込まれたマシンは5台。特にBMWザウバーのニック・ハイドフェルドの宙返りは、かなり派手だった。

マクラーレン・メルセデスの幹部はかんかんに怒り、数日後、シューマッハの好敵手だったモントーヤを解雇したことが公表される。替わりにスペイン人のペドロ・デ・ラ・ロサが、この熱いコロンビア人の後を引き継ぐ。

ルノーの2台はこのレースではバランスの問題に悩まされた。フィジケラが同僚を追い抜く。同僚アロンソは、その後もっと悪いことに2台のトヨタに追いつかれる。結局、アロンソはラルフ・シューマッハがリタイアしたおかげで5位に繰り上がるのがやっと。

ミハエル・シューマッハは最初のピットストップで、マッサからリードを奪い、そのまま逃げ切った。フェラーリは今シーズン初の1-2フィニッシュを達成したのだ。

後にシューマッハが告白したように、「8回目のタイトルを獲得したら、今シーズン限りで引退する」ことに、ここで初めて考えが及んだ。フェラーリがすでにライコネンと契約を結んだという噂が濃厚になってきてもいた。

フランス
記　録

　F1で唯一、ミハエル・シューマッハだけが同一GPで8度もの優勝を飾っている。2006年のフランスGPで8勝目達成だ。ついに赤の軍団に挽回の時が訪れた。インディアナポリスで勝利したシューマッハは、マニクール・サーキットでも圧勝。熱気でアスファルトが沸騰するようだった。今回、マッサはアロンソを制すことができなかった。ピットストップが1回少なかったアロンソがマッサに先行し、2位を獲得。それでも、アロンソのリードは17ポイントに縮まった。

ドイツ
突　破

　フェラーリは、ついにまたドイツで優勢の根拠を見せつけた。まず、キミ・ライコネンがトップを走っていたが、9周した後、給油のため早々ピットへ。2台のフェラーリに道を開けることになり、そのまま2台が1-2フィニッシュを達成した。

　今回不調で、初めから混乱していたのはアロンソだった。60周、彼は集中力を欠きコースオフ。フィジケラが彼の後ろでスピードダウンしたため、チャンピオン候補者はその地位を保持。しかし、5位に終わったアロンソのシューマッハに対するリードは、11まで減ってしまった。「フェラーリがまた力を盛り返した。僕たちにはタイトル奪還のチャンスが十分にある」とシューマッハは確信した。

ハンガリー
馬鹿な出来事

　手堅いライバル、フェルナンド・アロンソは、黄旗中の追い越しとドーンボスに対する危険行為で、予選タイムに2秒上乗せされるペナルティーを受けた。しかし次の日、シューマッハまでもが赤旗中断時の追い越しで、同じようにペナルティーを課せられる。「アロンソがアクセルから足を外したので、衝突をさけるために彼を追い越さなければならなかった」と、シューマッハは弁解。しかし、ペナルティーとして11位からのスタートに降格。アロンソは15位からとなった。「馬鹿な出来事だ」とRTLエキスパートのニキ・ラウダは言い放った。

　このレースはタイヤのポーカーゲームだった。天候の変化にレース展開は大きく左右され、ウエットのコースをアロンソがトップで引っ張る。コースがドライに近づいて、ようやくシューマッハが再び調子を取り戻し、アロンソのリードに食いついた。アロンソが51周目に新しいタイヤを履いたとき、左のリヤタイヤ装着にミスが発生してしまう。ピットアウト直後、ホイールナットが壊れ、アロンソは自分のリヤタイヤに裏切られることになる。その間も走り続けるシューマッハには、大きなチャンスのにおいがした。

　しかしコースはどんどん乾燥していく。スリックタイヤを履いたデ・ラ・ロサが

アメリカGP。マッサを先頭にフェラーリは1-2でレースをリードする。後方の混乱をよそに

母国のホッケンハイムで優勝したミハエル。最後の同僚マッサと、後継者ライコネンと共に

モンツァで、ミハエル・シューマッハの引退宣言にあぜんとするファン。巨大スクリーンから発信されるシューマッハの想い

シューマッハを追い越し、ニック・ハイドフェルドも近くに迫ってきた。しかしシューマッハはハイドフェルドにはなんとしても抜かせたくなかった。2台は不用意に接触し、サスペンションを破損したフェラーリは座礁。怒ったミハエルはこう言った。「もちろんニックに先を行かせて2，3ポイントを確保することもできた。だけど、僕をよく知る人たちは分かってくれる。これ以上何も進まず、何もできなくなるまで、僕は闘うということをね」。8位完走あつかいで1ポイント獲得。

トルコ
待ち時間

トルコGPではマッサがポールを奪い、初優勝を飾る。ここでシューマッハは神経をいら立たせた。予選ではドライビングミスからポールをマッサに奪われる。ドライビングミス──これが決勝レースをも台無しにしてしまう。セーフティーカーの出動で各トップチームは予定外のピットイン。フェラーリも2台同時にピットインさせ、当然、マッサが先に終了。この待ち時間数秒で、シューマッハは大魚を逃すことになる。アロンソに先行されたシューマッハは、ライオンのように猛追するが、この鉄の神経を持った男を破ることはできなかった。

イタリア
引　退

世界記録を持つ男・シューマッハの進退問題について、何週にもわたって推測がなされたが、それもイタリアで終わりを迎えようとしていた。しかしその前にまだ、レースがある。シューマッハはチャンピオンらしい走行でこのレースを終了。アロンソは、予選でマッサを妨害したとされ、ペナルティーとして10番グリッドへ後退させられる。この地元フェラーリに有利な審議結果は納得し難いものだったが、審査委員会はこれを取り下げなかった。アロンソは「もうF1をスポーツとは思わない」と憤りをあらわにした。

これに対してシューマッハは、レースをリードしていたライコネンをピットストップで冷静にパスし、そのまま首位を独走してトップチェッカーを受けた。アロンソは悪運続きで、3位争いの中、終盤にエンジンブロー。ミハエル・シューマッハはシーズン中盤でその差が25ポイントにまで達していたものを、今や、アロンソに2点差と追い上げたのだ。

レース終了後、ミハエルは非常に落ち着いた声で、シーズン終わりでの引退を告げた。そしてフェラーリは、2007年の新しいペアを発表した。キミ・ライコネンがフェリペ・マッサと共に走ることになった。

中国
リード

2006年、中国はシューマッハに喜びを与えてくれた。ウエットの状態ではラ

中国GPでフィジケラを大胆にパスするシューマッハ。

イバルのアロンソにリードを許したものの、徐々にコースが乾いてくると、ブリヂストンタイヤが優勢になってきた。タイヤの前後コンビネーションが悪かったのか、調子の出ないアロンソ。彼も粘るが、シューマッハとフィジケラに追い越される。

2度目のピットストップが決定打となる。シューマッハはフィジケラより1周早くピットイン、タイヤをドライに履き替えた。フィジケラが次の周にピットから出てきた瞬間、シューマッハがその横を走り去った。シューマッハ優勝、アロンソが最後は2位に上がって決着。2人のチャンピオン候補者は同じく116ポイント。しかし勝利数でシューマッハが1つ上だった。ついにリードを得たのだ。コンストラクターズ部門では、ルノーが1点差でフェラーリを逆転している。

日本
ショック

日本でのレースは全般的にみれば、ブリヂストンタイヤを装着したフェラーリが絶対的優位に立っていた。シューマッハにとっても、理想的にレースは展開していた。アロンソは後方からのスタートにもかかわらず、1周目の猛攻で4位に浮上するが、シューマッハへの影響は全くなし。シューマッハは約5秒、一定してアロンソに差をつけていた。

しかし、理解し難いことも起きるのだ。あと17周というところで、シューマッハのエンジンが、回転することを拒みはじめる。立ち昇る白煙の中を2位に上がっていたアロンソはスルリとくぐり抜け、マッサとフィジケラを制して勝利を獲得する。シューマッハにとって、バルブシステムの故障が原因とみられるこのエンジントラブルは、2000年のフランスGP以来だった。「現実的に見て、もう勝ち目はない」と言うシューマッハ。ショックは隠せなかった。最終戦には最小限のチャンスしか残されていない。アロンソに1点たりとも奪われてはならず、シューマッハが勝つ以外に道はなかった。

最終レースの前に『世界のペレ』から名誉のトロフィーを受け取り、感動するシューマッハ

ブラジル
ダンケ（ありがとう）、シューマッハ

F1ドライバーとしての最後の週末に、ミハエルの親しい友人たちが招かれた。『飛ぶのが怖い』父も、飛行機に乗ってやってきた。そして土曜の予選から反撃に出た。しかし、ベスト10による予選第3ピリオドで、シューマッハがスローダウンしてピットに戻る。必死の修理作業が行われたが、再びコースに戻ることはなかった。燃料ポンプのトラブルだった。ミハエルのキャリアの終わりに来て、フェラーリは再びテクニカルトラブルの連続――まるでミハエルがスクーデリアに移籍する前と同じように……。

フェリペ・マッサがポール、シューマ

2006

ッハは10番グリッドからスタート。しかしシューマッハはその位置に甘んじてはいなかった。渾身の走りで順位を上げてくる。9周目、フィジケラをとらえ5位に浮上。しかし左リヤタイヤがバーストし、突然コースから外れるという事態に。おそらく、フィジケラ車と接触しており、その際にタイヤを切り裂いてしまったか、あるいは1周目にクラッシュしたニコ・ロズベルグの破片を踏んだのだろう。

最後尾へ転落したシューマッハは、再び猛追を開始した。レースを牽引するチームメート、マッサとは70秒の差がついていた。しかしシューマッハは、最後にもう1度、37歳の皇帝は健在であることを証明してくれた。

62周目にはシューマッハは再びフィジケラの後ろにつけ、そのプレッシャーで相手がラインを外れたところで追い抜く。今度は5周にわたって将来の自分の後継者であり、現マクラーレンのライコネンと、激しいバトルを繰り返す。そしてシューマッハはとんでもないアタックに出る。紙一枚も通さないサイドバイサイドをやってのけたのだ！

こうして4位まで追い上げたシューマッハの前にはジェンソン・バトン、フェルナンド・アロンソ、さらに18秒前には同僚のフェリペ・マッサがいた。「残り少ない周回では、シューマッハは何の収穫も得られなかった」と、クリスチャン・ダナーはコメントする。3周という距離は、シューマッハを表彰台に押し上げるには短すぎた。

シューマッハはマッサの勝利を一緒に喜んだ。母国GPでブラジル人が優勝したのは、1993年のアイルトン・セナが最後だった。アロンソは2位でゴール、史上最年少のダブル世界チャンピオンに輝いた。アロンソにとっても1つの時代の終わりが来ていた。シーズン開始前に発表していたように、彼はルノーを去り、マクラーレンへ移籍するのだ。

シューマッハは、250回目となる最後のレースを、バトンに次ぐ4位で幕を下ろした。「僕たちは素晴らしいマシンを

壮大な猛追。シューマッハの攻撃を阻止できなかったキミ・ライコネン

ミハエル・シューマッハの最終レース。フィジケラとアロンソ（前方）にアタック。ところがシューマッハは、

持っている。スピードからいえば、他をすべて追い越せるマシンだ」とシューマッハは語ったが、コンストラクターズタイトルには届かなかった。ルノーが206ポイント、フェラーリは201ポイントだった。

　シューマッハはマッサとアロンソに祝いの言葉を述べ、ファンのみんなに感謝した。「君たちはいつも僕に自信を与えてくれた」。巨大な祝宴が催され、史上最も偉大なF1ドライバーのキャリアに終止符が打たれた。

　ありがとう、ミハエル・シューマッハ。君と素晴らしい時間を共有できたことに、感謝したい。

母国ブラジルGPで勝利したフェリペ・マッサ。アロンソは2度目の世界チャンピオンに。3位にはバトン

フィジケラのフロントウイングでタイヤを切り裂かれた（と推測される）。そして最後尾からの追い上げに……

チームメート

Teamkollegen bei Ferrari
フェラーリでの同僚

ベネトン時代とは対照的に、ミハエル・シューマッハはフェラーリのチームメートとはそれぞれ長い付き合いとなった。
11年間で3人が、レギュラードライバーとしてシューマッハの隣にいたのだ。

エディー・アーバイン

F1での最初のレースで、英雄アイルトン・セナを追い越す。向こう見ずな若者に対するセナの評価は、即座に「大バカ者！」だった。ミハエル・シューマッハは、人懐っこいが人をバカにしたような態度のこのアイルランド人と、とてもうまくやっていた。フェラーリで4年間、エディーはシューマッハと共に働いた。ミハエルが1999年に脚を骨折した際、アーバインにタイトルの可能性が急浮上した。しかしそのチャンスを活かせず、その年の準世界チャンピオンになる。これが彼のF1キャリアの中で最高の成績となった。その後3年間、アーバインは衰退していくジャガーチームに在籍したが、それを最後にF1を引退。

略歴
1965年11月10日、北アイルランド・ニュータウンサード出身
国籍：イギリス（北アイルランド）
住居：アイルランド、ダブリン
身長：178cm　体重：75kg
家族：独身、娘ツォーエ
趣味：釣り、ゴルフ、水泳

キャリア
1983-87	フォーミュラ・フォード
1988	イギリスF3
1989-93	F3000（ヨーロッパ/全日本）

フォーミュラ1
1993-95	ジョーダン、計17ポイント
1996	フェラーリ、11ポイント、シリーズ10位
1997	フェラーリ、24ポイント、シリーズ8位
1998	フェラーリ、47ポイント、シリーズ4位
1999	フェラーリ、74ポイント、4勝、シリーズ2位
2000-02	ジャガー、計19ポイント

シューマッハの同僚時代：1996-99：65GP、156ポイント
シューマッハの期間成績：1996-99：59GP、267ポイント

ルーベンス・バリチェロ

　ルーベンス・バリチェロがいると、フェラーリのピットが和んだ。非常に物静かであったが、同時に自信も持っていた。「僕はフェラーリにナンバー2として来たんじゃない」とルーベンス。せいぜいのところ上の中かといえば、そこまで彼は自分を軽く見てはいない。6年にわたるフェラーリ在籍中、毎シーズン、タイトルへの抱負を語っていたのだから。しかし、そんなバリチェロもミハエル・シューマッハの特別なステータスを認め、誠実なチームパートナーとして応じた。フェラーリで、9度の優勝と2度の準世界チャンピオンの功績を持つ。

略歴
1972年5月23日サンパウロ生まれ
国籍：ブラジル
住居：サンパウロ
身長：172cm　体重：77kg
家族：既婚、妻シルヴァーナ、息子2人
趣味：ジェットスキー、ランニング

キャリア
1981-88	カート
1989	ブラジル・フォーミュラ・フォード
1990	オペル・ロータス・ユーロシリーズ（チャンピオン）
1991	イギリスF3（チャンピオン）
1992	ヨーロッパF3000

フォーミュラ1
1993-96	ジョーダン、計46ポイント
1997-99	スチュワート、計31ポイント
2000	フェラーリ、62ポイント、1勝、シリーズ4位
2001	フェラーリ、56ポイント、シリーズ3位
2002	フェラーリ、77ポイント、4勝、シリーズ2位
2003	フェラーリ、65ポイント、2勝、シリーズ4位
2004	フェラーリ、114ポイント、2勝、シリーズ2位
2005	フェラーリ、38ポイント、シリーズ8位
2006	ホンダ、30ポイント、シリーズ7位

シューマッハの同僚時代：2000-05：104GP、412ポイント
シューマッハの期間成績：2000-05：104GP、678ポイント

フェリペ・マッサ

　ブラジル人フェリペ・マッサはレースが終わると、パパにベッドで「おやすみなさいのお話」を聞かせてもらっているかのように見えるほど童顔だ。しかし、人は見かけによらない。確かにフェリペは若い、そして恐ろしく速い。フェリペはザウバーで3年、フェラーリのテストドライバーとしても1年、経験を積んできた。彼が特別のステータスを得たのは、チーム監督の息子であるニコラス・トッドが彼のマネージャーを務めたことがきっかけだ。フェリペがミハエル・シューマッハと共に過ごしたのはたった1年だったが、その間いつも報道陣に対しては、いかに多くのことをシューマッハから教わったかについて語ってきた。彼はマルチ世界チャンピオンを予選で5回破った。2007年、フェリペはシューマッハに教わったことを、シューマッハの後継者とされるキミ・ライコネンに講義できるほどの力量の持ち主であることを証明しなければならない。ナンバー2に甘んじることなく。

略歴
1981年4月25日サンパウロ生まれ
国籍：ブラジル
住居：モンテカルロ
身長：166cm　体重：59kg
家族：独身
趣味：サッカー

キャリア
1990-97	カート
1998-99	ブラジル・フォーミュラ・シボレー
2000	フォーミュラ・ルノー（2シリーズで王者）
2001	ユーロF3000（チャンピオン）

フォーミュラ1
2002	ザウバー、4ポイント、シリーズ13位
2003	フェラーリ、テストドライバー
2004	ザウバー、12ポイント、シリーズ12位
2005	ザウバー、11ポイント、シリーズ13位
2006	フェラーリ、80ポイント、2勝、シリーズ3位

シューマッハの同僚時代：2006：18GP、80ポイント
シューマッハの期間成績：2006：18GP、121ポイント

シューマッハのヘルメット

Schumis Helme
シューマッハのヘルメット

最後のF1ヘルメット。龍、優勝レースの一覧、そして家族の名前が漢字で描かれている

ミハエル・シューマッハが最後のレースで着用したヘルメットは、引退後、自宅の特別な場所に置かれていることだろう。フェラーリの赤、金箔、7つの星は世界チャンピオンタイトル、円状に記された91のGP優勝レース名、シューマッハのラッキー・マークの龍、すなわち彼いわく「強さのシンボル」。そして中国の文字だ。漢字で、ミハエル、コリーナ、ジーナ-マリア、ミックと書かれている。

ミハエルは2001年以降、シューベルトのヘルメットに命を委ねていた。ブラウンシュヴァイクに本拠地のあるこのヘルメット製造会社は、高性能の頭部保護システムに特化しており、1999年11月、F1仕様のヘルメットの開発に取り組むことを決定する。初期にはニック・ハイドフェルド、2000年にはラルフ・シューマッハが同社の新開発ヘルメットを試着する。ラルフはそのヘルメットに夢中になり、ミハエルを担ぎ出すほどだった。世界最速の兄は数回試した後、決断した。「ブラウンシュヴァイクのヘルメットを使いたい」。というのも、それまでシューマッハが愛用してきていたヘルメットの製作会社が、シューマッハによって自社の伝統的なイメージを損ねられたとして訴え、シューマッハは、報道によれば高い賠償金を支払ったからだ。一方、シューベルト社はかなりの額の広告料をシューマッハに支払った。そしてシューベルト社とミハエル・シューマッハは、その金をむしろ開発にかけるべきという意見で一致した。シューベルト社は、世界に1つだけのF1ヘルメット開発部門を設置する。

厳しい試験にも合格しなければならない

ヘルメットの外側にあるケースは、主に炭素繊維（カーボン）からなる。これは戦車の重さにも耐えられるほど堅固なものだ。重さは1キロをほんのわずかに上回るだけ。また、最新鋭の通風システムも導入。ヘルメットには毎秒7リットル（最大）の空気が流れてくる。これに加えて物凄い騒音もヘルメットは遮ってくれなければならない。フェラーリ・チームは、全員シューベルト社のヘルメットを装着するようになる。同社のヘルメットは、空気がエンジン、空気通路、尾部スポイラーへ完璧に流れるようにデザインされていた。ジャン・トッドは興奮して言う。「ヘルメットがわれわれに10馬力をくれた」。そして、ほかのチームもシューベルト社のヘルメットを手に入れようと努力し、今ではフェラーリに加えて、トヨタ、ウイリアムズそしてBMWが使用している。

シューマッハのヘルメット

ミハエル・シューマッハは長いF1キャリアの中で、ヘルメットのデザインを1度だけ抜本的に変えたことがある。しかしヘルメットの上部3分の1には必ず白い星があった。初めは青地、後に赤地に光っている。5回の世界チャンピオンタイトル獲得以降、星の数はタイトルの数を表すことになった。

1991

ベネトン時代のヘルメットは、上部3分の1が青地に白い星。その下に白帯。バイザーは黒で縁取り。その後方は赤で、ヘルメット後ろ側は黄色。つまりドイツの国旗を表している。一番下には白帯。

1993

1993年のカナダGPから、突然デザインを変更する。上方の白帯が、バイザーの上半分まで延び、バイザーの下半分は黒あるいは灰色で縁取り。これに続く国旗の色は波形に描かれた。しかし1994年には再び前のデザインに戻る。

1996

スクーデリアでの1年目、上方白帯にフェラーリのメインスポンサー、マールボロのロゴが入り人目を引く。1997年には新しく考案された自筆の署名"MS"ロゴを側部に加える。ごくまれにデザインが少し変わることもあり、たとえば1998年、日本での最終戦では白の部分がシルバーに染められた。しかし、それは幸運をもたらさなかったため、ミハエルは今までの色に戻す。

2000

完全にデザインを変えたのは2000年のモナコだ。青の代わりにヘルメット上方を赤にした。しかし白い星は変わらず。その他すべての白地を赤に。黒赤黄のモチーフは側面と後頭部に維持し、白い星と合わせて以前のシューマッハ・デザインとの関連性を保つ。2001年にはヘルメットメーカーを変更した。この年のメルボルン以降はドイツ・シューベルト社のものを使用。2003年まで側面にミハエル・シューマッハの名前を入れる。2004年からは"MS"ロゴだけが輝いていた。

2001

赤を多く、黒と黄色を少しずつ用いる配色は、2004年まで維持されるが、レースごとに特別なデザインのバリエーションが利いていた。なかでも2001年アメリカ・グランプリは特別だった。9.11のテロ犠牲者を追悼してドイツの国旗の替わりに星条旗を配置した。

2005

ミハエルがフェラーリで最も厳しい状況だったこの年、これまで黒だったバイザーの縁を赤にした。その横に細い黒の筋を配色し、国旗の一部とした。

2006

F1キャリア最後の年、ミハエルはヘルメット全体をフェラーリの赤一色にした。後頭部の黄色地に位置するいつもの跳ね馬は、最小限に描かれた。最後のレースでは、ヘルメット側面に、様式化された龍と家族の名前を漢字で書いた。そして下縁近くには、シューマッハコレクションの登録商標、"MS"ロゴが刻まれていた。

Der Ferrari-Mythos

フェラーリ神話

1950年からスクーデリア・フェラーリはF1世界選手権シリーズに参戦している。そして、これまで8人のドライバーが14のドライバーズタイトルを獲得した。57年もの間、勝利と終わりなき突進を引き継いできたのである。しかし、タイトルを奪還できない時期が21年もあった。これに終止符を打つのはミハエル・シューマッハしかいなかった。

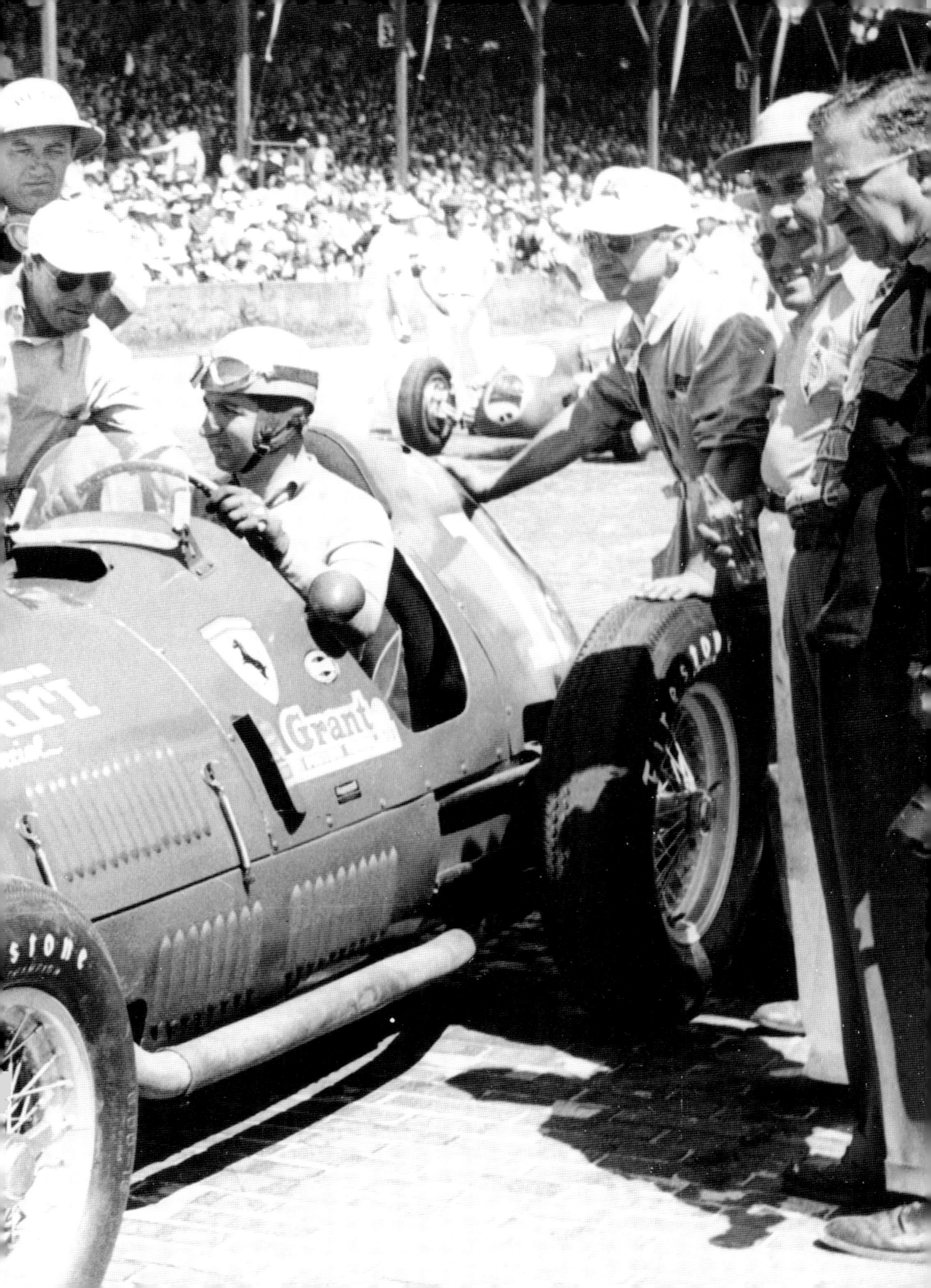
Grant

コマンダトーレ

1898年2月18日、エンツォ-アンゼルモ・フェラーリは、機械工の息子としてイタリアのモデナに生を受けた。

彼は1920年、アルファロメオのテストドライバーに応募し、その後レース監督にまで出世する。3年後、ダンサーのローラ・ガレッロと結婚。その10年後の1933年、アルファロメオがレース競技から撤退する。しかし、エンツォ・フェラーリは、自動車工場専属のチームをスクーデリア・フェラーリの名前で続けていく。会社のロゴ――あの有名な跳ね馬――は、フランチェスカ・バラッカ伯から与えられた。それは、墜落して亡くなった彼女の息子の飛行機に描かれていたものだった。彼は戦闘機のパイロットだった。

1943年、フェラーリはモデナからマラネロに移転し、現在もそこに工場がある。1946年、フェラーリは初めて独自のレーシングカーを製造。なんと1年後には初優勝を飾る。1950年、フェラーリはこの年から世界選手権シリーズとなったF1に参戦。『コマンダトーレ』と自分のことを呼ばせていたエンツォ・フェラーリは、1988年8月14日に永い眠りにつくまでフェラーリの総帥の地位にあった。

現在のフェラーリは、資本の87パーセントをフィアット・コンツェルンが所有し、残りをフェラーリ家が持っている。ピエロ・フェラーリ（後にエンツォの養子となった息子）がルカ・ディ・モンテゼモーロと共同経営にあたっている。

55年間スクーデリアを率いてきたエンツォ・フェラーリ

フェラーリは、神話であり、歴史であり、また感情でもある。スクーデリア・フェラーリのマシンは常に、遠くからでもよく見える炎の赤だ。そしてエンジンにも炎が燃え上がる。時にはレーシングカーが1000馬力を超えて駆動した。しかしフェラーリは、狂信的なファンにとって気持ちの冷温交互浴、といった感じだった。つまり、マシンは速いが信頼性が低かったのである。1947年5月11日、ピアチェンツァの街の中で行われたフェラーリ初参加のレースでは、トップを走っていたフェラーリのガソリンポンプが途中で音を上げてしまった。

1950年、最初のF1世界選手権シリーズが開催された。しかしフェラーリは、125F1の製造が間に合わなかった。そのため1.5ℓの12気筒をスタート地点に並べた時、マラネロでは、よい結果を出すのは困難だとすぐに気付いた。アルファロメオが圧勝し、ランチャ、マセラティそしてフェラーリは、全くチャンスを与えなかった。

しかし、その状態は1年だけであった。1951年、フェラーリのホセ・フロイライン・ゴンザレスが、アルファロメオの

ファン・マヌエル・ファンジオは、タイトルを5回も獲得しているが、フェラーリでは1956年の1度だけ

フェラーリ

フェラーリ・ドライバーのウォルフガング・グラーフ・ベルヘ・フォン・トリップスが、1961年に事故死

1961年の世界チャンピオン：フェラーリ初のミッドシップ、156F1に乗ったフィル・ヒル

スター、ファン・マヌエル・ファンジオを打ち破ったのだ。「まるで自分の母親を殺したようだった」とエンツォ・フェラーリは言った。エンツォはアルファロメオで経験を積んだからだ。それでもファンジオは1951年、通算5回のうちの1回目のタイトルを獲得するが、次のシーズンにはアルファロメオでは出走しなかった。今やフェラーリに道は開けた。1952年、フェラーリが圧勝するシーズンが訪れた。シーズンが終わって、上位4人をフェラーリのドライバーが占めたのである。なかでも抜きん出ていたアルベルト・アスカリが、翌年も続けて大勝利を収めることになる。

再びF1に戻ってきたメルセデスが、レースシーンを牛耳る。ファンジオはこの『シルバーアロー』とともに、1954年と1955年のタイトルを勝ち取った。しかし82人の死亡者を出したル・マンでの悲惨な事故のため、メルセデスは再びレースから手を引く。エンツォ・フェラーリは3度の世界チャンピオン、ファンジオの勤め口を確保してやった。

しかし、このアルゼンチン人世界チャンピオンの給与はとてつもない金額で、フェラーリには理解し難い額だった。「フェラーリで走るのは名誉なことなのだ」とエンツォは憤激したが、結局支払うことに。ファンジオは1956年のタイトルをフェラーリに捧げた。なお、この年にエンツォの息子、ディノ・フェラーリが筋無力症のため、24歳の若さで亡くなる。エンツォに重くのしかかる、大きな悲しみであった。

1958年、イギリス人マイク・ホーソーンがスクーデリアに世界チャンピオンタイトルをもたらす。これはF1カーがフロントエンジンだった時代、最後のタイトルだった。クーパーとロータスは、将来ミッドシップ・コンセプトが主流になると主張していた。一方、エンツォ・フェラーリはこれにはあまり聞く耳を貸したくなかった。「馬は車の前にいるもの」というのが彼のモットーだった。しかし1961年、エンツォはエンジンがドライバーの後ろに設置されたレーシングカーの投入をようやく許可する。アメリカ人のフィル・ヒルとドイツのケルペン・ホレム出身のウォルフガング・グラーフ・ベルヘ・フォン・トリップスは、1961年、共にフェラーリでレースを牽引していた。ところがフォン・トリップスがモンツァで死亡し、同時に15人の観客の命も巻き込んでしまう。ドイツの国中が戦後初の偉大なドライバーの死に泣いた。そしてヒルがフェラーリにとって5度目

オートバイ世界チャンピオンのジョン・サーティースが1964年にフェラーリ6度目のドライバーズタイトルをエンツォ・フェラーリに贈る

ニキ・ラウダ（左）とジョディ・シェクターが1975～79年にタイトルを3回獲得

フェラーリ

エンツォ・フェラーリの寵児、ニキ・ラウダが1975年、フェラーリ312Tを操縦して、自身初タイトルを獲得。10年間のタイトル渇望時代にピリオド

のドライバーズタイトルを勝ち取った。

フェラーリの歴史では、頻繁に順位が急上昇しては急落もした。洞窟の中にいるように暗いシーズンが2年続いたが、イギリス人ドライバー、ジョン・サーティースが1964年、スクーデリアに6度目のタイトルをもたらす。

しかし、その後10年間、タイトルを渇望する時代が続く。フェラーリの重い12気筒では、フォード・コスワースのV8に勝ちめがなかった。ほかのほとんどのチームもV8を搭載していた。

ニキ・ラウダのダブルタイトル

若い、ルカ・ディ・モンテゼモーロが1974年にレース監督としてチームに合流すると、ようやく調子が戻ってきた。エンツォの寵児、ニキ・ラウダは1975年と1977年にフェラーリにとって7度目と8度目となるタイトルを獲得した。これはフェラーリにとってはアスカリ以来のダブル世界チャンピオンの誕生だった。しかし、3連覇を阻んだのは、1976年ニュルブルクリンクでの事故だったといえよう。

「ユダ（イエスを裏切った使徒）」。ラウダが、1977年、その年のタイトルを手土産にエクレストンのブラバム・チームと契約したことが明らかになった時、エンツォはこう言って恐れた。

しかしフェラーリはすぐに次の養子をもらった。ジル・ビルヌーブだ。このカナダ人とチームメートで南アフリカ人のジョディ・シェクターが、1979年、激しいタイトル争いをし、結果シェクターが勝利する。しかしその後、フェラーリは再び急激な下り坂をたどり、おまけにルカ・ディ・モンテゼモーロもスクーデリアから姿を消してしまう。

1980年──ジョディ・シェクターのタイトル優勝から1年後、スクーデリアはわずか8ポイントしか獲得できないでいた。これに加えてチームは、ジル・ビルヌーブの事故死に見舞われることになる（1982年）。そしてエンツォの死（1988年）から2年後の1990年、フェラーリ・ドライバーのアラン・プロストは、タイトルに手が届く位置にいた。しかし、プロストは1年前、アイルトン・セナと接触した末にタイトルを獲得していた。セナはこれを忘れていなかった。予告どおり、セナはプロストに追突して、プロストの鼻先からタイトルをかっさらっていった。フェラーリがタイトルを渇望しても手が届かない時期は、まだ続くようだった（82、83年にコンストラクターズタイトルは獲得しているが）。しかも余計なことに、アラン・プロストは1991年、誇り高きスクーデリアから即

1990年日本GP。セナがプロストに前年の報復をする。マクラーレンのセナは、プロストからタイトルを奪い取ると予告していたのだ

刻の解雇を言い渡される。勝てない腹いせに、こんなことを言い放ったのである。「フェラーリはまるでトラックのようだ」。なお2年後、プロストは4度目のタイトルをウイリアムズで獲得する。

ルカ・ディ・モンテゼモーロが再びスクーデリアに戻ってくると、ファンは長い間待ち望んでいた成績向上を期待した。しかし、モンテゼモーロはチームの実態を目の当たりにした。他チームのトップドライバーはプロフェッショナルな水準を保ち、またハイテクを装備したマシンをさらに最良の状態へするため磨きをかけている。一方のフェラーはといえば、赤ワインをたっぷり飲みながらの騒々しいディスカッションを中断するのが、3時間の昼休み、という始末。

マクラーレンとウイリアムズはいつも一歩先を行っていた。そしてフェラーリではなく、若きミハエル・シューマッハを起用した小さなベネトン・チームが、1994年と95年を連覇する。フェラーリはこの時期、たった1度ずつの優勝に終わったことを嘲笑されていた。1993年から指揮官の座に座っていたジャン・トッドは、むなしくも熱心に上を目指して格闘していた。

シューマッハ、衝撃を受ける

ミハエル・シューマッハが1995年11月、初めてマラネロにやって来た時、スクーデリアに衝撃を受けた様子だった。しかし、最初のテスト走行の後、ミハエル・シューマッハは「フェラーリのV12に勝るエンジンは見たことがない」と褒めたものの、マシンについては何もコメントしなかった。ここで伝説のF1デザイナー、ジョン・バーナードはシューマッハに、全レースでコースに行くことを約束した。しかし、バーナードはすぐにやる気が失せ、コースを離れてイギリスの開発センターにこもってしまった。

フェラーリ1年目のシューマッハの成績は控えめなものになってしまった。特に、フェラーリの信頼性ときたら悲惨だった。1996年フランスGPなどは、フォーメーションラップですでに、エンジンがブローした。

ミハエルは動いた。ベネトン時代の仲間だったロス・ブラウンとロリー・バーンを、フェラーリに来るよう説得したのだ。1997年以降、この2人がスクーデリアのテクニカルマネージメントを担当する。ロス・ブラウンは、最初の1年、フェラーリの品質管理をレベルアップさせることに時間を費やした。ボルト1本ごとの走行性能の資料化や、すべての磨耗個所の交換など、ブラウンは少しずつ、細心の注意と厳密さをもってフェラーリに耐久性をもたらした。これが後のフェラーリのトレードマークとなる。

1997年、シューマッハはもう少しというところでタイトルを逃した。1998年も、タイトル候補者として最後までその可能性を維持した。しかし1999年、

20年間の敗北、不運そしてパンク。1995年にモナコで衝突するフェラーリのベルガーとアレジ

シルバーストンで脚を骨折し、タイトルゲットは先送りとなる（コンストラクターズタイトルは獲得）。そして2000年、ついにタイトルが現実のものに。レース監督のジャン・トッドの「最も有能なドライバーを手に入れ、すべての自由を認める」という方針は、共同作業が始まって5年目にして、とうとう開花することになる。「これで僕たちの義務は果たされたんだ」とミハエル・シューマッハは、当時のことを振り返る。そして、「その後に続く勝利やタイトルは、自由演技のようなものだった」と。

ルカ・ディ・モンテゼモーロは、シューマッハの3500万ドルという巨額の給料について、擁護してこう言った。「彼のいないチームは、彼に勝つために軍備競争をしなければならない。そのほうがずっと高くつく」。

1995年カナダ：アレジがバリチェロとアーバインを下し、彼の唯一の優勝を獲得

フェラーリ

Die rote Familie
赤の家族

2006年日本GP：シューマッハのエンジンがブローし、ピットクルーたちには大きな失望感が。ミハエルは周囲を慰め、モチベーションを高めようと試みる

フェラーリ

> ミハエル・シューマッハは自らの成功について、
> いつもチームワークの結果だとしている。
> どの勝利でもクルーたちに感謝し、敗北したときは彼らを慰める

2006年日本GP、ミハエル・シューマッハがリード。勝利は目前に迫り、8度目のタイトルへの強力な一歩を踏み出そうとしていた。しかし、突然、エンジンから煙が噴き上がり、スローダウンする。濃い白煙に包まれてフェラーリはリタイア。フェラーリにとって久々のエンジントラブルが、よりによって今、起こってしまった。

フェラーリのクルーたちには、その想像を絶する事態を理解するのに数秒かかった。シューマッハの別れの贈り物になる8回目のタイトルは、すぐ手が届くところにあった。数分後、ミハエル・シューマッハはピットに戻ってきた。そして少し引きつった笑いを浮かべて、レース・エンジニアの肩に手を置き、慰めた。ピットの1人ひとりの肩を抱いて、励ましの言葉を送った。批判も不平も責任追及も何も言わずに。「僕たちは一緒に勝利を祝ってきた。敗北を甘受するのも一緒だ」とシューマッハ。

シューマッハ自身には、慰められる必要はなかった。彼はみんなを慰め、モチベーションを高めようと試みた。フェラーリのテクニカルディレクター、ロス・ブラウンは語る。「ミハエルはファンタスティックなチームプレーヤーだ。彼は一度もプリマドンナにはならなかった。ミハエルは、チームのみんなを勇気づけ、悲しいときも嬉しいときもいつも一緒だった」。シューマッハはスタッフたちのプライベートな部分までよく知っていて、両親、恋人、子供のことをよく尋ねたし、贈り物もしてくれた。彼は、ちやほやされることは全く好きではなかった。テスト走行の日、食事時になるとミハエルはほかのスタッフと同じようにプラスチックの椅子に座って、ピザの入った箱を膝に載せていたのだ。

フェラーリ

F1はチームスポーツだ。シューマッハが成功した影では530人の男性と20人の女性が働いていた。シューマッハにとって彼らは『大きな家族』だった。ここにその家族の代表を紹介しよう

ルカ・ディ・モンテゼモーロ
会長

1947年生まれのルカ・コルデロ・ディ・モンテゼモーロは、F1の中で光輝く人物のうちの1人。このカリスマ法学者は1974年、エンツォ・フェラーリのアシスタントおよびチーム監督に就任。ニキ・ラウダと2回の世界チャンピオンタイトルを獲得。ラウダが去った後、フィアット・コンツェルンのPR部門を受け継ぎ、1990年にイタリアで開催されたサッカーワールドカップを組織する。1991年、会長としてフェラーリに戻り、ジャン・トッドを配して1995年にはミハエル・シューマッハと契約を結ぶ。2004年以降、フィアットの会長に就任。モンテゼモーロは、ミハエルに、彼の進退についてシーズン後でなくモンツァで発表するよう迫った。

ジャン・トッド
チーム監督

1946年生まれ。1993年以来のチームディレクター。それ以前はプジョーのスポーツ監督として、彼の従事したスポーツをすべて勝利に導いてきた。世界ラリー選手権、パリダカールラリー、スポーツカー世界選手権、そしてル・マンだ。シューマッハは『プロイセンの美徳』のように厳格なトッドのことを批判したことが一度も無い。しかし、トッドは涙もろく、人情派。難しい状況では激しく指の爪を噛む。マレーシア系中国人の女優ミシェル・ヨーと恋愛中の60歳は、2006年シーズン終わりにフェラーリのチーフエグゼクティブオフィサーに昇進する。トッドの息子、ニコラスはフェリペ・マッサのマネージャー。

ロス・ブラウン　テクニカルディレクター

52歳のエンジニアは、シューマッハの『赤の軍隊』の中で最も重要な司令官だった。彼の天才的着想と分析はシューマッハに数々の勝利をもたらす。以前は原子力の研究者だったブラウンだが、1976年からF1に携わる。シューマッハとほぼ同時期、1991年にベネトンに起用され、ともに2ドライバーズタイトルと1コンストラクターズタイトルを手に入れる。その後、緊急事態だったシューマッハの誘いに応じて、1997年にフェラーリに移る。妻と2人の娘がおり、普段は家族とともにイギリスで暮らすが、マラネロにも別宅を所有。モンテゼモーロは、今やシューマッハのいなくなったフェラーリに、ブラウンを引きとめようと試みている（しかし2007年は休養）。

ロリー・バーン
チーフデザイナー

1996年、シューマッハは彼を、タイの椰子の木が立ち並ぶ海岸からマラネロに呼び寄せた。バーンは、1994年と95年にシューマッハが世界チャンピオンに輝いた時のベネトンを設計していた。その後、5000万ドルの風洞が手に入ると、彼は本格的にフェラーリにエアロダイナミクスをもたらした。2005年、イタリア人のアルド・コスタがバーンと交代したが、コスタの最初のマシンは失敗に終わる。アルドは2007年にチーフデザイナーのポストに納まるが、ロリー・バーンもアドバイザーとして残ることになっている。懐かしい砂浜と8歳になる息子のところに帰るころには、バーンは64歳になる。

ステファノ・ドメニカリ
スポーツディレクター

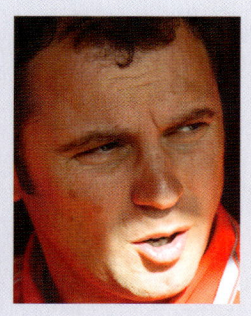

41歳、イタリア人。1991年から現在までフェラーリで働いている。初めは管理部門に所属していたが、1997年からチームマネージャーを務める。そして、2001年にはロジスティックマネージャー、その1年後にスポーツディレクターとなる。シューマッハ最後の2年間はロス・ブラウンの傍らで、レース戦略担当を務めた。ジャン・トッドが昇進するため、ステファノ・ドメニカリは、彼の後任としてチーム監督に就任する予定だ。彼の悩みは、シューマッハの後継者であるキミ・ライコネンは速いドライバーだが、チームにモチベーションを与える存在ではないだろう、ということ。

バルビル・シン 物理療法セラピスト 1996-2005

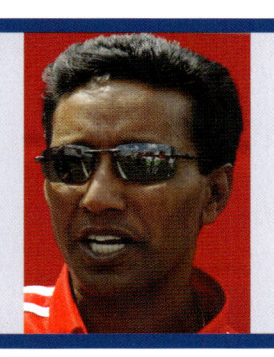

1963年生まれの謙虚なインド人は、80年代の終わりにドイツにやってきた。その理由は、ドイツ人女性の旅行者と恋に落ちたからだという。物理療法を行うケルペンの病院に勤務していた1996年、ミハエルと知り合う。それ以来10年間、ミハエルにとって最も近しく、思慮深く、信頼のおける存在となる。「自分の妻と2人の子供より、ミハエルに会っている時間のほうが多いこともあった」と、共に過ごした時代をバルビルは振り返る。2005年8月、ボンに物理療法センターを設立。シューマッハの最後の年には、ミハエル・ハマーがマッサージを担当した。

クリス・ダイアー
レースエンジニア

37歳、オーストラリア人。2003年からミハエルのレースエンジニア。エンジニアとしての彼の、F1におけるキャリアは、シューマッハのかつてのライバル、デイモン・ヒルが在籍していたイギリスのアロウズから始まった。2001年、フェラーリに移り、当時のレースエンジニア、ルカ・バルディセリの下で働く。2002年の最後の4レースからバルディセリの後を引き継いだ。シューマッハと2003年、2004年のチャンピオンシップで優勝。シューマッハがダイアーをいかに高く評価しているかは、2006年中国GPで優勝した際、彼を表彰台に引き上げたことからも分かる。ダイアーは、2007年からキミ・ライコネンを担当する。

ザビーネ・ケーム
スポークスマン

スポーツ教師の学士号を持つ40代前半の彼女は、「ディ・ヴェルト」および「南ドイツ新聞」のスポーツジャーナリストだった。2001年以降、ミハエル・シューマッハのスポークスマンであり、今後もシューマッハ関連の仕事をする予定だ。シューマッハの家族とも親しい関係。ザビーネ・ケームを素通りして、シューマッハにインタビューすることは全く不可能だった。そして、どの秘書官よりも上手に彼女は上司を守った。このブロンド女性はテレビの視聴者にとってはお馴染みで、ミハエル・シューマッハの記者会見の時にはいつもカセットレコーダーを彼の顔の前に差し出し、コメントを記録していた。

シューマッハの周りに混沌とした人だかり。
フェラーリピットクルーの完璧で信頼のおける作業。
記録更新のためにはクルーの仕事が重要だ。
ドライバーズタイトルV5を果たしたチーム──

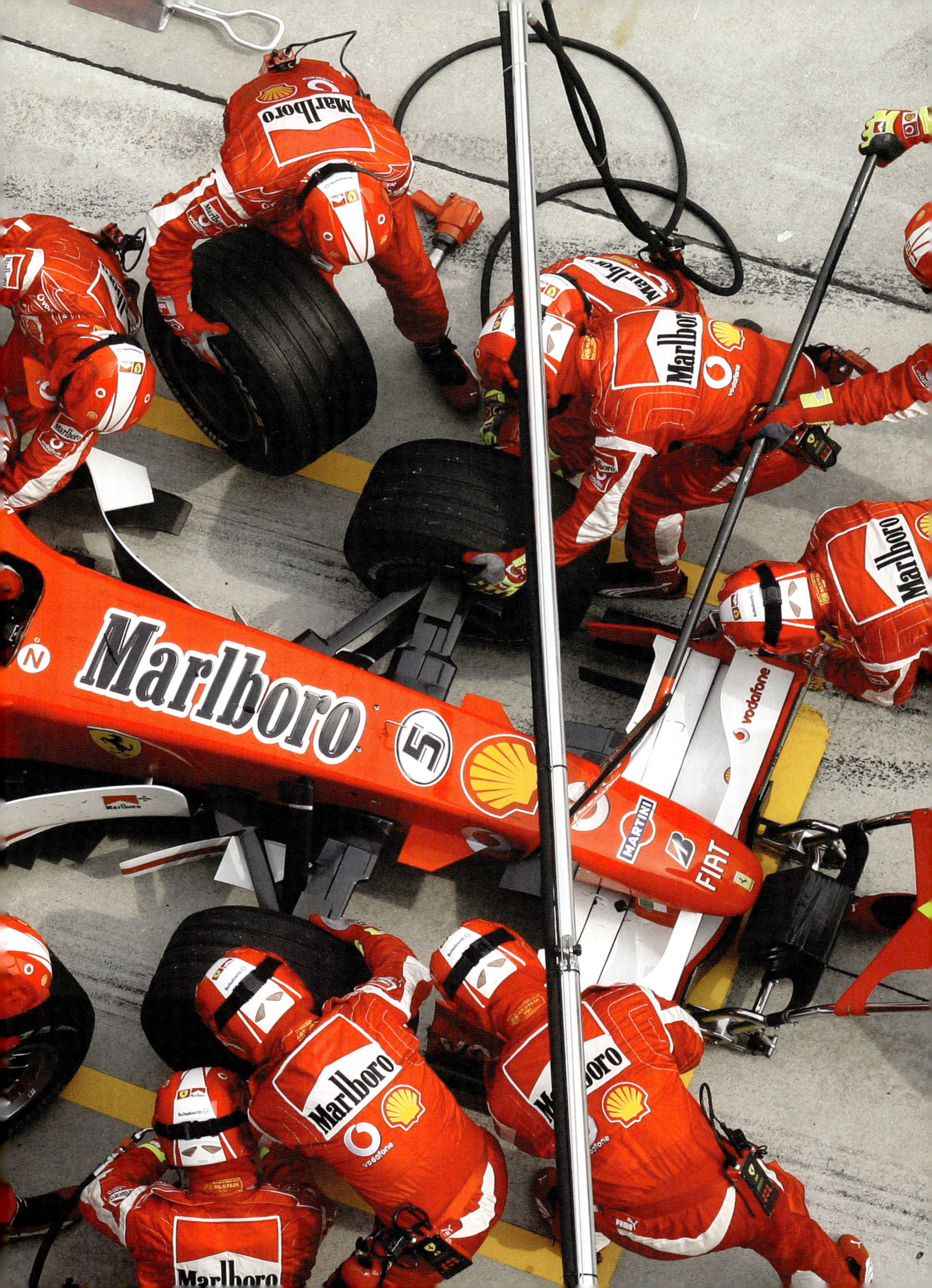
Marlboro
5
vodafone
MARTINI
FIAT

モデルコレクション

Schumi für die Vitrine

ショウケースに飾られるシューマッハ

7度目のタイトル。最も高額で最も手に入れたい「ホット・ウィールズ」のモデル。2004年のタイトル獲得車とシューマッハのレーシングスーツの一部（実物）

おもちゃと称するにはあまりに精巧。その小さな赤のレーシングカーは、多くのショウケースや本棚に置かれている。1999年から、おもちゃ製造会社マテルは『ホット・ウィールズ』シリーズで、ミハエル・シューマッハのキャリアと共に歩んできた。

「フェラーリは、われわれの商品開発にとても熱心に協力してくれる」と、マーケティング部長のアンドレアス・ブーフナー。フェラーリのF1新型マシンが公開されると、その直後にはマシンについての詳細なデータを受け取る。そしてロサンゼルスにいるデザイナーが18分の1に縮小して設計図を引き、これをマラネロで検証してもらう。OKが出ると、中国での製造工程に入る。「われわれのデ

52回目の優勝。2001年ベルギーGPの優勝で、アラン・プロストの記録を破る

モデルコレクション

ザイナーは、ディテールまで実物にこだわる」と、ブーフナー。「たとえば、サイドポッドに配置されたエラ（切れ込み）の数も一致しなくちゃいけない」。

新型マシンが公開されてからモデルが販売業者の手に届くまで約6カ月。熱狂的なファンはもう待ち受けている。いまや若者にとってモデル収集は、切手やテレフォンカードを集めるより魅力的だ。『ホット・ウィールズ』シリーズでは、スタンダードバージョンと並んで、特別バージョンを考案した。『マジック・モーメンツ』。レース史上のハイライトに焦点を当てたモデルだ。擦り傷や、雨の雫など、レース後のマシンが本当にあった状態を形にしている。「これらはすべて個数を限定して作っている」と、ブーフナー。モデルのシューマッハがとっているポーズも、その時のレースのままである。

少ない生産量で時折製造されるスペシャルキャラクター。2003年、ミハエルが6度目のタイトルを獲得した時、『ホット・ウィールズ』は『6つ星よ、永遠に』をモットーに、フェラーリのクロームメッキ版を生産した。世界に6666個だけしか存在しない。マルチ世界チャンピオンがその1年後に再びタイトルを獲得すると、またもや同ブランドにとってはハイライトシーンとなった。マシンのモデルと併せて、シューマッハが実際に着用していたレーシングスーツの一部をケースに入れて商品とした。このために6着の彼のレーシングスーツが切り裂かれた。ミハエルが喜んで提供してくれたおかげだ。そう、赤の情熱がミハエルとファンを結びつけるのだ。

シューマッハ最後のフェラーリ、2006年型。この248F1で66回目のポールを獲得し新記録達成。このモデルは多くのコレクターたちの憂愁を誘う

キング オブ レイン：最初のスペシャルバージョン。雨用タイヤを装着した2000年ニュルブルクリンクでの雨のレース。9999体を製造

5度目のタイトル。2003年フランスGPでコクピットから立ち上がり、こんなポーズで喜びを表現したシューマッハ

6度目のタイトル。2003年の世界チャンピオンのマシンを「6つ星よ、永遠に」のモットーでクロームメッキに製造

兄弟

Auseinander gelebt
離れゆく兄弟

自言と失望。
2006年ヨーロッパGPでの写真撮影、ラルフは1度たりとも笑える状況ではなかった

兄弟でF1ドライバーというのはこれまでにも存在したが、才気豊かで共に表彰台に上る兄弟は、ラルフとミハエル以外にいなかった。
しかし、勝利、ポイント、数百万の富を巡っての争いは、家族の絆をひどく傷つけた……。

兄弟

ミハエル・シューマッハは、弟と共に過ごした子供時代を振り返るのが好きだ。「僕はラルフをカートに乗せてやり、たくさんのテクニックを教えた。だから後になって彼はカートコースで時々僕をも負かしたものだよ」。

驚くべきことにラルフは、今は全く別の意見だ。「ミハエルは僕にとってプライベートにおいても仕事においても、目標でもなんでもない。僕たちが互いにかかわりあうことは、これまでそれほどなかった。彼は僕より6歳半年上で、子供時代の彼の思い出はほとんどない。実際、僕は1人っ子のように育った」。2006年、グラフ雑誌『ブンテ』のインタビューに応えてこう語った。

数週間後、ミハエルはこれに対して矢を打ち返した。ミハエルが引退表明をした後、誰がドイツ人F1スーパースターを引き継ぐかとカイ・エーベルが尋ねたのだ。するとミハエルは思い悩んで「ニック・ハイドフェルド、彼はいいマシンさえあればすごく有能だ。そしてセバスチャン・ベッテル。それから――誰か忘れてるかな？」

ミハエル、もちろん君の弟を忘れている。しかしその弟は、この瞬間にはモンツァのコースを後にしていた。スーパー世界チャンピオンの引退について、何もコメントしたくないのだ。ラルフは後になってこう言った。「引退のことは知らなかったよ。僕らはそれについて何も話していないんだ」。

当然、それはどういうことなのか、という疑問が起こる。2人は一体、何について話すのだろう。彼らは多くの共通する事柄に関心を持ち、長く同じ道を歩んできたはずだ。

常に2番手

ミハエルが1991年にF1の世界に入った時、ラルフはまだ16歳になったばかりだった。反抗的でぽっちゃりしたその男の子は、気難しく意固地で短気、そして思春期特有のにきびが吹き出ていて、気まぐれな性格だった。ラルフは、皆がそうであるように、子供から大人への成長の過程にあったのだ。

しかし、ラルフは突然インタビューを求められたり、オートハウスに数千マルクで招かれたり、あるいはドイツにあるカートコースでのレースに彼が参加するというと、多くの人々が躍起になって殺到したりもした。そして、ミハエルの都合が悪いときは、決まって弟が招かれた。ラルフは始まったばかりの自動車機械工の研修を辞め、趣味の乗馬もあきらめて決意した。「ドライバーになる」と。ミハエルのマネージャー、ウイリー・ウェーバーはその才能を察知し、2番目のシューマッハと契約を結ぶ。ほかのドライバーたちとの契約についてと同じように、ラルフ・シューマッハが稼ぎ出す全収入の、20パーセントを報酬として受け取ることを条件に（契約当初）。

ラルフの運命はナンバー2であるということに尽きる。1992年ドイツ・カート選手権で2位、1993年BMW・フォーミュラ・ジュニアで2位、1995年ドイツF3で2位。これを断ち切ったのが1996年だった。ラルフは兄・ミハエルとの永遠の比較から遠く離れた日本へ活動の場を移す。そしてフォーミュラ・ニッポンでタイトルを勝ち獲る。21歳の彼は、世界中の次世代ドライバーの中で、最年少のメジャーチャンピオンだった。当時ミハエルはこう言っていた。「ラルフは日本で人間的にも成長している。1年間、何もかも自分でやらなくてはいけなかったんだ。料理、洗濯、アイロンがけ。昔は全部ほったらかしだったからね」。メディア、スポンサー、同僚に対するラルフの態度も柔軟になった。彼を軽蔑的に「ニューリッチのロレックス・ラルフ」と呼ぶ者の数は減った。

2001年、世界がまだ平和だったころ。金の卵とマネージャー、ウイリー・ウェーバー

一方、ウイリー・ウェーバーは長いことF1に向かって舵を切ってきた。望んでいたマクラーレンとの契約は成立しなかったが、エディー・ジョーダンが1997年にラルフをチームに受け入れ、最初のチーム監督となる。そう、ミハエルとラルフはF1の異なるチームで走ることになったのだ。「ミハエルが僕と会うのは、コースで僕を追い越すときだけだろう」と、ラルフは控えめに言った。

しかし、それは違った。ラルフは噛みつくように闘い、ブエノスアイレスでの彼の3戦目のレースで、3位を獲得する。そしてシーズン終盤、兄ミハエルのタイトルの夢を消しそうにもなった。ニュルブルクリンクのスタートでは、ラルフはチームメートのジャンカルロ・フィジケラを、ミハエルの走行ライン上に追いやった。そして勝者ビルヌーブがミハエル

に対して世界チャンピオン争いで優位に立ったのだ。ラルフはこの一件でドイツのF1ファンに意識されるようになる。

しかしながら兄弟はレースで協力することもあった。うまくいけばポイント稼ぎを手伝うこともあり、2人は一緒に到着して、同じホテルに宿泊し、夜には一緒にレストランで食事することもあったのだ。だが、それはもう昔のことだ……。

殺人者の嗅覚は無い

1998年には、ラルフとミハエルの違いが明らかになってくる。スパでデイモン・ヒルが同僚ラルフ・シューマッハをリードしていた。ジョーダンの1-2フィニッシュが目前だった。ラルフはヒルより速かったが、エディー・ジョーダンに釘を刺されていた。「デイモンを勝たせろ。イギリスのチームスポンサーのためだ」。ラルフは命令に従い、欲求不満の2位に納まる。あるジャーナリストがこき下ろしていた。「ミハエル・シューマッハが同じ立場だったら、イギリスのスポンサーを満足させるために、初のF1勝利を誰かにあげてしまうだろうか。ミハエルならヒルを追い越しただろう。抑制できない勝利への意志、すべてを服従させるエゴイズム、絶対的なそして究極の殺意本能、これらは天才的F1スターと、おしなべて優秀なドライバーとを区別する。そしてミハエルとラルフも同様に区別される」。

ウイリー・ウェーバーは1999年、ラルフを伝統的チームのウイリアムズに預けることに成功する。ウイリアムズはこの1年後、BMWエンジンを手に入れることになっていた。ラルフは35ポイントという収穫を喜んだ。注目すべきは、チームメートのアレッサンドロ・ザナルディが1年を通して0ポイントだったことだ。

ミハエルはというと、ラルフの成長を好意的に受け止めていた。ラルフが彼にとっての脅威になるまでは。

2001年イモラでラルフが初優勝を飾ると、リタイアしたミハエルがラルフに

初めから、コーラとコリーナは話が弾まなかった

パルクフェルメで大げさに祝いの言葉をかけた。4戦後のカナダで、2人は表彰台で抱き合った。ラルフが兄をコースで破った最初のレースだった。

2001年ニュルブルクリンクで、ミハエルが弟を妨害するシーンがあった。「ラルフにリードされたら、厳しい状況になると知っていたから」と、この戦略についてミハエルは冷静に語った。並んでスタートしたラルフを、ミハエルがどんどんピットウォール方向に追いやり、とうとうラルフはあきらめるほかなかった。彼はラルフを刺激し、猛烈に不機嫌にさせた。原因を解明する会話には、ウイリー・ウェーバーだけでなく父ロルフまで呼ばれる始末だった。

コーラは素敵なものがお好き

2000年、ミハエルの恩師の息子であり、ドライバーでもあるヨルグ・ベルグマイスターとティム・ベルグマイスターのパーティーが、ラルフがコーラ・ブリンクマンと恋に落ちた時だ。ラルフは彼女を思いのままに攻略したことを誇りに思っている。ランゲンフェルト出身のこの魅力的な女性は、ラルフより2歳年下であり、ラルフは数年前から彼女を知っ

ラルフの160万ユーロのヨットは、コーラの趣味でサファリスタイルに

ていた。「あんな素敵な女性には、男だったら誰でも憧れる」。しかし、ミハエルの妻とコーラとは、折り合いがあまりよくない。2人の女性は髪の色が同じだけだ。コリーナが主婦として母として家事を取り仕切り、ミハエルのために心地よい家庭を守っている一方で、コーラにはキャリアプランがあった。ピットを行くパリス・ヒルトンのように、彼女はF1写真家にとって絶好のフォトモデルだった。「素敵なものが好きなの。ファッション業界出身だし、年齢にふさわしい格好をするわ」。大胆な服を着る訳をコーラはこう話す。

2004年、コーラは写真雑誌で、主婦であるコリーナは芝居を演じているにすぎないと非難した。「私は正直で世界に心を開いた人間。誰かに本を読み聞かせたり、聖なるマザー・テレサを気取るようなタイプではないの」。自分自身、少し前に豊胸手術を行ったことを白状した彼女が、うぬぼれてそう言った。妊娠中のコリーナに、「彼女の歳にしては、スタイルがいいわね」とまで。

マネージャーであるウェーバーもシューマッハ兄弟の2人の夫人の仲の悪さを否定しない。「ラルフとコーラはミハエルとコリーナのように、もう少し態度を改めてほしい」。後にウェーバーは、「ラルフとコーラはF1界のベッカムじゃないんだ」とはっきり批判した。こうした女性同士の争いの原因を、ウェーバーは「人生のとらえ方が、2つの家族では根本的に異なっている」と見ている。

これは2人の女性だけではなく、2人の兄弟にも当てはまる。「ミハエルは内向的だけど、僕は外向的だ。僕は、考えていることをいつも口に出す。これからもそうしたい」と、自分のやり方を気に入っているラルフ。

ミハエルがとてもクールでよく考えて発言している印象を受けるのに対し、ラルフの発言は気楽な感じがする。関係者のなかには、こうしたスマートなスポーツマンであるラルフをかわいいと思い、また、特に兄よりさっぱりしているかのような印象を抱く者もいるだろう。

もちろんラルフも目標を持ったトレーニングを行うが、ミハエルのように自らの限界までやることはない。サッカーよりはウォーター・スポーツとテニス、ロッククライミングよりは狩りを好む。「射撃はどうでもよくて、自然を観察するのが好きなんだ」とラルフ。

100パーセントの自然

そんなわけで、ラルフは自然の中にパラダイスを手に入れた。ザルツブルグから程近い、ハルヴァンク・マイルヴィースの広大な土地にヴィラを購入し、大改造した。20部屋、ウインターガーデン、3浴室、50平方メートルのプール、そして監視塔付きだ。

以前ラルフは5年間モナコに住んでいたが、あまり気に入らなかった。「非人間的だし、狭すぎるし、あまりに人工的」という。税金の優遇措置のためだけにそこに住んでいたが、彼はオーストリアでもその措置を受けられる（年間1700万ユーロの収入がある者は、うまく処理しなければならないのだ）。

金や財産について、ラルフは全く口にしない。兄・ミハエルと全く同じだ。ただ、飛行機を2機所有し、これを他人にチャーターさせて、いくらかの収入を得ている。そしてヨット。なぜヨットが重要なのかは、「ヨットに乗ると即、休暇気分を味わえるから」だそうだ。2006年初め、160万ユーロで20メートルの船をデュッセルドルフで購入した。3つの客室に大きなサロン、すべてコーラの希望でサファリスタイルに整えさせた。

ラルフの名前は価値が上がり、商品化もされている。彼はビスピンゲン、リューネブルガーハイデにカートコース・ホールをも建設させた。

コーラとラルフの結婚式にはみんなが驚いた。ミハエルもそうだ。ミハエルは2001年10月5日に携帯電話で知らさ

「こんな素敵な女性に、男だったら誰でも憧れる」とラルフ。コーラのキャリアプランを力の限り応援

兄弟

安らぎの場所。ザルツブルグ近くに建つ、ラルフ一家の大きな要塞

れた。「お祝いに来てくれないか。結婚したんだ」とラルフ。ミハエルはその太い神経のおかげで幸い携帯電話を落とさずにすんだ。「そういう奴だ、ラルフは」と、ミハエルはコメントした。

ごく内輪の結婚式を両親も知らなかった。「すごくいいパーティーだった。僕らはシャンパンを飲んだ。コーラは飲んじゃいけなかったけど」。新婦はもうすぐ赤ちゃんが生まれるところだった。2001年10月23日、息子デイビッドが誕生する。「子供が生まれてから人生が変わった」と、パパラルフは柔らかく微笑む。1年後の2002年9月7日、2人はマリア・プレインのヴァルファーツ教会で式を挙げた。兄も一緒だった。

兄弟対決

ラルフのF1キャリアは2003年に停滞する。BMW・ウイリアムズは、マクラーレン・メルセデスとフェラーリとともにタイトルを争う。しかしラルフは最後までタイトル候補者にはなれず、代わりに同僚のファン-パブロ・モントーヤが候補者となった。南アメリカ出身でマッチョタイプのモントーヤは、ラルフとは折り合いが悪かった。モントーヤはデビュー当初から見せ場を独占していた。ミハエル・シューマッハに攻撃を挑むモントーヤは新聞の見出しになり、一方のラルフは兄弟対決に敗れたことが記事にされる。特に2003年カナダでは、ラルフがミハエルとの対戦で本気で闘わなかったとして批判された。

しかし、2003年日本GPでは、ラルフは2度とそのような批判を受けなかった。兄ミハエルの予想もつかないアクション。ダ・マッタとミハエル、ラルフが混戦状態になった時、ミハエルのブレーキングに驚いたラルフは兄のマシンの後部に追突する。幸運にもミハエルはそのまま6番目のタイトルに向かって走り続けることができた。レースの後、このアクションについて聞かれると、ラルフは白目をむき出しにした。ところが彼は、大量にアルコールを消費する世界チャンピオンパーティーに姿を現した。ラルフが兄を説得してホテルへ送ろうとすると、目撃者の証言によれば、ミハエルはラルフを運転席から追いやりこう言った。「俺が運転する。俺は世界チャンピオンだ」。この瞬間、またラルフは気付かされる。兄弟のどちらが成功者であるかということに……。

2004年のインディアナポリスで、ラルフが悪名高き急カーブのウォールに衝突し、なすすべもなく破壊されたマシンの中に横たわっていた。ミハエルはトップを走っており、医者に見てもらっている弟の脇を何度も通り過ぎていった。止まることなどミハエルには考えられない。ミハエルは弟の状態をラジオで知った。ラルフを介護したのは誰か？　夫に同行していたコリーナだった。コーラは見舞いに来なかった。

トヨタとの巨大な契約

ミハエルが2004年に7度目のタイトルを獲得する一方、ラルフはそのシーズン、1度も勝利できなかった。彼はもはや『弟のほうのシューマッハ』でさえなかった。ただ単に、見込みのないドライバーに成り下がってしまった。これまでのF1生活8年間のラルフの成績は優勝6回。これに対し1997年から2004年までのミハエルは優勝62回、5度の世界チャンピオンタイトル！　それでもなんとか、マネージャーのウイリー・ウェーバーは利益の多い取引に成功する。トヨタとの3年契約だ！　宝くじに当たった

ようなものだ。「今までで最良の契約」と熱くなるウェーバー。2005、2006、2007年で5000万ユーロと推測されている。しかしスポーツの観点からするとこれは下降を意味した。なぜならトヨタはF1のトップチームではないからだ。

2005年、トヨタでのシーズンは、予想通り、ラルフにとってフラストレーションを感じるものだった。この年はフェラーリも不調だったため、ラルフは兄についてこんな嫌みを言った。「ミハエルがあとどれくらい走れるのか、僕には分からない。敗北続きでちっとも楽しくないだろうね」。すると、ミハエルは珍しく激しく言い返した。「本当のことを言うと、ラルフにはもっと別にやるべきことがあるはずだ」。

2005年モナコGPでの最後の1周は、兄弟愛を強める手助けにはならなかった。その逆に作用してしまう。兄・ミハエルは、弟・ラルフから6位を奪おうとゴールを目指していた。ラルフは最後の数メートルで受けたアタックにひどく驚いた。ラルフはひょっとしたら、ものすごい勢いで近づいてきたミハエルに気付かずに、彼をゴール横のウォールに押しやっていたかもしれない。「時々ミハエルは脳のスイッチが切れるようだね」とラルフはレースの後、文句を言った。「僕たちがもし衝突していたら、ひどい事故になっただろう」。ところが、ミハエルはこれに対して、「グランプリはティータイムとは違う」と冷静に応えた。

トヨタとの巨額な契約を結んだ1年後の2005年終わり、ラルフはウイリー・ウェーバーのもとを離れた。「とても驚いた」とウェーバーは言う。ラルフがこうした理由は、兄と論争になると、ウェーバーが決まって兄の肩を持つのが気に入らないから。ラルフはウェーバーにあまり支持されていないと感じていた。また、コーラがアマチュアドライバーとしてレースに出ようとした際、その手助けをウェーバーが断ったという経緯もあったとか。

これで2人の兄弟が、プロとして共に過ごした時期は終わった。ラルフの新しいマネージャーには、元RTL編集長のハンス・マールが就いた。

2006年のシーズン、ミハエルとラルフはほとんど口を利かなかった。連れ立って歩いたり、食事に行ったりするところも見られなくなった。ラルフは2006年はメルボルンで1度だけ表彰台に上った。3位だった。ミハエルはリタイア。「ミハエルに勝てるようなマシンを操縦したことは滅多にない。でも決して妬ましいとは思わない。たとえ悪口を言われても。もちろん、ドイツのスポーツ界にとってドイツ人のドライバーがトップの地位を引き継ぐのはいいことだ。僕がその立場になりたいと思う」。ラルフの言うとおり、すでに彼は1つ引き継いだ。F1ドライバーズ協会GPDAのディレクターポストを、ミハエルから受け継いだのだ。フェルナンド・アロンソとマーク・ウェーバーと共に、FIAに対するドライバーの利害を代表する役を担うことになった。

ミハエルがブラジルで引退を祝っている時、ラルフはすでにザルツブルグに向かう飛行機の中にいた。「小さな息子のデイビッドが月曜日で5歳になるんだ」と言い訳した。「僕がいなかったらデイビッドはものすごく怒るよ。それは避けたいね」。

2007年シーズンからは、もう1人のシューマッハしかいない。ラルフのF1ドライバーズキャリアの中で、ミハエルと競い合う必要がないのは初めてのことだ。「僕は2人目のシューマッハじゃない！」と、ラルフはF1を始めたころ、反抗的に言っていた。しかし兄との比較は決して終わらないだろう。　■

不釣り合いな闘い：2005年イモラでも、ラルフが卓越した兄の前に出たのは、ほんのわずかな時間だけだった

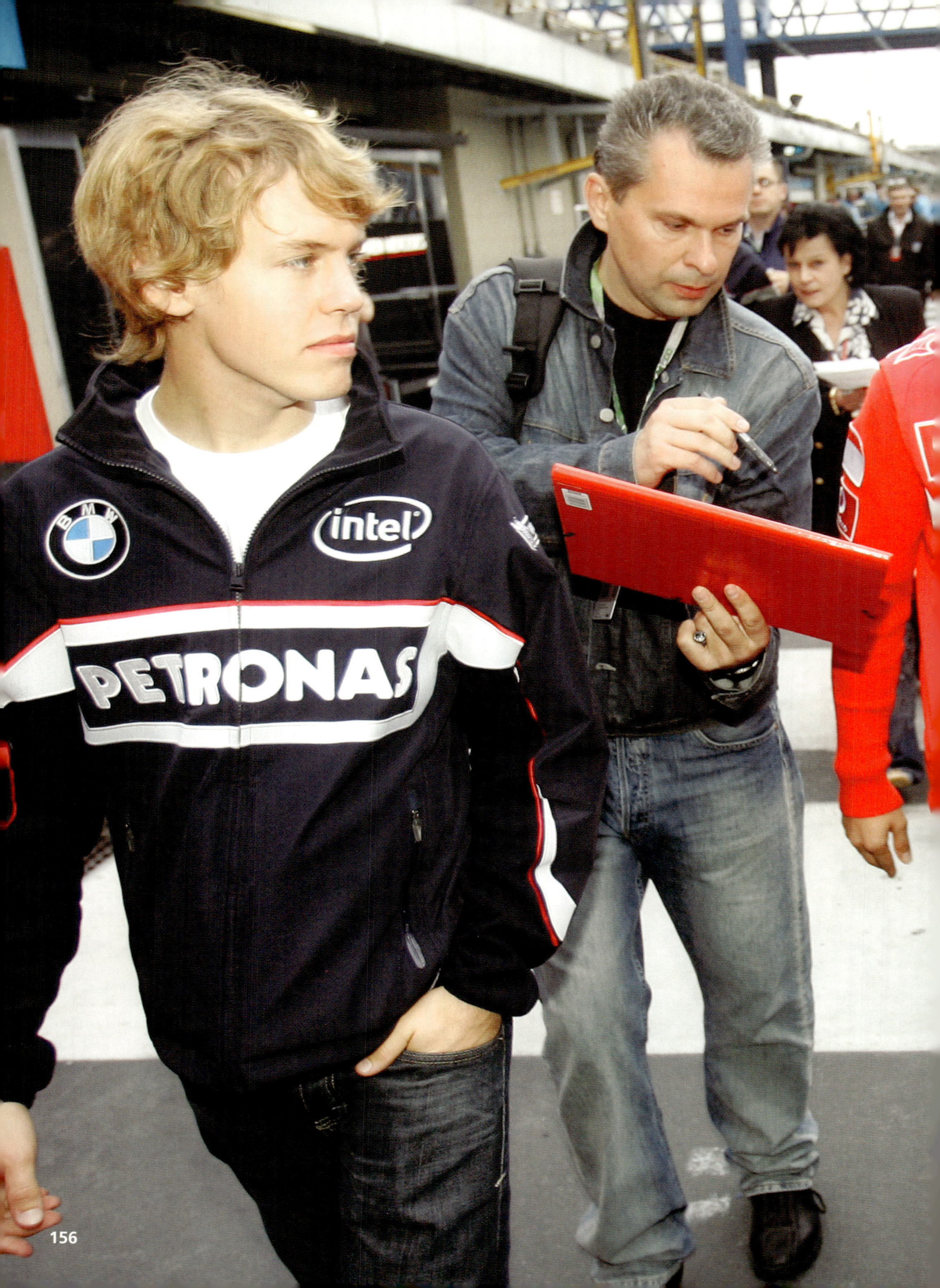
BMW
intel
PETRONAS

サンパウロのパドックでF1ドライバーとして最後のサインを求められて。次に来るのは誰か。彼のあまりに大きい足跡をたどるのは、
2人のドイツ人ドライバーだとミハエルは予想する。BMWドライバーのニック・ハイドフェルド(右)とセバスチャン・ベッテル(左)だ

ライバルたち

DIE RIVALEN
ライバルたち

ミハエル・シューマッハは、16年間にわたりF1で走り通した。
およそ100人いる同時期のドライバーを比較し、主なライバルを6人選んだ。
そのうちの4人は1996年から2006年までの世界選手権でシューマッハを打ち破った経験を持つ。

アイルトン・セナ

「いつかアイルトン・セナを破りたい」。1990年、シューマッハはハインツ-ハラルド・フレンツェンに話した。その2年後、セナとシューマッハは喧嘩になる。ホッケンハイムでのテスト走行の際、セナはドイツ人の若者を殴ってやろうかと思った。なぜならセナによれば、ピットインをブロックしたからだ。マニクール戦での2回目のスタートの直前、ほかのドライバーたちも見ている中でセナはミハエルに詰め寄り、先生が生徒を諭すようにたしなめた。

ミハエルは、セナと同等のマシンで競えないことに苦しんだ。ミハエルがF1に進出した時、セナはすでに3度目のタイトルに王手をかけていた。初めて共に迎えたフルシーズンである1992年、ミハエルが辛うじてセナを破り、翌年はセナがミハエルを制した。しかし、その2年間、セナとミハエルの戦いは、第2集団でのものだった。いずれにせよ、当時圧勝していたウイリアムズのドライバー、ナイジェル・マンセルとアラン・プロストを打ち破ることは不可能だったのだ。1994年、真の決闘の道は開けた。しかし、それはセナの死で決着がつかぬままとなる。

1995年、シューマッハは1人でサンパウロにあるセナの墓を訪れ、長い間、想いに沈んでいた。セナの名前が記された簡素な金属のプレートは、いつも供花で覆われている。

デイモン・ヒル

最大のライバル同士であったシューマッハとデイモン・ヒルは、ドライバーの安全に関する問題となれば、ドライバー協会において非常にうまくやっていた。しかし2人が友人になることはあり得なかった。このイギリス人は、1994年にアデレードで行われた伝説のファイナル・レースでシューマッハと衝突。これによりヒルはタイトルを失う。1995年、ウイリアムズが優勢だったにも関わらず、ヒルがシューマッハを破るチャンスは全く無かった。しかし、世界チャンピオンであったグラハム・ヒルの息子でもあるデイモン・ヒルは、シューマッハがフェラーリに移籍した1996年、ついにタイトルを獲得。「史上最高のドライバーに敗れるのは、そう悪いことじゃない」とヒルはかつてのライバルについて語る。「当時は誰もそのことに気付かなかった。いってみれば僕がしたことは、王様がつくった法律にそむいて獅子のいる洞窟に投げ込まれたものの、強い信仰心のために助かることができたダニエルに関する聖書の下りを地でいくようなものだったのかもしれない。今では彼が行ったあらゆる攻撃について、それほど気にしていない」。

ジャック・ビルヌーブ

モントリオールのF1サーキットコースは、フェラーリのドライバーで、事故死したジル・ビルヌーブにちなんで名前が付けられている。息子のジャック・ビルヌーブは1996年にF1に華々しく登場し、同僚のデイモン・ヒルに危機感を与えた。そして1997年、最終レースまでタイトルを巡ってシューマッハと争う。髪を染めて大きくダブついたレーシングスーツを着たこのカナダ人は、フェラーリ移籍後2年目のシューマッハをパスしなければならなかった。ヘレスで開催された最終戦ヨーロッパGPの47周目、ビルヌーブがミハエルを追い越そうとした時、ミハエルが本能的に衝突してビルヌーブを止めようとした。その結果、シューマッハだけがリタイアとなり、ビルヌーブは王者に。今でもジャックは、シューマッハのことをほかの誰よりも好んで話してくれる。タイトル獲得後、彼は9年の間にウイリアムズ、BAR、ルノー、ザウバーそしてBMWと移籍するが、1度も優勝できなかった。

ミカ・ハッキネン

ミハエル・シューマッハとミカ・ハッキネンは、互いに尊敬し合う仲だ。2人の間に衝突や、悪口など1度もなかった。むしろ全く逆だ。「僕はミカと同じマシンで闘ったことはない。だから僕らのうちどちらが優れたドライバーか、という議論には意味がない」。こうシューマッハは、ライバルについて話した。「同じマシンでも、僕がハッキネンほど速く走れないコースがあることは確かだ」。

1968年生まれのフィンランド人とミハエルが知り合ったのは、1990年、ホッケンハイムでのF3だった。その時はハッキネンが勝利する。マカオでの死闘を経て、翌年、2人はF1デビューを果たす。1998年になってようやく、マクラーレン・メルセデスに在籍していたハッキネンが、シューマッハにとって最強のライバルとなる。ハッキネンはシューマッハに14ポイント差をつけて1998年のタイトルを獲得。次のシーズン──シルバーストンでシューマッハが脚を骨折した年──、ハッキネンのタイトル連覇の可能性が高かった。ところが、自分を奮い立たせてくれる唯一のライバルが治療休暇に入ると、モチベーションの欠如に悩まされる。が、しかし、気を取り直してエディー・アーバインとの闘いにも勝利した。

総じて、ミカ・ハッキネンは出走162、ポイント420、優勝20、そして2度のタイトルを獲得。失望的なシーズンとなった2001年を最後にF1から身を引く。しかしレースへの熱はそう簡単に冷めることはない。近年はメルセデスチームに所属し、ドイツ・ツーリングカー選手権（DTM）で走っている。

ライバルたち

キミ・ライコネン

　キミ・マティアス・ライコネンのF1デビューは、2001年ザウバーからだった。「ヘルメットの下から荒い息遣いが聞こえてこない。ほかのドライバーはそうはいかない」と、ザウバーはライコネンに驚いたという。ヘルメットの中が静かなことと、恐ろしく速いことをキミはすぐに証明してみせた。彼の才能はパドックに知れ渡った。ロン・デニスは、ダブル世界チャンピオンのハッキネンの推薦で、2002年にキミをチームに引き入れた。

　『シルバーアロー』に乗った彼の初レースで、早々とキミは表彰台に上る。そして2003年、『アイスマン』──チーム監督ロン・デニスが名付けた──は、ハッキネンと同じように、シューマッハに一目置かれる存在となる。この年ライコネンはシューマッハにわずか2ポイント差で準世界チャンピオンに。

　ライコネンは頼りないマシンのために苦戦した。2004年、ライコネンのエンジンは頻繁に火を噴いた。『シルバーの炎』とあだ名が付いたほどだ。2007年からはシューマッハの後継者として、フェラーリのシートの座を引き継ぐ。ハッキネンに続く、フライングフィン3人目の世界チャンピオンとなるために。

フェルナンド・アロンソ

　この若きスペイン人、フェルナンド・アロンソ・ディアスは25歳。つまりミハエル・シューマッハより12歳下だ。しかしレースとなると、ベテランドライバーたちと同じように、コースを自在に駆け巡る。彼の冷静さと速さは常にシューマッハと比較される。実際、最年少の彼と、史上最多の世界チャンピオンとの間には、幾つかの共通点がある。それは両者共に初タイトルをフラビオ・ブリアトーレ・チーム監督のもとで獲得していることだ。

　21世紀唯一の世界チャンピオンだったミハエル・シューマッハが、2005年のシーズン、悪夢にうなされている時、アロンソに最大のチャンスが訪れた。フラビオ・ブリアトーレは、F1の世界では至って平凡な予算をもつルノーを、絶対的なトップチームに、そしてアロンソをそのトップドライバーに押し上げた。シーズン後半、アロンソはキミ・ライコネンを制してタイトルを獲得。ミハエルはシリーズ3位に終わっていた。

　シューマッハ最後のF1シーズン、2人の卓越したタイトル経験者は、最高にドラマチックな対決を見せてくれた。最後から2戦目の鈴鹿、フェラーリのエンジン故障で実質的に決着はついた。アロンソはF1史上最年少のダブルチャンピオンに輝き、こう言った。「3回タイトルを獲得したら辞める」。2007年、アロンソはマクラーレン・メルセデスに移籍する。

全世界チャンピオン

年/ドライバー	ポイント
1950	
1 ジュゼッペ・ファリーナ（イタリア）アルファロメオ	30
2 ファン・マヌエル・ファンジオ（アルゼンチン）アルファロメオ	27
3 ルイジ・ファジオリ（イタリア）アルファロメオ	24
1951	
1 ファン・マヌエル・ファンジオ（アルゼンチン）アルファロメオ	31
2 アルベルト・アスカリ（イタリア）フェラーリ	25
3 ホセ・フロイライン・ゴンザレス（アルゼンチン）フェラーリ	24
1952	
1 アルベルト・アスカリ（イタリア）フェラーリ	36
2 ジュゼッペ・ファリーナ（イタリア）フェラーリ	25
3 ピエロ・タルッフィ（イタリア）フェラーリ	22
1953	
1 アルベルト・アスカリ（イタリア）フェラーリ	34.5
2 ファン・マヌエル・ファンジオ（アルゼンチン）マセラティ	28
3 ジュゼッペ・ファリーナ（イタリア）フェラーリ	26
1954	
1 ファン・マヌエル・ファンジオ（アルゼンチン）マセラティ／メルセデス	42
2 ホセ・フロイライン・ゴンザレス（アルゼンチン）フェラーリ	25
3 マイク・ホーソーン（イギリス）フェラーリ	24.5
1955	
1 ファン・マヌエル・ファンジオ（アルゼンチン）メルセデス	40
2 スターリング・モス（イギリス）メルセデス	23
3 エウジェニオ・キャステロッティ（イタリア）ランチア／フェラーリ	12
1956	
1 ファン・マヌエル・ファンジオ（アルゼンチン）フェラーリ	30
2 スターリング・モス（イギリス）マセラティ	27
3 ピーター・コリンズ（イギリス）フェラーリ	25
1957	
1 ファン・マヌエル・ファンジオ（アルゼンチン）マセラティ	40
2 スターリング・モス（イギリス）マセラティ／ヴァンウォール	25
3 ルイジ・ムッソ（イタリア）フェラーリ	16
1958	
1 マイク・ホーソーン（イギリス）フェラーリ	42
2 スターリング・モス（イギリス）クーパー／ヴァンウォール	41
3 トニー・ブルックス（イギリス）ヴァンウォール	24
1959	
1 ジャック・ブラバム（オーストラリア）クーパー・クライマックス	31
2 トニー・ブルックス（イギリス）フェラーリ／ヴァンウォール	27
3 スターリング・モス（イギリス）クーパー・クライマックス／BRM	25.5
1960	
1 ジャック・ブラバム（オーストラリア）クーパー・クライマックス	43
2 ブルース・マクラーレン（ニュージーランド）クーパー・クライマックス	34
3 スターリング・モス（イギリス）ロータス・クライマックス	19
1961	
1 フィル・ヒル（アメリカ）フェラーリ	34
2 ウォルフガング・ベルヘ・フォン・トリップス（ドイツ）フェラーリ	33
3 スターリング・モス（イギリス）ロータス・クライマックス	21
1962	
1 グラハム・ヒル（イギリス）BRM	42
2 ジム・クラーク（イギリス）ロータス・クライマックス	30
3 ブルース・マクラーレン（ニュージーランド）クーパー・クライマックス	27
1963	
1 ジム・クラーク（イギリス）ロータス・クライマックス	54
2 グラハム・ヒル（イギリス）BRM	29
3 リッチー・ギンサー（アメリカ）BRM	29
1964	
1 ジョン・サーティース（イギリス）フェラーリ	40
2 グラハム・ヒル（イギリス）BRM	39
3 ジム・クラーク（イギリス）ロータス・クライマックス	32
1965	
1 ジム・クラーク（イギリス）ロータス・クライマックス	54
2 グラハム・ヒル（イギリス）BRM	40
3 ジャッキー・スチュワート（イギリス）BRM	33
1966	
1 ジャック・ブラバム（オーストラリア）ブラバム・レプコ	42
2 ジョン・サーティース（イギリス）フェラーリ／クーパー	28
3 ヨッヘン・リント（オーストリア）クーパー・マセラティ	22
1967	
1 デニス・ハルム（ニュージーランド）ブラバム・レプコ	51
2 ジャック・ブラバム（オーストラリア）ブラバム・レプコ	46
3 ジム・クラーク（イギリス）ロータス・フォード	41
1968	
1 グラハム・ヒル（イギリス）ロータス・フォード	48
2 ジャッキー・スチュワート（イギリス）マトラ・フォード	36
3 デニス・ハルム（ニュージーランド）マクラーレン・フォード	33
1969	
1 ジャッキー・スチュワート（イギリス）マトラ・フォード	63
2 ジャッキー・イクス（ベルギー）ブラバム・フォード	37
3 ブルース・マクラーレン（ニュージーランド）マクラーレン・フォード	26
1970	
1 ヨッヘン・リント（オーストリア）ロータス・フォード	45
2 ジャッキー・イクス（ベルギー）フェラーリ	40
3 クレイ・レガッツォーニ（スイス）フェラーリ	33
1971	
1 ジャッキー・スチュワート（イギリス）ティレル・フォード	62
2 ロニー・ピーターソン（スウェーデン）マーチ・フォード	33
3 フランソワ・セベール（フランス）ティレル・フォード	26
1972	
1 エマーソン・フィッティパルディ（ブラジル）ロータス・フォード	61
2 ジャッキー・スチュワート（イギリス）ティレル・フォード	45
3 デニス・ハルム（ニュージーランド）マクラーレン・フォード	39
1973	
1 ジャッキー・スチュワート（イギリス）ティレル・フォード	71
2 エマーソン・フィッティパルディ（ブラジル）ロータス・フォード	55
3 ロニー・ピーターソン（スウェーデン）ロータス・フォード	52
1974	
1 エマーソン・フィッティパルディ（ブラジル）マクラーレン・フォード	55
2 クレイ・レガッツォーニ（スイス）フェラーリ	52
3 ジョディ・シェクター（南アフリカ）ティレル・フォード	45
1975	
1 ニキ・ラウダ（オーストリア）フェラーリ	64.5
2 エマーソン・フィッティパルディ（ブラジル）マクラーレン・フォード	45
3 カルロス・ロイテマン（アルゼンチン）ブラバム・フォード	37
1976	
1 ジェームス・ハント（イギリス）マクラーレン・フォード	69
2 ニキ・ラウダ（オーストリア）フェラーリ	68
3 ジョディ・シェクター（南アフリカ）ティレル・フォード	49
1977	
1 ニキ・ラウダ（オーストリア）フェラーリ	72
2 ジョディ・シェクター（南アフリカ）ウルフ・フォード	55
3 マリオ・アンドレッティ（アメリカ）ロータス・フォード	47
1978	
1 マリオ・アンドレッティ（アメリカ）ロータス・フォード	64
2 ロニー・ピーターソン（スウェーデン）ロータス・フォード	51
3 カルロス・ロイテマン（アルゼンチン）フェラーリ	48
1979	
1 ジョディ・シェクター（南アフリカ）フェラーリ	51
2 ジル・ビルヌーブ（カナダ）フェラーリ	47
3 アラン・ジョーンズ（オーストラリア）ウイリアムズ・フォード	40
1980	
1 アラン・ジョーンズ（オーストラリア）ウイリアムズ・フォード	67
2 ネルソン・ピケ（ブラジル）ブラバム・フォード	54
3 カルロス・ロイテマン（アルゼンチン）ウイリアムズ・フォード	42
1981	
1 ネルソン・ピケ（ブラジル）ブラバム・フォード	50
2 カルロス・ロイテマン（アルゼンチン）ウイリアムズ・フォード	49
3 アラン・ジョーンズ（オーストラリア）ウイリアムズ・フォード	46
1982	
1 ケケ・ロズベルグ（フィンランド）ウイリアムズ・フォード	44
2 ディディエ・ピローニ（フランス）フェラーリ ターボ	39
3 ジョン・ワトソン（イギリス）マクラーレン・フォード	39
1983	
1 ネルソン・ピケ（ブラジル）ブラバム・BMW ターボ	59
2 アラン・プロスト（フランス）ルノー ターボ	57
3 ルネ・アルヌー（フランス）フェラーリ ターボ	49
1984	
1 ニキ・ラウダ（オーストリア）マクラーレン TAG・ポルシェ ターボ	72
2 アラン・プロスト（フランス）マクラーレン TAG・ポルシェ ターボ	71.5
3 エリオ・デ・アンジェリス（イタリア）ロータス・ルノー ターボ	34
1985	
1 アラン・プロスト（フランス）マクラーレン TAG・ポルシェ ターボ	73
2 ミケーレ・アルボレート（イタリア）フェラーリ ターボ	53
3 ケケ・ロズベルグ（フィンランド）ウイリアムズ・ホンダ ターボ	40
1986	
1 アラン・プロスト（フランス）マクラーレン TAG・ポルシェ ターボ	72
2 ナイジェル・マンセル（イギリス）ウイリアムズ・ホンダ ターボ	70
3 ネルソン・ピケ（ブラジル）ウイリアムズ・ホンダ ターボ	69
1987	
1 ネルソン・ピケ（ブラジル）ウイリアムズ・ホンダ ターボ	73
2 ナイジェル・マンセル（イギリス）ウイリアムズ・ホンダ ターボ	61
3 アイルトン・セナ（ブラジル）ロータス・ホンダ ターボ	57
1988	
1 アイルトン・セナ（ブラジル）マクラーレン・ホンダ ターボ	90
2 アラン・プロスト（フランス）マクラーレン・ホンダ ターボ	87
3 ゲルハルト・ベルガー（オーストリア）フェラーリ ターボ	41
1989	
1 アラン・プロスト（フランス）マクラーレン・ホンダ	76
2 アイルトン・セナ（ブラジル）マクラーレン・ホンダ	60
3 リカルド・パトレーゼ（イタリア）ウイリアムズ・ルノー	40
1990	
1 アイルトン・セナ（ブラジル）マクラーレン・ホンダ	78
2 アラン・プロスト（フランス）フェラーリ	71
3 ネルソン・ピケ（ブラジル）ベネトン・フォード	43
1991	
1 アイルトン・セナ（ブラジル）マクラーレン・ホンダ	96
2 ナイジェル・マンセル（イギリス）ウイリアムズ・ルノー	72
3 リカルド・パトレーゼ（イタリア）ウイリアムズ・ルノー	53
1992	
1 ナイジェル・マンセル（イギリス）ウイリアムズ・ルノー	108
2 リカルド・パトレーゼ（イタリア）ウイリアムズ・ルノー	56
3 ミハエル・シューマッハ（ドイツ）ベネトン・フォード	53
1993	
1 アラン・プロスト（フランス）ウイリアムズ・ルノー	99
2 アイルトン・セナ（ブラジル）マクラーレン・フォード	73
3 デイモン・ヒル（イギリス）ウイリアムズ・ルノー	69
1994	
1 ミハエル・シューマッハ（ドイツ）ベネトン・フォード	92
2 デイモン・ヒル（イギリス）ウイリアムズ・ルノー	91
3 ゲルハルト・ベルガー（オーストリア）フェラーリ	41
1995	
1 ミハエル・シューマッハ（ドイツ）ベネトン・ルノー	102
2 デイモン・ヒル（イギリス）ウイリアムズ・ルノー	69
3 デイビッド・クルサード（イギリス）ウイリアムズ・ルノー	49
1996	
1 デイモン・ヒル（イギリス）ウイリアムズ・ルノー	97
2 ジャック・ビルヌーブ（カナダ）ウイリアムズ・ルノー	78
3 ミハエル・シューマッハ（ドイツ）フェラーリ	59
1997	
ジャック・ビルヌーブ（カナダ）ウイリアムズ・ルノー	81
2 ハインツ-ハラルド・フレンツェン（ドイツ）ウイリアムズ・ルノー	42
3 デイビッド・クルサード（イギリス）マクラーレン・メルセデス	36
1998	
1 ミカ・ハッキネン（フィンランド）マクラーレン・メルセデス	100
2 ミハエル・シューマッハ（ドイツ）フェラーリ	86
3 デイビッド・クルサード（イギリス）マクラーレン・メルセデス	56
1999	
1 ミカ・ハッキネン（フィンランド）マクラーレン・メルセデス	76
2 エディー・アーバイン（イギリス）フェラーリ	74
3 ハインツ-ハラルド・フレンツェン（ドイツ）ジョーダン・無限ホンダ	54
2000	
1 ミハエル・シューマッハ（ドイツ）フェラーリ	108
2 ミカ・ハッキネン（フィンランド）マクラーレン・メルセデス	89
3 デイビッド・クルサード（イギリス）マクラーレン・メルセデス	73
2001	
1 ミハエル・シューマッハ（ドイツ）フェラーリ	123
2 デイビッド・クルサード（イギリス）マクラーレン・メルセデス	65
3 ルーベンス・バリチェロ（ブラジル）フェラーリ	56
2002	
1 ミハエル・シューマッハ（ドイツ）フェラーリ	144
2 ルーベンス・バリチェロ（ブラジル）フェラーリ	77
3 ファン・パブロ・モントーヤ（コロンビア）ウイリアムズ・BMW	50
2003	
1 ミハエル・シューマッハ（ドイツ）フェラーリ	93
2 キミ・ライコネン（フィンランド）マクラーレン・メルセデス	91
3 ファン・パブロ・モントーヤ（コロンビア）ウイリアムズ・BMW	82
2004	
1 ミハエル・シューマッハ（ドイツ）フェラーリ	148
2 ルーベンス・バリチェロ（ブラジル）フェラーリ	114
3 ジェンソン・バトン（イギリス）BAR・ホンダ	85
2005	
1 フェルナンド・アロンソ（スペイン）ルノー	133
2 キミ・ライコネン（フィンランド）マクラーレン・メルセデス	112
3 ミハエル・シューマッハ（ドイツ）フェラーリ	62
2006	
1 フェルナンド・アロンソ（スペイン）ルノー	134
2 ミハエル・シューマッハ（ドイツ）フェラーリ	121
3 フェリペ・マッサ（ブラジル）フェラーリ	80

＊ミハエル・シューマッハは、1997年、ジャック・ビルヌーブとの事故でシリーズ2位を剥奪された。

※ポイントは有効得点

最終成績

SCHUMIS SIEGE
シューマッハの勝利

ミハエル初の優勝、1992年ベルギーGP

ミハエル91回目の、そして最後の優勝となった2006年中国GP

ミハエル・シューマッハは250回のF1を戦った。ジョーダン（1）、ベネトン（68）、そしてフェラーリ（181）。ここにあるのは全250レースの結果だ。彼が出した記録は22/23ページ。

最終結果 1991年

8月25日 ベルギー（スパ・フランコルシャン）
ポール：セナ　　マクラーレン
1 セナ　　　　マクラーレン
2 ベルガー　　マクラーレン
3 ピケ　　　　ベネトン
M.シューマッハ 0R.（クラッチ）

9月8日 イタリア（モンツァ）
ポール：セナ　　マクラーレン
1 マンセル　　ウイリアムズ
2 セナ　　　　マクラーレン
3 プロスト　　フェラーリ
5 M.シューマッハ ベネトン

9月22日 ポルトガル（エストリル）
ポール：パトレーゼ　ウイリアムズ
1 パトレーゼ　ウイリアムズ
2 セナ　　　　マクラーレン
3 アレジ　　　フェラーリ
6 M.シューマッハ ベネトン

9月29日 スペイン（バルセロナ）
ポール：ベルガー　マクラーレン
1 マンセル　　ウイリアムズ
2 プロスト　　フェラーリ
3 パトレーゼ　ウイリアムズ
6 M.シューマッハ ベネトン

10月20日 日本（鈴鹿）
ポール：ベルガー　マクラーレン
1 ベルガー　　マクラーレン
2 セナ　　　　マクラーレン
3 パトレーゼ　ウイリアムズ
M.シューマッハ 34R.（エンジン）

11月3日 オーストラリア（アデレード）
ポール：セナ　　マクラーレン
1 セナ　　　　マクラーレン
2 マンセル　　ウイリアムズ
3 ベルガー　　マクラーレン
M.シューマッハ 5R.（事故）

ドライバーズ・ワールド・チャンピオンシップ

1	アイルトン・セナ	ブラジル	マクラーレン・ホンダ	96
2	ナイジェル・マンセル	イギリス	ウイリアムズ・ルノー	72
3	リカルド・パトレーゼ	イタリア	ウイリアムズ・ルノー	53
4	ゲルハルト・ベルガー	オーストリア	マクラーレン・ホンダ	43
5	アラン・プロスト	フランス	フェラーリ	34
6	ネルソン・ピケ	ブラジル	ベネトン・フォード	26.5
7	ジャン・アレジ	フランス	フェラーリ	21
8	ステファノ・モデナ	イタリア	ティレル・ホンダ	10
9	アンドレア・デ・チェザリス	イタリア	ジョーダン・フォード	9
10	ロベルト・モレノ	ブラジル	ベネトン・フォード	8
11	ピエルルイジ・マルティニ	イタリア	ミナルディ・フェラーリ	6
12	J.J.レート	フィンランド	ダラーラ・ジャッド	4
	ベルトラン・ガショー	ベルギー	ジョーダン・フォード	4
	ミハエル・シューマッハ	ドイツ	ベネトン・フォード	4
15	ミカ・ハッキネン	フィンランド	ロータス・ジャッド	2
	マーティン・ブランドル	イギリス	ブラバム・ヤマハ	2
	中嶋悟	日本	ティレル・ホンダ	2
18	ジュリアン・ベイリー	イギリス	ロータス・ジャッド	1
	エリック・ベルナール	フランス	ローラ・フォード	1
	イワン・カペリ	イタリア	レイトンハウス・イルモア	1
	鈴木亜久里	日本	ローラ・フォード	1
	エマヌエーレ・ピロ	イタリア	ダラーラ・ジャッド	1
	マーク・ブランデル	イギリス	ブラバム・ヤマハ	1
24	ジャンニ・モルビデリ	イタリア	フェラーリ	0.5

コンストラクターズ・ワールド・チャンピオンシップ

1 マクラーレン・ホンダ（139）、2 ウイリアムズ・ルノー（125）、3 フェラーリ（55.5）、4 ベネトン・フォード（38.5）、5 ジョーダン・フォード（13）、6 ティレル・ホンダ（12）、7 ミナルディ・フェラーリ（6）、8 ダラーラ・ジャッド（5）、9 ロータス・ジャッド（3）、ブラバム・ヤマハ（3）、11 ローラ・フォード（2）、12 レイトンハウス・イルモア（1）
ポイントなし：フォンドメタル・フォード、ダラーラ・フェラーリ、ランボルギーニ、フットワーク・ポルシェ/フォード、AGS・フォード、リジェ・ランボルギーニ、コローニ・フォード

※R.=リタイア、その前の数字は周回数
複数チーム所属のドライバーは、得点を記録したチームを記載

最終成績

最終結果 1992年

3月1日 南アフリカ(キャラミ)
ポール:マンセル　ウイリアムズ
1 マンセル　ウイリアムズ
2 パトレーゼ　ウイリアムズ
3 セナ　マクラーレン
4 M.シューマッハ　ベネトン

3月22日 メキシコ(メキシコシティ)
ポール:マンセル　ウイリアムズ
1 マンセル　ウイリアムズ
2 パトレーゼ　ウイリアムズ
3 M.シューマッハ　ベネトン

4月5日 ブラジル(サンパウロ)
ポール:マンセル　ウイリアムズ
1 マンセル　ウイリアムズ
2 パトレーゼ　ウイリアムズ
3 M.シューマッハ　ベネトン

5月3日 スペイン(バルセロナ)
ポール:マンセル　ウイリアムズ
1 マンセル　ウイリアムズ
2 M.シューマッハ　ベネトン
3 アレジ　フェラーリ

5月17日 サンマリノ(イモラ)
ポール:マンセル　ウイリアムズ
1 マンセル　ウイリアムズ
2 パトレーゼ　ウイリアムズ
3 セナ　マクラーレン
M.シューマッハ　20R.(事故)

5月31日 モナコ(モンテカルロ)
ポール:マンセル　ウイリアムズ
1 セナ　マクラーレン
2 マンセル　ウイリアムズ
3 パトレーゼ　ウイリアムズ
4 M.シューマッハ　ベネトン

6月14日 カナダ(モントリオール)
ポール:セナ　マクラーレン
1 ベルガー　マクラーレン
2 M.シューマッハ　ベネトン
3 アレジ　フェラーリ

7月5日 フランス(マニクール)
ポール:マンセル　ウイリアムズ
1 マンセル　ウイリアムズ
2 パトレーゼ　ウイリアムズ
3 ブランドル　ベネトン
M.シューマッハ　17R.(事故)

7月12日 イギリス(シルバーストン)
ポール:マンセル　ウイリアムズ
1 マンセル　ウイリアムズ
2 パトレーゼ　ウイリアムズ
3 ブランドル　ベネトン
4 M.シューマッハ　ベネトン

7月26日 ドイツ(ホッケンハイム)
ポール:マンセル　ウイリアムズ
1 マンセル　ウイリアムズ
2 セナ　マクラーレン
3 M.シューマッハ　ベネトン

8月16日 ハンガリー(ブダペスト)
ポール:パトレーゼ　ウイリアムズ
1 セナ　マクラーレン
2 マンセル　ウイリアムズ
3 ベルガー　マクラーレン
M.シューマッハ　63R.(ウイング破損)

8月30日 ベルギー(スパ・フランコルシャン)
ポール:マンセル　ウイリアムズ
1 M.シューマッハ　ベネトン
2 マンセル　ウイリアムズ
3 パトレーゼ　ウイリアムズ

9月13日 イタリア(モンツァ)
ポール:マンセル　ウイリアムズ
1 セナ　マクラーレン
2 ブランドル　ベネトン
3 M.シューマッハ　ベネトン

9月27日 ポルトガル(エストリル)
ポール:マンセル　ウイリアムズ
1 マンセル　ウイリアムズ
2 ベルガー　マクラーレン
3 セナ　マクラーレン
7 M.シューマッハ　ベネトン

10月25日 日本(鈴鹿)
ポール:マンセル　ウイリアムズ
1 パトレーゼ　ウイリアムズ
2 ベルガー　マクラーレン
3 ブランドル　ベネトン
M.シューマッハ　13R.(ギヤ)

11月8日 オーストラリア(アデレード)
ポール:マンセル　ウイリアムズ
1 ベルガー　マクラーレン
2 M.シューマッハ　ベネトン
3 ブランドル　ベネトン

ドライバーズ・ワールド・チャンピオンシップ

1 ナイジェル・マンセル　イギリス　ウイリアムズ・ルノー　108
2 リカルド・パトレーゼ　イタリア　ウイリアムズ・ルノー　56
3 ミハエル・シューマッハ　ドイツ　ベネトン・フォード　53
4 アイルトン・セナ　ブラジル　マクラーレン・ホンダ　50
5 ゲルハルト・ベルガー　オーストリア　マクラーレン・ホンダ　49
6 マーティン・ブランドル　イギリス　ベネトン・フォード　38
7 ジャン・アレジ　フランス　フェラーリ　18
8 ミカ・ハッキネン　フィンランド　ロータス・フォード　11
9 アンドレア・デ・チェザリス　イタリア　ティレル・イルモア　8
10 ミケーレ・アルボレート　イタリア　フットワーク・無限　6
11 エリック・コマス　フランス　リジェ・ルノー　4
12 カール・ベンドリンガー　オーストリア　マーチ・イルモア　3
イワン・カペリ　イタリア　フェラーリ　3
14 ティエリー・ブーツェン　ベルギー　リジェ・ルノー　2
ピエルルイジ・マルティニ　イタリア　ダラーラ・フェラーリ　2
ジョニー・ハーバート　イギリス　ロータス・フォード　2
17 ステファノ・モデナ　イタリア　ジョーダン・ヤマハ　1
ベルトラン・ガショー　ベルギー　ヴェンチュリ・ランボルギーニ　1
クリスチャン・フィッティパルディ　ブラジル　ミナルディ・ランボルギーニ　1

コンストラクターズ・ワールド・チャンピオンシップ

1 ウイリアムズ・ルノー(164), 2 マクラーレン・ホンダ(99), 3 ベネトン・フォード(91), 4 フェラーリ(21), 5 ロータス・フォード(13), 6 ティレル・イルモア(8), 7 リジェ・ルノー(6), フットワーク・無限ホンダ(6), 9 マーチ・イルモア(3), 10 ダラーラ・フェラーリ(2), 11 ミナルディ・ランボルギーニ(1), ジョーダン・ヤマハ(1), ヴェンチュリ・ランボルギーニ(1)
ポイントなし:ブラバム・ジャッド, フォンドメタル・フォード, アンドレアモーダ・ジャッド

最終結果 1993年

3月14日 南アフリカ(キャラミ)
ポール:プロスト　ウイリアムズ
1 プロスト　ウイリアムズ
2 セナ　マクラーレン
3 ブランドル　リジェ
M.シューマッハ　39R.(事故)

3月28日 ブラジル(サンパウロ)
ポール:プロスト　ウイリアムズ
1 セナ　マクラーレン
2 ヒル　ウイリアムズ
3 M.シューマッハ　ベネトン

4月11日 ヨーロッパ(ドニントン)
ポール:プロスト　ウイリアムズ
1 セナ　マクラーレン
2 ヒル　ウイリアムズ
3 プロスト　ウイリアムズ
M.シューマッハ　22R.(スピン)

4月25日 サンマリノ(イモラ)
ポール:プロスト　ウイリアムズ
1 プロスト　ウイリアムズ
2 M.シューマッハ　ベネトン
3 ブランドル　リジェ

5月9日 スペイン(バルセロナ)
ポール:プロスト　ウイリアムズ
1 プロスト　ウイリアムズ
2 セナ　マクラーレン
3 M.シューマッハ　ベネトン

5月23日 モナコ(モンテカルロ)
ポール:プロスト　ウイリアムズ
1 セナ　マクラーレン
2 ヒル　ウイリアムズ
3 アレジ　フェラーリ
M.シューマッハ　32R.(油圧装置)

6月13日 カナダ(モントリオール)
ポール:プロスト　ウイリアムズ
1 プロスト　ウイリアムズ
2 M.シューマッハ　ベネトン
3 ヒル　ウイリアムズ

7月4日 フランス(マニクール)
ポール:ヒル　ウイリアムズ
1 プロスト　ウイリアムズ
2 ヒル　ウイリアムズ
3 M.シューマッハ　ベネトン

7月11日 イギリス(シルバーストン)
ポール:プロスト　ウイリアムズ
1 プロスト　ウイリアムズ
2 M.シューマッハ　ベネトン
3 パトレーゼ　ベネトン

7月25日 ドイツ(ホッケンハイム)
ポール:プロスト　ウイリアムズ
1 プロスト　ウイリアムズ
2 M.シューマッハ　ベネトン
3 ブランドル　リジェ

8月15日 ハンガリー(ブダペスト)
ポール:プロスト　ウイリアムズ
1 ヒル　ウイリアムズ
2 パトレーゼ　ベネトン
3 ベルガー　フェラーリ
M.シューマッハ　26R.(エンジン)

8月29日 ベルギー(スパ・フランコルシャン)
ポール:プロスト　ウイリアムズ
1 ヒル　ウイリアムズ
2 M.シューマッハ　ベネトン
3 プロスト　ウイリアムズ

9月12日 イタリア(モンツァ)
ポール:プロスト　ウイリアムズ
1 ヒル　ウイリアムズ
2 アレジ　フェラーリ
3 アンドレッティ　マクラーレン
M.シューマッハ　21R.(エンジン)

9月26日 ポルトガル(エストリル)
ポール:ヒル　ウイリアムズ
1 M.シューマッハ　ベネトン
2 プロスト　ウイリアムズ
3 ヒル　ウイリアムズ

10月24日 日本(鈴鹿)
ポール:プロスト　ウイリアムズ
1 セナ　マクラーレン
2 プロスト　ウイリアムズ
3 ハッキネン　マクラーレン
M.シューマッハ　10R.(事故)

11月7日 オーストラリア(アデレード)
ポール:セナ　マクラーレン
1 セナ　マクラーレン
2 プロスト　ウイリアムズ
3 ヒル　ウイリアムズ
M.シューマッハ　19R.(エンジン)

ドライバーズ・ワールド・チャンピオンシップ

1 アラン・プロスト　フランス　ウイリアムズ・ルノー　99
2 アイルトン・セナ　ブラジル　マクラーレン・フォード　73
3 デイモン・ヒル　イギリス　ウイリアムズ・ルノー　69
4 ミハエル・シューマッハ　ドイツ　ベネトン・フォード　52
5 リカルド・パトレーゼ　イタリア　ベネトン・フォード　20
6 ジャン・アレジ　フランス　フェラーリ　16
7 マーティン・ブランドル　イギリス　リジェ・ルノー　13
8 ゲルハルト・ベルガー　オーストリア　フェラーリ　12
9 ジョニー・ハーバート　イギリス　ロータス・フォード　11
10 マーク・ブランデル　イギリス　リジェ・ルノー　10
11 マイケル・アンドレッティ　アメリカ　マクラーレン・フォード　7
カール・ベンドリンガー　オーストリア　ザウバー　7
13 J.J.レート　フィンランド　ザウバー　5
クリスチャン・フィッティパルディ　ブラジル　ミナルディ・フォード　5
15 ミカ・ハッキネン　フィンランド　マクラーレン・フォード　4
デレック・ワーウィック　イギリス　フットワーク・無限　4
17 ルーベンス・バリチェロ　ブラジル　ジョーダン・ハート　2
フィリップ・アリオー　フランス　ラルース・ランボルギーニ　2
ファブリッツィオ・バルバッツァ　イタリア　ミナルディ・フォード　2
20 エリック・コマス　フランス　ラルース・ランボルギーニ　1
アレッサンドロ・ザナルディ　イタリア　ロータス・フォード　1
エディー・アーバイン　イギリス　ジョーダン・ハート　1

コンストラクターズ・ワールド・チャンピオンシップ

1 ウイリアムズ・ルノー(168), 2 マクラーレン・フォード(84), 3 ベネトン・フォード(72), 4 フェラーリ(28), 5 リジェ・ルノー(23), 6 ロータス・フォード(12), ザウバー(12), 8 ミナルディ・フォード(7), 9 フットワーク・無限ホンダ(4), 10 ジョーダン・ハート(3), ラルース・ランボルギーニ(3)
ポイントなし:ローラ・フェラーリ, ティレル・ヤマハ

最終結果 1994年

3月27日 ブラジル(サンパウロ)
ポール:セナ　ウイリアムズ
1 M.シューマッハ　ベネトン
2 ヒル　ウイリアムズ
3 アレジ　フェラーリ

4月17日 パシフィック(TI英田)
ポール:セナ　ウイリアムズ
1 M.シューマッハ　ベネトン
2 ベルガー　フェラーリ
3 バリチェロ　ジョーダン

5月1日 サンマリノ(イモラ)
ポール:セナ　ウイリアムズ
1 M.シューマッハ　ベネトン
2 ラリーニ　フェラーリ
3 ハッキネン　マクラーレン

5月15日 モナコ(モンテカルロ)
ポール:M.シューマッハ　ベネトン
1 M.シューマッハ　ベネトン
2 ブランドル　マクラーレン
3 ベルガー　フェラーリ

5月29日 スペイン(バルセロナ)
ポール:M.シューマッハ　ベネトン
1 ヒル　ウイリアムズ
2 M.シューマッハ　ベネトン
3 ブランドル　マクラーレン

6月12日 カナダ(モントリオール)
ポール:M.シューマッハ　ベネトン
1 M.シューマッハ　ベネトン
2 ヒル　ウイリアムズ
3 アレジ　フェラーリ

7月3日 フランス(マニクール)
ポール:ヒル　ウイリアムズ
1 M.シューマッハ　ベネトン
2 ヒル　ウイリアムズ
3 ベルガー　フェラーリ

7月10日 イギリス(シルバーストン)
ポール:ヒル　ウイリアムズ
1 ヒル　ウイリアムズ
2 アレジ　フェラーリ
3 ハッキネン　マクラーレン
M.シューマッハ　(失格)

7月31日 ドイツ(ホッケンハイム)
ポール:ベルガー　フェラーリ
1 ベルガー　フェラーリ
2 パニス　リジェ
3 ベルナール　リジェ
M.シューマッハ　20R.(エンジン)

8月14日 ハンガリー(ブダペスト)
ポール:M.シューマッハ　ベネトン
1 M.シューマッハ　ベネトン
2 ヒル　ウイリアムズ
3 フェルスタッペン　ベネトン

8月28日 ベルギー(スパ・フランコルシャン)
ポール:バリチェロ　ジョーダン
1 ヒル　ウイリアムズ
2 ハッキネン　マクラーレン
3 フェルスタッペン　ベネトン
M.シューマッハ　(失格)

9月11日 イタリア(モンツァ)
ポール:アレジ　フェラーリ
1 ヒル　ウイリアムズ
2 ベルガー　フェラーリ
3 ハッキネン　マクラーレン
M.シューマッハ　(出場停止)

9月25日 ポルトガル(エストリル)
ポール:ベルガー　フェラーリ
1 ヒル　ウイリアムズ
2 クルサード　ウイリアムズ
3 ハッキネン　マクラーレン
M.シューマッハ　(出場停止)

10月16日 ヨーロッパ(ヘレス)
ポール:M.シューマッハ　ベネトン
1 M.シューマッハ　ベネトン
2 ヒル　ウイリアムズ
3 ハッキネン　マクラーレン

11月6日 日本(鈴鹿)
ポール:M.シューマッハ　ベネトン
1 ヒル　ウイリアムズ
2 M.シューマッハ　ベネトン
3 アレジ　フェラーリ

11月13日 オーストラリア(アデレード)
ポール:マンセル　ウイリアムズ
1 マンセル　ウイリアムズ
2 ベルガー　フェラーリ
3 ブランドル　マクラーレン
M.シューマッハ　35R.(事故)

ドライバーズ・ワールド・チャンピオンシップ

1 ミハエル・シューマッハ　ドイツ　ベネトン・フォード　92
2 デイモン・ヒル　イギリス　ウイリアムズ・ルノー　91
3 ゲルハルト・ベルガー　オーストリア　フェラーリ　41
4 ミカ・ハッキネン　フィンランド　マクラーレン・プジョー　26
5 ジャン・アレジ　フランス　フェラーリ　24
6 ルーベンス・バリチェロ　ブラジル　ジョーダン・ハート　19
7 マーティン・ブランドル　イギリス　マクラーレン・プジョー　16
8 デイビッド・クルサード　イギリス　ウイリアムズ・ルノー　14
9 ナイジェル・マンセル　イギリス　ウイリアムズ・ルノー　13
10 ヨス・フェルスタッペン　オランダ　ベネトン・フォード　10
11 オリビエ・パニス　フランス　リジェ・ルノー　9
12 マーク・ブランデル　イギリス　ティレル・ヤマハ　8
13 ハインツ-ハラルド・フレンツェン　ドイツ　ザウバー・メルセデス　7
14 ニコラ・ラリーニ　イタリア　フェラーリ　6
クリスチャン・フィッティパルディ　ブラジル　アロウズ・フォード　6
エディー・アーバイン　イギリス　ジョーダン・ハート　6
17 片山右京　日本　ティレル・ヤマハ　5
18 エリック・ベルナール　フランス　リジェ・ルノー　4
カール・ベンドリンガー　オーストリア　ザウバー・メルセデス　4
アンドレア・デ・チェザリス　イタリア　ジョーダン・ハート　4
ピエルルイジ・マルティニ　イタリア　ミナルディ・フォード　4
22 ジャンニ・モルビデリ　イタリア　アロウズ・フォード　3
23 エリック・コマス　フランス　ラルース・フォード　2
24 ミケーレ・アルボレート　イタリア　ミナルディ・フォード　1
J.J.レート　フィンランド　ベネトン・フォード　1

コンストラクターズ・ワールド・チャンピオンシップ

1 ウイリアムズ・ルノー(118), 2 ベネトン・フォード(103), 3 フェラーリ(71), 4 マクラーレン・プジョー(42), 5 ジョーダン・ハート(28), 6 ティレル・ヤマハ(13), リジェ・ルノー(13), 8 ザウバー・メルセデス(12), 9 アロウズ・フォード(9), 10 ミナルディ・フォード(5), 11 ラルース・フォード(2)
ポイントなし:シムテック・フォード, ロータス・無限ホンダ, パシフィック・イルモア

最終成績

最終結果 1995年

3月26日 ブラジル (サンパウロ)
ポール: ヒル　ウイリアムズ
1 M.シューマッハ　ベネトン
2 クルサード　ウイリアムズ
3 ベルガー　フェラーリ

4月9日 アルゼンチン (ブエノスアイレス)
ポール: クルサード　ウイリアムズ
1 ヒル　ウイリアムズ
2 アレジ　フェラーリ
3 M.シューマッハ　ベネトン

4月30日 サンマリノ (イモラ)
ポール: M.シューマッハ　ベネトン
1 ヒル　ウイリアムズ
2 アレジ　フェラーリ
3 ベルガー　フェラーリ
M.シューマッハ 10R. (事故)

5月14日 スペイン (バルセロナ)
ポール: M.シューマッハ　ベネトン
1 M.シューマッハ　ベネトン
2 ハーバート　ベネトン
3 ベルガー　フェラーリ

5月28日 モナコ (モンテカルロ)
ポール: ヒル　ウイリアムズ
1 M.シューマッハ　ベネトン
2 ヒル　ウイリアムズ
3 ベルガー　フェラーリ

6月11日 カナダ (モントリオール)
ポール: M.シューマッハ　ベネトン
1 アレジ　フェラーリ
2 バリチェロ　ジョーダン
3 アーバイン　ジョーダン
5 M.シューマッハ　ベネトン

7月2日 フランス (マニクール)
ポール: ヒル　ウイリアムズ
1 M.シューマッハ　ベネトン
2 ヒル　ウイリアムズ
3 クルサード　ウイリアムズ

7月16日 イギリス (シルバーストン)
ポール: ヒル　ウイリアムズ
1 ハーバート　ベネトン
2 アレジ　フェラーリ
3 クルサード　ウイリアムズ
M.シューマッハ 45R. (事故)

7月30日 ドイツ (ホッケンハイム)
ポール: ヒル　ウイリアムズ
1 M.シューマッハ　ベネトン
2 クルサード　ウイリアムズ
3 ベルガー　フェラーリ

8月13日 ハンガリー (ブダペスト)
ポール: ヒル　ウイリアムズ
1 ヒル　ウイリアムズ
2 クルサード　ウイリアムズ
3 ベルガー　フェラーリ
11 M.シューマッハ 32R. (ブレーキ)

8月27日 ベルギー (スパ・フランコルシャン)
ポール: ヒル　ウイリアムズ
1 M.シューマッハ　ベネトン
2 ヒル　ウイリアムズ
3 ブランドル　リジェ

9月10日 イタリア (モンツァ)
ポール: クルサード　ウイリアムズ
1 ハーバート　ベネトン
2 ハッキネン　マクラーレン
3 フレンツェン　ザウバー
M.シューマッハ 23R. (事故)

9月24日 ポルトガル (エストリル)
ポール: クルサード　ウイリアムズ
1 クルサード　ウイリアムズ
2 M.シューマッハ　ベネトン
3 ヒル　ウイリアムズ

10月1日 ヨーロッパ (ニュルブルクリンク)
ポール: クルサード　ウイリアムズ
1 M.シューマッハ　ベネトン
2 アレジ　フェラーリ
3 クルサード　ウイリアムズ

10月22日 パシフィック (T1英田)
ポール: クルサード　ウイリアムズ
1 M.シューマッハ　ベネトン
2 クルサード　ウイリアムズ
3 ヒル　ウイリアムズ

10月29日 日本 (鈴鹿)
ポール: M.シューマッハ　ベネトン
1 M.シューマッハ　ベネトン
2 ハッキネン　マクラーレン
3 ハーバート　ベネトン

11月12日 オーストラリア (アデレード)
ポール: ヒル　ウイリアムズ
1 ヒル　ウイリアムズ
2 パニス　リジェ
3 モルビデリ　アロウズ
M.シューマッハ 25R. (事故)

ドライバーズ・ワールド・チャンピオンシップ

1	ミハエル・シューマッハ	ドイツ	ベネトン・ルノー	102
2	デイモン・ヒル	イギリス	ウイリアムズ・ルノー	69
3	デイビッド・クルサード	イギリス	ウイリアムズ・ルノー	49
4	ジョニー・ハーバート	イギリス	ベネトン・ルノー	45
5	ジャン・アレジ	フランス	フェラーリ	42
6	ゲルハルト・ベルガー	オーストリア	フェラーリ	31
7	ミカ・ハッキネン	フィンランド	マクラーレン・メルセデス	17
8	オリビエ・パニス	フランス	リジェ・無限ホンダ	16
9	ハインツ=ハラルド・フレンツェン	ドイツ	ザウバー・フォード	15
10	マーク・ブランデル	イギリス	マクラーレン・メルセデス	13
11	ルーベンス・バリチェロ	ブラジル	ジョーダン・プジョー	11
12	エディ・アーバイン	イギリス	ジョーダン・プジョー	10
13	マーティン・ブランドル	イギリス	リジェ・無限ホンダ	7
14	ジャン・モルビデリ	イタリア	アロウズ・ハート	5
	ミカ・サロ	フィンランド	ティレル・ヤマハ	5
16	ジャン・クリストフ・ブリオン	フランス	ザウバー・フォード	3
17	ペドロ・ラミー	ポルトガル	ミナルディ・フォード	1
	鈴木亜久里	日本	リジェ・無限ホンダ	1

コンストラクターズ・ワールド・チャンピオンシップ

1 ベネトン・ルノー(147), 2 ウイリアムズ・ルノー(112), 3 フェラーリ(73), 4 マクラーレン・メルセデス(30), 5 リジェ・無限ホンダ(24), 6 ジョーダン・プジョー(21), 7 ザウバー・フォード(18), 8 アロウズ・ハート(5), ティレル・ヤマハ(5), 10 ミナルディ・フォード(*)
ポイントなし: フォルティ・フォード, シムテック・フォード, パシフィック・フォード

最終結果 1996年

3月10日 オーストラリア (メルボルン)
ポール: ビルヌーブ　ウイリアムズ
1 ヒル　ウイリアムズ
2 ビルヌーブ　ウイリアムズ
3 アーバイン　フェラーリ
M.シューマッハ 32R. (ブレーキ)

3月31日 ブラジル (サンパウロ)
ポール: ヒル　ウイリアムズ
1 ヒル　ウイリアムズ
2 アレジ　ベネトン
3 M.シューマッハ　フェラーリ

4月7日 アルゼンチン (ブエノスアイレス)
ポール: ヒル　ウイリアムズ
1 ヒル　ウイリアムズ
2 ビルヌーブ　ウイリアムズ
3 アレジ　ベネトン
M.シューマッハ 46R. (ウイング破損)

4月28日 ヨーロッパ (ニュルブルクリンク)
ポール: ヒル　ウイリアムズ
1 ビルヌーブ　ウイリアムズ
2 M.シューマッハ　フェラーリ
3 クルサード　マクラーレン

5月5日 サンマリノ (イモラ)
ポール: M.シューマッハ　フェラーリ
1 ヒル　ウイリアムズ
2 M.シューマッハ　フェラーリ
3 ベルガー　ベネトン

5月19日 モナコ (モンテカルロ)
ポール: M.シューマッハ　フェラーリ
1 パニス　リジェ
2 クルサード　マクラーレン
3 ハーバート　ザウバー
M.シューマッハ OR. (事故)

6月2日 スペイン (バルセロナ)
ポール: ヒル　ウイリアムズ
1 M.シューマッハ　フェラーリ
2 アレジ　ベネトン
3 ビルヌーブ　ウイリアムズ

6月16日 カナダ (モントリオール)
ポール: ヒル　ウイリアムズ
1 ヒル　ウイリアムズ
2 ビルヌーブ　ウイリアムズ
3 アレジ　ベネトン
M.シューマッハ 41R. (ドライブシャフト)

6月30日 フランス (マニクール)
ポール: M.シューマッハ　フェラーリ
1 ヒル　ウイリアムズ
2 ビルヌーブ　ウイリアムズ
3 アレジ　ベネトン
M.シューマッハ OR. (エンジン)

7月14日 イギリス (シルバーストン)
ポール: ヒル　ウイリアムズ
1 ビルヌーブ　ウイリアムズ
2 ベルガー　ベネトン
3 ハッキネン　マクラーレン
M.シューマッハ 3R. (油圧)

7月28日 ドイツ (ホッケンハイム)
ポール: ヒル　ウイリアムズ
1 ヒル　ウイリアムズ
2 アレジ　ベネトン
3 ビルヌーブ　ウイリアムズ
4 M.シューマッハ　フェラーリ

8月11日 ハンガリー (ブダペスト)
ポール: ヒル　ウイリアムズ
1 ビルヌーブ　ウイリアムズ
2 ヒル　ウイリアムズ
3 アレジ　ベネトン
9 M.シューマッハ　フェラーリ

8月25日 ベルギー (スパ・フランコルシャン)
ポール: ヒル　ウイリアムズ
1 M.シューマッハ　フェラーリ
2 ビルヌーブ　ウイリアムズ
3 ハッキネン　マクラーレン

9月8日 イタリア (モンツァ)
ポール: ヒル　ウイリアムズ
1 M.シューマッハ　フェラーリ
2 アレジ　ベネトン
3 ハッキネン　マクラーレン

9月22日 ポルトガル (エストリル)
ポール: ヒル　ウイリアムズ
1 ビルヌーブ　ウイリアムズ
2 ヒル　ウイリアムズ
3 M.シューマッハ　フェラーリ

10月13日 日本 (鈴鹿)
ポール: ヒル　ウイリアムズ
1 ヒル　ウイリアムズ
2 M.シューマッハ　フェラーリ
3 ハッキネン　マクラーレン

ドライバーズ・ワールド・チャンピオンシップ

1	デイモン・ヒル	イギリス	ウイリアムズ・ルノー	97
2	ジャック・ビルヌーブ	カナダ	ウイリアムズ・ルノー	78
3	ミハエル・シューマッハ	ドイツ	フェラーリ	59
4	ジャン・アレジ	フランス	ベネトン・ルノー	47
5	ミカ・ハッキネン	フィンランド	マクラーレン・メルセデス	31
6	ゲルハルト・ベルガー	オーストリア	ベネトン・ルノー	21
7	デイビッド・クルサード	イギリス	マクラーレン・メルセデス	18
8	ルーベンス・バリチェロ	ブラジル	ジョーダン・プジョー	14
9	オリビエ・パニス	フランス	リジェ・無限ホンダ	13
10	エディ・アーバイン	イギリス	フェラーリ	11
11	マーティン・ブランドル	イギリス	ジョーダン・プジョー	8
12	ハインツ=ハラルド・フレンツェン	ドイツ	ザウバー・フォード	7
13	ミカ・サロ	フィンランド	ティレル・ヤマハ	5
14	ジョニー・ハーバート	イギリス	ザウバー・フォード	4
15	ペドロ・ディニス	ブラジル	リジェ・無限ホンダ	2
16	ヨス・フェルスタッペン	オランダ	アロウズ・ハート	1

コンストラクターズ・ワールド・チャンピオンシップ

1 ウイリアムズ・ルノー(175), 2 フェラーリ(70), 3 ベネトン・ルノー(68), 4 マクラーレン・メルセデス(49), 5 ジョーダン・プジョー(22), 6 リジェ・無限ホンダ(15), 7 ザウバー・フォード(11), 8 ティレル・ヤマハ(5), 9 アロウズ・ハート(1)
ポイントなし: ミナルディ・フォード, フォルティ・フォード

最終結果 1997年

3月9日 オーストラリア (メルボルン)
ポール: ビルヌーブ　ウイリアムズ
1 クルサード　マクラーレン
2 M.シューマッハ　フェラーリ
3 ハッキネン　マクラーレン

3月30日 ブラジル (サンパウロ)
ポール: ビルヌーブ　ウイリアムズ
1 ビルヌーブ　ウイリアムズ
2 ベルガー　ベネトン
3 パニス　プロスト
5 M.シューマッハ　フェラーリ

4月13日 アルゼンチン (ブエノスアイレス)
ポール: ビルヌーブ　ウイリアムズ
1 ビルヌーブ　ウイリアムズ
2 アーバイン　フェラーリ
3 R.シューマッハ　ジョーダン
M.シューマッハ OR. (事故)

4月27日 サンマリノ (イモラ)
ポール: ビルヌーブ　ウイリアムズ
1 フレンツェン　ウイリアムズ
2 M.シューマッハ　フェラーリ
3 アーバイン　フェラーリ

5月11日 モナコ (モンテカルロ)
ポール: フレンツェン　ウイリアムズ
1 M.シューマッハ　フェラーリ
2 バリチェロ　スチュワート
3 アーバイン　フェラーリ

5月25日 スペイン (バルセロナ)
ポール: ビルヌーブ　ウイリアムズ
1 ビルヌーブ　ウイリアムズ
2 パニス　プロスト
3 アレジ　ベネトン
4 M.シューマッハ　フェラーリ

6月15日 カナダ (モントリオール)
ポール: M.シューマッハ　フェラーリ
1 M.シューマッハ　フェラーリ
2 アレジ　ベネトン
3 フィジケラ　ジョーダン

6月29日 フランス (マニクール)
ポール: M.シューマッハ　フェラーリ
1 M.シューマッハ　フェラーリ
2 フレンツェン　ウイリアムズ
3 アーバイン　フェラーリ

7月13日 イギリス (シルバーストン)
ポール: ビルヌーブ　ウイリアムズ
1 ビルヌーブ　ウイリアムズ
2 アレジ　ベネトン
3 ブルツ　ベネトン
M.シューマッハ 38R. (ホイール)

7月27日 ドイツ (ホッケンハイム)
ポール: ベルガー　ベネトン
1 ベルガー　ベネトン
2 M.シューマッハ　フェラーリ
3 ハッキネン　マクラーレン

8月10日 ハンガリー (ブダペスト)
ポール: M.シューマッハ　フェラーリ
1 ビルヌーブ　ウイリアムズ
2 ヒル　アロウズ
3 ハーバート　ザウバー
4 M.シューマッハ　フェラーリ

8月24日 ベルギー (スパ・フランコルシャン)
ポール: ビルヌーブ　ウイリアムズ
1 M.シューマッハ　フェラーリ
2 フィジケラ　ジョーダン
3 フレンツェン　ウイリアムズ

9月7日 イタリア (モンツァ)
ポール: アレジ　ベネトン
1 クルサード　マクラーレン
2 アレジ　ベネトン
3 フレンツェン　ウイリアムズ
6 M.シューマッハ　フェラーリ

9月21日 オーストリア (A1リンク)
ポール: ビルヌーブ　ウイリアムズ
1 ビルヌーブ　ウイリアムズ
2 クルサード　マクラーレン
3 フレンツェン　ウイリアムズ
6 M.シューマッハ　フェラーリ

9月28日 ルクセンブルク (ニュルブルクリンク)
ポール: ハッキネン　マクラーレン
1 ビルヌーブ　ウイリアムズ
2 アレジ　ベネトン
3 フレンツェン　ウイリアムズ
M.シューマッハ 2R. (事故)

10月13日 日本 (鈴鹿)
ポール: ビルヌーブ　ウイリアムズ
1 M.シューマッハ　フェラーリ
2 フレンツェン　ウイリアムズ
3 アーバイン　フェラーリ

10月26日 ヨーロッパ (ヘレス)
ポール: ビルヌーブ　ウイリアムズ
1 ハッキネン　マクラーレン
2 クルサード　マクラーレン
3 ビルヌーブ　ウイリアムズ
M.シューマッハ 47R. (事故)

ドライバーズ・ワールド・チャンピオンシップ

1	ジャック・ビルヌーブ	カナダ	ウイリアムズ・ルノー	81
*	ミハエル・シューマッハ	ドイツ	フェラーリ	78
2	ハインツ=ハラルド・フレンツェン	ドイツ	ウイリアムズ・ルノー	42
3	デイビッド・クルサード	イギリス	マクラーレン・メルセデス	36
4	ジャン・アレジ	フランス	ベネトン・ルノー	36
5	ゲルハルト・ベルガー	オーストリア	ベネトン・ルノー	27
6	ミカ・ハッキネン	フィンランド	マクラーレン・メルセデス	27
7	エディ・アーバイン	イギリス	フェラーリ	24
8	ジャンカルロ・フィジケラ	イタリア	ジョーダン・プジョー	20
9	オリビエ・パニス	フランス	プロスト・無限ホンダ	16
10	ジョニー・ハーバート	イギリス	ザウバー・ペトロナス	15
11	ラルフ・シューマッハ	ドイツ	ジョーダン・プジョー	13
12	デイモン・ヒル	イギリス	アロウズ・ヤマハ	7
13	ルーベンス・バリチェロ	ブラジル	スチュワート・フォード	6
14	アレクサンダー・ブルツ	オーストリア	ベネトン・ルノー	4
15	ヤルノ・トゥルーリ	イタリア	プロスト・無限ホンダ	3
16	ミカ・サロ	フィンランド	ティレル・フォード	2
17	ペドロ・ディニス	ブラジル	アロウズ・ヤマハ	2
18	中野信治	日本	プロスト・無限ホンダ	2
19	ニコラ・ラリーニ	イタリア	ザウバー・ペトロナス	1

*シリーズ2位を剥奪される

コンストラクターズ・ワールド・チャンピオンシップ

1 ウイリアムズ・ルノー(123), 2 フェラーリ(102), 3 ベネトン・ルノー(67), 4 マクラーレン・メルセデス(63), 5 ジョーダン・プジョー(33), 6 プロスト・無限ホンダ(21), 7 ザウバー・ペトロナス(16), 8 アロウズ・ヤマハ(9), 9 スチュワート・フォード(6), 10 ティレル・フォード(2)
ポイントなし: ミナルディ・ハート, ローラ・フォード

最終成績

最終結果 1998年

3月8日 オーストラリア(メルボルン)
ポール：ハッキネン　マクラーレン
1　ハッキネン　マクラーレン
2　クルサード　マクラーレン
3　フレンツェン　ウイリアムズ
M.シューマッハ　5R.(エンジン)

3月29日 ブラジル(サンパウロ)
ポール：ハッキネン　マクラーレン
1　ハッキネン　マクラーレン
2　クルサード　マクラーレン
3　M.シューマッハ　フェラーリ

4月12日 アルゼンチン(ブエノスアイレス)
ポール：クルサード　マクラーレン
1　M.シューマッハ　フェラーリ
2　ハッキネン　マクラーレン
3　アーバイン　フェラーリ

4月26日 サンマリノ(イモラ)
ポール：クルサード　マクラーレン
1　クルサード　マクラーレン
2　M.シューマッハ　フェラーリ
3　アーバイン　フェラーリ

5月10日 スペイン(バルセロナ)
ポール：ハッキネン　マクラーレン
1　ハッキネン　マクラーレン
2　クルサード　マクラーレン
3　M.シューマッハ　フェラーリ

5月24日 モナコ(モンテカルロ)
ポール：ハッキネン　マクラーレン
1　ハッキネン　マクラーレン
2　フィジケラ　ベネトン
3　アーバイン　フェラーリ
10 M.シューマッハ　フェラーリ

6月7日 カナダ(モントリオール)
ポール：クルサード　マクラーレン
1　M.シューマッハ　フェラーリ
2　フィジケラ　ベネトン
3　アーバイン　フェラーリ

6月28日 フランス(マニクール)
ポール：ハッキネン　マクラーレン
1　M.シューマッハ　フェラーリ
2　アーバイン　フェラーリ
3　ハッキネン　マクラーレン

7月12日 イギリス(シルバーストン)
ポール：ハッキネン　マクラーレン
1　M.シューマッハ　フェラーリ
2　ハッキネン　マクラーレン
3　アーバイン　フェラーリ

7月26日 オーストリア(A1リンク)
ポール：フィジケラ　ベネトン
1　ハッキネン　マクラーレン
2　クルサード　マクラーレン
3　M.シューマッハ　フェラーリ

8月2日 ドイツ(ホッケンハイム)
ポール：ハッキネン　マクラーレン
1　ハッキネン　マクラーレン
2　クルサード　マクラーレン
3　ビルヌーブ　ウイリアムズ
5　M.シューマッハ　フェラーリ

8月16日 ハンガリー(ブダペスト)
ポール：ハッキネン　マクラーレン
1　M.シューマッハ　フェラーリ
2　クルサード　マクラーレン
3　ハッキネン　マクラーレン

8月30日 ベルギー(スパ・フランコルシャン)
ポール：ハッキネン　マクラーレン
1　ヒル　ジョーダン
2　R.シューマッハ　ジョーダン
3　アレジ　ザウバー
M.シューマッハ　25R.(事故)

9月13日 イタリア(モンツァ)
ポール：M.シューマッハ　フェラーリ
1　M.シューマッハ　フェラーリ
2　アーバイン　フェラーリ
3　R.シューマッハ　ジョーダン

9月27日 ルクセンブルク(ニュルブルクリンク)
1　ハッキネン　マクラーレン
2　M.シューマッハ　フェラーリ
3　クルサード　マクラーレン

11月1日 日本(鈴鹿)
ポール：M.シューマッハ　フェラーリ
1　ハッキネン　マクラーレン
2　アーバイン　フェラーリ
3　クルサード　マクラーレン
M.シューマッハ　31R.(タイヤ)

ドライバーズ・ワールド・チャンピオンシップ

1	ミカ・ハッキネン	フィンランド	マクラーレン・メルセデス	100
2	ミハエル・シューマッハ	ドイツ	フェラーリ	86
3	デイビッド・クルサード	イギリス	マクラーレン・メルセデス	56
4	エディー・アーバイン	イギリス	フェラーリ	47
5	ジャック・ビルヌーブ	カナダ	ウイリアムズ・メカクローム	21
6	デイモン・ヒル	イギリス	ジョーダン・無限ホンダ	20
7	ハインツ=ハラルド・フレンツェン	ドイツ	ウイリアムズ・メカクローム	17
8	アレクサンダー・ブルツ	オーストリア	ベネトン・プレイライフ	17
9	ジャンカルロ・フィジケラ	イタリア	ベネトン・プレイライフ	16
10	ラルフ・シューマッハ	ドイツ	ジョーダン・無限ホンダ	14
11	ジャン・アレジ	フランス	ザウバー・ペトロナス	9
12	ルーベンス・バリチェロ	ブラジル	スチュワート・フォード	4
13	ミカ・サロ	フィンランド	アロウズ	3
14	ペドロ・ディニス	ブラジル	アロウズ	3
15	ジョニー・ハーバート	イギリス	ザウバー・ペトロナス	1
16	ヤン・マグヌッセン	デンマーク	スチュワート・フォード	1
17	ヤルノ・トゥルーリ	イタリア	プロスト・ブジョー	1

コンストラクターズ・ワールド・チャンピオンシップ

1 マクラーレン・メルセデス(156), 2 フェラーリ(133), 3 ウイリアムズ・メカクローム(38), 4 ジョーダン・無限ホンダ(34), 5 ベネトン・プレイライフ(33), 6 ザウバー・ペトロナス(10), 7 アロウズ(6), 8 スチュワート・フォード(5), 9 プロスト・ブジョー(1)
ポイントなし：ティレル・フォード, ミナルディ・フォード

最終結果 1999年

3月7日 オーストラリア(メルボルン)
ポール：ハッキネン　マクラーレン
1　アーバイン　フェラーリ
2　フレンツェン　ジョーダン
3　R.シューマッハ　ウイリアムズ
8　M.シューマッハ　フェラーリ

4月11日 ブラジル(サンパウロ)
ポール：ハッキネン　マクラーレン
1　ハッキネン　マクラーレン
2　M.シューマッハ　フェラーリ
3　フレンツェン　ジョーダン

5月2日 サンマリノ(イモラ)
ポール：ハッキネン　マクラーレン
1　M.シューマッハ　フェラーリ
2　クルサード　マクラーレン
3　バリチェロ　スチュワート

5月16日 モナコ(モンテカルロ)
ポール：ハッキネン　マクラーレン
1　M.シューマッハ　フェラーリ
2　アーバイン　フェラーリ
3　ハッキネン　マクラーレン

5月30日 スペイン(バルセロナ)
ポール：ハッキネン　マクラーレン
1　ハッキネン　マクラーレン
2　クルサード　マクラーレン
3　M.シューマッハ　フェラーリ

6月13日 カナダ(モントリオール)
ポール：M.シューマッハ　フェラーリ
1　ハッキネン　マクラーレン
2　フィジケラ　ベネトン
3　アーバイン　フェラーリ
M.シューマッハ　29R.(事故)

6月27日 フランス(マニクール)
ポール：バリチェロ　スチュワート
1　フレンツェン　ジョーダン
2　ハッキネン　マクラーレン
3　クルサード　マクラーレン
5　M.シューマッハ　フェラーリ

7月11日 イギリス(シルバーストン)
ポール：ハッキネン　マクラーレン
1　クルサード　マクラーレン
2　アーバイン　フェラーリ
3　R.シューマッハ　ウイリアムズ
M.シューマッハ　OR.(事故)

7月25日 オーストリア(A1リンク)
ポール：ハッキネン　マクラーレン
1　アーバイン　フェラーリ
2　クルサード　マクラーレン
3　ハッキネン　マクラーレン
M.シューマッハ　(欠場)

8月1日 ドイツ(ホッケンハイム)
ポール：ハッキネン　マクラーレン
1　アーバイン　フェラーリ
2　サロ　フェラーリ
3　フレンツェン　ジョーダン
M.シューマッハ　(欠場)

8月15日 ハンガリー(ブダペスト)
ポール：ハッキネン　マクラーレン
1　ハッキネン　マクラーレン
2　クルサード　マクラーレン
3　アーバイン　フェラーリ
M.シューマッハ　(欠場)

8月29日 ベルギー(スパ・フランコルシャン)
ポール：ハッキネン　マクラーレン
1　クルサード　マクラーレン
2　ハッキネン　マクラーレン
3　フレンツェン　ジョーダン
M.シューマッハ　(欠場)

9月12日 イタリア(モンツァ)
ポール：ハッキネン　マクラーレン
1　フレンツェン　ジョーダン
2　R.シューマッハ　ウイリアムズ
3　サロ　フェラーリ
M.シューマッハ　(欠場)

9月26日 ヨーロッパ(ニュルブルクリンク)
ポール：フレンツェン　ジョーダン
1　ハーバート　スチュワート
2　トゥルーリ　プロスト
3　バリチェロ　スチュワート

10月17日 マレーシア(セパン)
ポール：M.シューマッハ　フェラーリ
1　アーバイン　フェラーリ
2　M.シューマッハ　フェラーリ
3　ハッキネン　マクラーレン

10月31日 日本(鈴鹿)
ポール：M.シューマッハ　フェラーリ
1　ハッキネン　マクラーレン
2　M.シューマッハ　フェラーリ
3　アーバイン　フェラーリ

ドライバーズ・ワールド・チャンピオンシップ

1	ミカ・ハッキネン	フィンランド	マクラーレン・メルセデス	76
2	エディー・アーバイン	イギリス	フェラーリ	74
3	ハインツ=ハラルド・フレンツェン	ドイツ	ジョーダン・無限ホンダ	54
4	デイビッド・クルサード	イギリス	マクラーレン・メルセデス	48
5	ミハエル・シューマッハ	ドイツ	フェラーリ	44
6	ラルフ・シューマッハ	ドイツ	ウイリアムズ・スーパーテック	35
7	ルーベンス・バリチェロ	ブラジル	スチュワート・フォード	21
8	ジョニー・ハーバート	イギリス	スチュワート・フォード	15
9	ジャンカルロ・フィジケラ	イタリア	ベネトン・プレイライフ	13
10	ミカ・サロ	フィンランド	フェラーリ	10
11	ヤルノ・トゥルーリ	イタリア	プロスト・ブジョー	7
12	デイモン・ヒル	イギリス	ジョーダン・無限ホンダ	7
13	アレクサンダー・ブルツ	オーストリア	ベネトン・プレイライフ	3
14	ペドロ・ディニス	ブラジル	ザウバー・ペトロナス	2
15	ジャン・アレジ	フランス	ザウバー・ペトロナス	2
16	オリビエ・パニス	フランス	プロスト・ブジョー	2
17	ペドロ・デ・ラ・ロサ	スペイン	アロウズ	1
18	マルク・ジェネ	スペイン	ミナルディ・フォード	1

コンストラクターズ・ワールド・チャンピオンシップ

1 フェラーリ(128), 2 マクラーレン・メルセデス(124), 3 ジョーダン・無限ホンダ(61), 4 スチュワート・フォード(36), 5 ウイリアムズ・スーパーテック(35), 6 ベネトン・プレイライフ(16), 7 プロスト・ブジョー(9), 8 ザウバー・ペトロナス(5), 9 アロウズ(1), 10 ミナルディ・フォード(1)
ポイントなし：BAR・スーパーテック

最終結果 2000年

3月12日 オーストラリア(メルボルン)
ポール：ハッキネン　マクラーレン
1　M.シューマッハ　フェラーリ
2　バリチェロ　フェラーリ
3　バリチェロ　フェラーリ

3月26日 ブラジル(サンパウロ)
ポール：ハッキネン　マクラーレン
1　M.シューマッハ　フェラーリ
2　フィジケラ　ベネトン
3　フレンツェン　ジョーダン

4月9日 サンマリノ(イモラ)
ポール：ハッキネン　マクラーレン
1　M.シューマッハ　フェラーリ
2　ハッキネン　マクラーレン
3　クルサード　マクラーレン

4月23日 イギリス(シルバーストン)
ポール：バリチェロ　フェラーリ
1　クルサード　マクラーレン
2　ハッキネン　マクラーレン
3　M.シューマッハ　フェラーリ

5月7日 スペイン(バルセロナ)
ポール：M.シューマッハ　フェラーリ
1　ハッキネン　マクラーレン
2　クルサード　マクラーレン
3　バリチェロ　フェラーリ
5　M.シューマッハ　フェラーリ

5月21日 ヨーロッパ(ニュルブルクリンク)
ポール：クルサード　マクラーレン
1　M.シューマッハ　フェラーリ
2　ハッキネン　マクラーレン
3　クルサード　マクラーレン

6月4日 モナコ(モンテカルロ)
ポール：M.シューマッハ　フェラーリ
1　クルサード　マクラーレン
2　バリチェロ　フェラーリ
3　フィジケラ　ベネトン
M.シューマッハ　55R.(リヤサス)

6月18日 カナダ(モントリオール)
ポール：M.シューマッハ　フェラーリ
1　M.シューマッハ　フェラーリ
2　バリチェロ　フェラーリ
3　フィジケラ　ベネトン

7月2日 フランス(マニクール)
ポール：M.シューマッハ　フェラーリ
1　クルサード　マクラーレン
2　ハッキネン　マクラーレン
3　バリチェロ　フェラーリ
M.シューマッハ　58R.(エンジン)

7月16日 オーストリア(A1リンク)
ポール：ハッキネン　マクラーレン
1　ハッキネン　マクラーレン
2　クルサード　マクラーレン
3　バリチェロ　フェラーリ
M.シューマッハ　OR.(事故)

7月30日 ドイツ(ホッケンハイム)
ポール：クルサード　マクラーレン
1　バリチェロ　フェラーリ
2　ハッキネン　マクラーレン
3　クルサード　マクラーレン
M.シューマッハ　OR.(事故)

8月13日 ハンガリー(ブダペスト)
ポール：M.シューマッハ　マクラーレン
1　ハッキネン　マクラーレン
2　M.シューマッハ　フェラーリ
3　クルサード　マクラーレン

8月27日 ベルギー(スパ・フランコルシャン)
ポール：ハッキネン　マクラーレン
1　ハッキネン　マクラーレン
2　M.シューマッハ　フェラーリ
3　バリチェロ　フェラーリ

9月10日 イタリア(モンツァ)
ポール：M.シューマッハ　フェラーリ
1　M.シューマッハ　フェラーリ
2　ハッキネン　マクラーレン
3　R.シューマッハ　ウイリアムズ

9月24日 アメリカ(インディアナポリス)
ポール：M.シューマッハ　フェラーリ
1　M.シューマッハ　フェラーリ
2　バリチェロ　フェラーリ
3　フィジケラ　ベネトン

10月8日 日本(鈴鹿)
ポール：M.シューマッハ　フェラーリ
1　M.シューマッハ　フェラーリ
2　ハッキネン　マクラーレン
3　クルサード　マクラーレン

10月22日 マレーシア(セパン)
ポール：M.シューマッハ　フェラーリ
1　M.シューマッハ　フェラーリ
2　クルサード　マクラーレン
3　バリチェロ　フェラーリ

ドライバーズ・ワールド・チャンピオンシップ

1	ミハエル・シューマッハ	ドイツ	フェラーリ	108
2	ミカ・ハッキネン	フィンランド	マクラーレン・メルセデス	89
3	デイビッド・クルサード	イギリス	マクラーレン・メルセデス	73
4	ルーベンス・バリチェロ	ブラジル	フェラーリ	62
5	ラルフ・シューマッハ	ドイツ	ウイリアムズ・BMW	24
6	ジャンカルロ・フィジケラ	イタリア	ベネトン・プレイライフ	18
7	ジャック・ビルヌーブ	カナダ	BAR・ホンダ	17
8	ジェンソン・バトン	イギリス	ウイリアムズ・BMW	12
9	ハインツ=ハラルド・フレンツェン	ドイツ	ジョーダン・無限ホンダ	11
10	ヤルノ・トゥルーリ	イタリア	ジョーダン・無限ホンダ	6
11	ミカ・サロ	フィンランド	ザウバー・ペトロナス	6
12	ヨス・フェルスタッペン	オランダ	アロウズ・スーパーテック	5
13	エディー・アーバイン	イギリス	ジャガー・コスワース	4
14	リカルド・ゾンタ	ブラジル	BAR・ホンダ	3
15	アレクサンダー・ブルツ	オーストリア	ベネトン・プレイライフ	2
16	ペドロ・デ・ラ・ロサ	スペイン	アロウズ・スーパーテック	2

コンストラクターズ・ワールド・チャンピオンシップ

1 フェラーリ(170), 2 マクラーレン・メルセデス(152), 3 ウイリアムズ・BMW(36), 4 ベネトン・プレイライフ(20), 5 BAR・ホンダ(20), 6 ジョーダン・無限ホンダ(17), 7 アロウズ・スーパーテック(7), 8 ザウバー・ペトロナス(6), 9 ジャガー・コスワース(4)
ポイントなし：プロスト・ブジョー, ミナルディ・フォンドメタル

最終成績

最終結果 2001年

3月4日 オーストラリア(メルボルン)
ポール：M.シューマッハ フェラーリ
1 M.シューマッハ フェラーリ
2 クルサード マクラーレン
3 バリチェロ フェラーリ

3月18日 マレーシア(セパン)
ポール：M.シューマッハ フェラーリ
1 M.シューマッハ フェラーリ
2 バリチェロ フェラーリ
3 クルサード マクラーレン

4月1日 ブラジル(サンパウロ)
ポール：M.シューマッハ フェラーリ
1 クルサード マクラーレン
2 M.シューマッハ フェラーリ
3 ハイドフェルド ザウバー

4月15日 サンマリノ(イモラ)
ポール：クルサード マクラーレン
1 R.シューマッハ ウイリアムズ
2 バリチェロ フェラーリ
3 バリチェロ フェラーリ
M.シューマッハ 24R.(ブレーキ)

4月29日 スペイン(バルセロナ)
ポール：M.シューマッハ フェラーリ
1 M.シューマッハ フェラーリ
2 モントーヤ ウイリアムズ
3 ビルヌーブ BAR

5月13日 オーストリア(A1リンク)
ポール：M.シューマッハ フェラーリ
1 クルサード マクラーレン
2 M.シューマッハ フェラーリ
3 バリチェロ フェラーリ

5月27日 モナコ(モンテカルロ)
ポール：クルサード マクラーレン
1 M.シューマッハ フェラーリ
2 バリチェロ フェラーリ
3 アーバイン ジャガー

6月10日 カナダ(モントリオール)
ポール：M.シューマッハ フェラーリ
1 R.シューマッハ ウイリアムズ
2 M.シューマッハ フェラーリ
3 ハッキネン マクラーレン

6月24日 ヨーロッパ(ニュルブルクリンク)
ポール：M.シューマッハ フェラーリ
1 M.シューマッハ フェラーリ
2 モントーヤ ウイリアムズ
3 クルサード マクラーレン

7月1日 フランス(マニクール)
ポール：R.シューマッハ ウイリアムズ
1 M.シューマッハ フェラーリ
2 R.シューマッハ ウイリアムズ
3 バリチェロ フェラーリ

7月15日 イギリス(シルバーストン)
ポール：M.シューマッハ フェラーリ
1 ハッキネン マクラーレン
2 M.シューマッハ フェラーリ
3 バリチェロ フェラーリ

7月29日 ドイツ(ホッケンハイム)
ポール：モントーヤ ウイリアムズ
1 R.シューマッハ ウイリアムズ
2 バリチェロ フェラーリ
3 ビルヌーブ BAR
M.シューマッハ 23R.(油圧)

8月19日 ハンガリー(ブダペスト)
ポール：M.シューマッハ フェラーリ
1 M.シューマッハ フェラーリ
2 バリチェロ フェラーリ
3 クルサード マクラーレン

9月2日 ベルギー(スパ・フランコルシャン)
ポール：モントーヤ ウイリアムズ
1 M.シューマッハ フェラーリ
2 クルサード マクラーレン
3 フィジケラ ベネトン

9月16日 イタリア(モンツァ)
ポール：モントーヤ ウイリアムズ
1 モントーヤ ウイリアムズ
2 バリチェロ フェラーリ
3 R.シューマッハ ウイリアムズ
4 M.シューマッハ フェラーリ

9月30日 アメリカ(インディアナポリス)
ポール：M.シューマッハ フェラーリ
1 ハッキネン マクラーレン
2 M.シューマッハ フェラーリ
3 クルサード マクラーレン

10月14日 日本(鈴鹿)
ポール：M.シューマッハ フェラーリ
1 M.シューマッハ フェラーリ
2 モントーヤ ウイリアムズ
3 クルサード マクラーレン

ドライバーズ・ワールド・チャンピオンシップ

1	ミハエル・シューマッハ	ドイツ	フェラーリ	123
2	デイビッド・クルサード	イギリス	マクラーレン・メルセデス	65
3	ルーベンス・バリチェロ	ブラジル	フェラーリ	56
4	ラルフ・シューマッハ	ドイツ	ウイリアムズ・BMW	49
5	ミカ・ハッキネン	フィンランド	マクラーレン・メルセデス	37
6	ファン・パブロ・モントーヤ	コロンビア	ウイリアムズ・BMW	31
7	ジャック・ビルヌーブ	カナダ	BAR・ホンダ	12
8	ニック・ハイドフェルド	ドイツ	ザウバー・ペトロナス	12
9	ヤルノ・トゥルーリ	イタリア	ジョーダン・ホンダ	12
10	キミ・ライコネン	フィンランド	ザウバー・ペトロナス	9
11	ジャンカルロ・フィジケラ	イタリア	ベネトン・ルノー	8
12	エディ・アーバイン	イギリス	ジャガー・コスワース	6
13	ハインツ-ハラルド・フレンツェン	ドイツ	ジョーダン・ホンダ	6
14	オリビエ・パニス	フランス	プロスト・ジョーダン	5
15	ジャン アレジ	フランス	プロスト・ジョーダン	5
16	ペドロ・デ・ラ・ロサ	スペイン	ジャガー・コスワース	3
17	ジェンソン・バトン	イギリス	ベネトン・ルノー	2
18	ヨス・フェルスタッペン	オランダ	アロウズ・アジアテック	1

コンストラクターズ・ワールド・チャンピオンシップ

1 フェラーリ(179)、2 マクラーレン・メルセデス(102)、3 ウイリアムズ・BMW(80)、4 ザウバー・ペトロナス(21)、5 ジョーダン・ホンダ(19)、BAR・ホンダ(17)、7 ベネトン・ルノー(10)、8 ジャガー・コスワース(9)、9 プロスト・エイサー(4)、10 アロウズ・アジアテック(1)、11 ミナルディ・ヨーロピアン(0)

最終結果 2002年

3月3日 オーストラリア(メルボルン)
ポール：バリチェロ フェラーリ
1 M.シューマッハ フェラーリ
2 モントーヤ ウイリアムズ
3 ライコネン マクラーレン

3月17日 マレーシア(セパン)
ポール：M.シューマッハ フェラーリ
1 R.シューマッハ ウイリアムズ
2 モントーヤ ウイリアムズ
3 M.シューマッハ フェラーリ

3月31日 ブラジル(サンパウロ)
ポール：M.シューマッハ フェラーリ
1 M.シューマッハ フェラーリ
2 R.シューマッハ ウイリアムズ
3 クルサード マクラーレン

4月14日 サンマリノ(イモラ)
ポール：M.シューマッハ フェラーリ
1 M.シューマッハ フェラーリ
2 バリチェロ フェラーリ
3 R.シューマッハ ウイリアムズ

4月28日 スペイン(バルセロナ)
ポール：M.シューマッハ フェラーリ
1 M.シューマッハ フェラーリ
2 モントーヤ ウイリアムズ
3 クルサード マクラーレン

5月12日 オーストリア(A1リンク)
ポール：バリチェロ フェラーリ
1 M.シューマッハ フェラーリ
2 バリチェロ フェラーリ
3 モントーヤ ウイリアムズ

5月26日 モナコ(モンテカルロ)
ポール：モントーヤ ウイリアムズ
1 クルサード マクラーレン
2 M.シューマッハ フェラーリ
3 R.シューマッハ ウイリアムズ

6月9日 カナダ(モントリオール)
ポール：モントーヤ ウイリアムズ
1 M.シューマッハ フェラーリ
2 クルサード マクラーレン
3 バリチェロ フェラーリ

6月23日 ヨーロッパ(ニュルブルクリンク)
ポール：モントーヤ ウイリアムズ
1 バリチェロ フェラーリ
2 M.シューマッハ フェラーリ
3 ライコネン マクラーレン

7月7日 イギリス(シルバーストン)
ポール：M.シューマッハ フェラーリ
1 M.シューマッハ フェラーリ
2 バリチェロ フェラーリ
3 モントーヤ ウイリアムズ

7月21日 フランス(マニクール)
ポール：モントーヤ ウイリアムズ
1 M.シューマッハ フェラーリ
2 ライコネン マクラーレン
3 クルサード マクラーレン

7月28日 ドイツ(ホッケンハイム)
ポール：M.シューマッハ フェラーリ
1 M.シューマッハ フェラーリ
2 モントーヤ ウイリアムズ
3 R.シューマッハ ウイリアムズ

8月18日 ハンガリー(ブダペスト)
ポール：バリチェロ フェラーリ
1 バリチェロ フェラーリ
2 M.シューマッハ フェラーリ
3 R.シューマッハ ウイリアムズ

9月1日 ベルギー(スパ・フランコルシャン)
ポール：M.シューマッハ フェラーリ
1 M.シューマッハ フェラーリ
2 バリチェロ フェラーリ
3 モントーヤ ウイリアムズ

9月15日 イタリア(モンツァ)
ポール：モントーヤ ウイリアムズ
1 バリチェロ フェラーリ
2 M.シューマッハ フェラーリ
3 モントーヤ ウイリアムズ

9月29日 アメリカ(インディアナポリス)
ポール：M.シューマッハ フェラーリ
1 バリチェロ フェラーリ
2 M.シューマッハ フェラーリ
3 クルサード マクラーレン

10月13日 日本(鈴鹿)
ポール：M.シューマッハ フェラーリ
1 M.シューマッハ フェラーリ
2 バリチェロ フェラーリ
3 ライコネン マクラーレン

ドライバーズ・ワールド・チャンピオンシップ

1	ミハエル・シューマッハ	ドイツ	フェラーリ	144
2	ルーベンス・バリチェロ	ブラジル	フェラーリ	77
3	ファン・パブロ・モントーヤ	コロンビア	ウイリアムズ・BMW	50
4	ラルフ・シューマッハ	ドイツ	ウイリアムズ・BMW	42
5	デイビッド・クルサード	イギリス	マクラーレン・メルセデス	41
6	キミ・ライコネン	フィンランド	マクラーレン・メルセデス	24
7	ジェンソン・バトン	イギリス	ルノー	14
8	ヤルノ・トゥルーリ	イタリア	ルノー	9
9	エディ・アーバイン	イギリス	ジャガー・コスワース	8
10	ニック・ハイドフェルド	ドイツ	ザウバー・ペトロナス	7
11	ジャンカルロ・フィジケラ	イタリア	ジョーダン・ホンダ	7
12	ジャック・ビルヌーブ	カナダ	BAR・ホンダ	4
13	フェリペ・マッサ	ブラジル	ザウバー・ペトロナス	4
14	オリビエ・パニス	フランス	BAR・ホンダ	3
15	佐藤琢磨	日本	ジョーダン・ホンダ	2
16	マーク・ウェーバー	オーストラリア	ミナルディ・アジアテック	2
17	ミカ・サロ	フィンランド	トヨタ	2
18	ハインツ-ハラルド・フレンツェン	ドイツ	アロウズ・コスワース	2

コンストラクターズ・ワールド・チャンピオンシップ

1 フェラーリ(221)、2 ウイリアムズ・BMW(92)、3 マクラーレン・メルセデス(65)、4 ルノー(23)、5 ザウバー・ペトロナス(11)、6 ジョーダン・ホンダ(9)、7 ジャガー・コスワース(8)、8 BAR・ホンダ(7)、9 ミナルディ・アジアテック(2)、10 トヨタ(2)、11 アロウズ・コスワース(2)

最終結果 2003年

3月9日 オーストラリア(メルボルン)
ポール：M.シューマッハ フェラーリ
1 クルサード マクラーレン
2 モントーヤ ウイリアムズ
3 ライコネン マクラーレン
4 M.シューマッハ フェラーリ

3月23日 マレーシア(セパン)
ポール：アロンソ ルノー
1 ライコネン マクラーレン
2 バリチェロ フェラーリ
3 アロンソ ルノー
6 M.シューマッハ フェラーリ

4月6日 ブラジル(サンパウロ)
ポール：バリチェロ フェラーリ
1 フィジケラ ジョーダン
2 ライコネン マクラーレン
3 アロンソ ルノー
M.シューマッハ 26R.(事故)

4月20日 サンマリノ(イモラ)
ポール：M.シューマッハ フェラーリ
1 M.シューマッハ フェラーリ
2 ライコネン マクラーレン
3 バリチェロ フェラーリ

5月4日 スペイン(バルセロナ)
ポール：M.シューマッハ フェラーリ
1 M.シューマッハ フェラーリ
2 アロンソ ルノー
3 バリチェロ フェラーリ

5月18日 オーストリア(A1リンク)
ポール：M.シューマッハ フェラーリ
1 M.シューマッハ フェラーリ
2 ライコネン マクラーレン
3 バリチェロ フェラーリ

6月1日 モナコ(モンテカルロ)
ポール：R.シューマッハ ウイリアムズ
1 モントーヤ ウイリアムズ
2 ライコネン マクラーレン
3 M.シューマッハ フェラーリ

6月15日 カナダ(モントリオール)
ポール：M.シューマッハ フェラーリ
1 M.シューマッハ フェラーリ
2 R.シューマッハ ウイリアムズ
3 モントーヤ ウイリアムズ

6月29日 ヨーロッパ(ニュルブルクリンク)
ポール：ライコネン マクラーレン
1 R.シューマッハ ウイリアムズ
2 モントーヤ ウイリアムズ
3 バリチェロ フェラーリ
5 M.シューマッハ フェラーリ

7月6日 フランス(マニクール)
ポール：M.シューマッハ フェラーリ
1 R.シューマッハ ウイリアムズ
2 モントーヤ ウイリアムズ
3 M.シューマッハ フェラーリ

7月20日 イギリス(シルバーストン)
ポール：バリチェロ フェラーリ
1 バリチェロ フェラーリ
2 モントーヤ ウイリアムズ
3 ライコネン マクラーレン
4 M.シューマッハ フェラーリ

8月3日 ドイツ(ホッケンハイム)
ポール：モントーヤ ウイリアムズ
1 モントーヤ ウイリアムズ
2 クルサード マクラーレン
3 トゥルーリ ルノー
7 M.シューマッハ フェラーリ

8月24日 ハンガリー(ブダペスト)
ポール：アロンソ ルノー
1 アロンソ ルノー
2 ライコネン マクラーレン
3 モントーヤ ウイリアムズ
8 M.シューマッハ フェラーリ

9月14日 イタリア(モンツァ)
ポール：M.シューマッハ フェラーリ
1 M.シューマッハ フェラーリ
2 モントーヤ ウイリアムズ
3 バリチェロ フェラーリ

9月28日 アメリカ(インディアナポリス)
ポール：ライコネン マクラーレン
1 M.シューマッハ フェラーリ
2 ライコネン マクラーレン
3 フレンツェン ザウバー

10月12日 日本(鈴鹿)
ポール：バリチェロ フェラーリ
1 バリチェロ フェラーリ
2 ライコネン マクラーレン
3 クルサード マクラーレン
8 M.シューマッハ フェラーリ

ドライバーズ・ワールド・チャンピオンシップ

1	ミハエル・シューマッハ	ドイツ	フェラーリ	93
2	キミ・ライコネン	フィンランド	マクラーレン・メルセデス	91
3	ファン・パブロ・モントーヤ	コロンビア	ウイリアムズ・BMW	82
4	ルーベンス・バリチェロ	ブラジル	フェラーリ	65
5	ラルフ・シューマッハ	ドイツ	ウイリアムズ・BMW	58
6	フェルナンド・アロンソ	スペイン	ルノー	55
7	デイビッド・クルサード	イギリス	マクラーレン・メルセデス	51
8	ヤルノ・トゥルーリ	イタリア	ルノー	33
9	ジェンソン・バトン	イギリス	BAR・ホンダ	17
10	マーク・ウェーバー	オーストラリア	ジャガー・コスワース	17
11	ハインツ-ハラルド・フレンツェン	ドイツ	ザウバー・ペトロナス	13
12	ジャンカルロ・フィジケラ	イタリア	ジョーダン・フォード	12
13	クリスチアーノ・ダ・マッタ	ブラジル	トヨタ	10
14	ニック・ハイドフェルド	ドイツ	ザウバー・ペトロナス	6
15	オリビエ・パニス	フランス	トヨタ	6
16	ジャック・ビルヌーブ	カナダ	BAR・ホンダ	6
17	マルク・ジェネ	スペイン	ウイリアムズ・BMW	4
18	佐藤琢磨	日本	BAR・ホンダ	3
19	ラルフ・ファーマン	イギリス	ジョーダン・フォード	1
20	ジャスティン・ウィルソン	イギリス	ジャガー・コスワース	1

コンストラクターズ・ワールド・チャンピオンシップ

1 フェラーリ(158)、2 ウイリアムズ・BMW(144)、3 マクラーレン・メルセデス(142)、4 ルノー(88)、5 BAR・ホンダ(26)、6 ザウバー・ペトロナス(19)、7 ジャガー・コスワース(18)、8 トヨタ(16)、9 ジョーダン・フォード(13)、10 ミナルディ・コスワース(0)

最終成績

最終結果 2004年

3月7日 オーストラリア（メルボルン）
ポール：M.シューマッハ　フェラーリ
1 M.シューマッハ　フェラーリ
2 バリチェロ　フェラーリ
3 アロンソ　ルノー

3月21日 マレーシア（セパン）
ポール：M.シューマッハ　フェラーリ
1 M.シューマッハ　フェラーリ
2 モントーヤ　ウイリアムズ
3 バトン　BAR

4月4日 バーレーン（マナーマ）
ポール：M.シューマッハ　フェラーリ
1 M.シューマッハ　フェラーリ
2 バリチェロ　フェラーリ
3 バトン　BAR

4月25日 サンマリノ（イモラ）
ポール：M.シューマッハ　BAR
1 M.シューマッハ　フェラーリ
2 バトン　BAR
3 モントーヤ　ウイリアムズ

5月9日 スペイン（バルセロナ）
ポール：M.シューマッハ　フェラーリ
1 M.シューマッハ　フェラーリ
2 バリチェロ　フェラーリ
3 トゥルーリ　ルノー

5月23日 モナコ（モンテカルロ）
ポール：トゥルーリ　ルノー
1 トゥルーリ　ルノー
2 バトン　BAR
3 バリチェロ　フェラーリ
M.シューマッハ　45R.（事故）

5月30日 ヨーロッパ（ニュルブルクリンク）
ポール：M.シューマッハ　フェラーリ
1 M.シューマッハ　フェラーリ
2 バリチェロ　フェラーリ
3 バトン　BAR

6月13日 カナダ（モントリオール）
ポール：R.シューマッハ　ウイリアムズ
1 M.シューマッハ　フェラーリ
2 バリチェロ　フェラーリ
3 バトン　BAR

6月20日 アメリカ（インディアナポリス）
ポール：バリチェロ　フェラーリ
1 M.シューマッハ　フェラーリ
2 バリチェロ　フェラーリ
3 佐藤琢磨　BAR

7月4日 フランス（マニクール）
ポール：アロンソ　ルノー
1 M.シューマッハ　フェラーリ
2 アロンソ　ルノー
3 バリチェロ　フェラーリ

7月11日 イギリス（シルバーストン）
ポール：ライコネン　マクラーレン
1 M.シューマッハ　フェラーリ
2 ライコネン　マクラーレン
3 バリチェロ　フェラーリ

7月25日 ドイツ（ホッケンハイム）
ポール：M.シューマッハ　フェラーリ
1 M.シューマッハ　フェラーリ
2 バトン　BAR
3 アロンソ　ルノー

8月15日 ハンガリー（ブダペスト）
ポール：M.シューマッハ　フェラーリ
1 M.シューマッハ　フェラーリ
2 バリチェロ　フェラーリ
3 アロンソ　ルノー

8月29日 ベルギー（スパ・フランコルシャン）
ポール：トゥルーリ　ルノー
1 ライコネン　マクラーレン
2 M.シューマッハ　フェラーリ
3 バリチェロ　フェラーリ

9月12日 イタリア（モンツァ）
ポール：バリチェロ　フェラーリ
1 バリチェロ　フェラーリ
2 M.シューマッハ　フェラーリ
3 バトン　BAR

9月26日 中国（上海）
ポール：バリチェロ　フェラーリ
1 バリチェロ　フェラーリ
2 バトン　BAR
3 ライコネン　BAR
12 M.シューマッハ　フェラーリ

10月10日 日本（鈴鹿）
ポール：M.シューマッハ　フェラーリ
1 M.シューマッハ　フェラーリ
2 R.シューマッハ　ウイリアムズ
3 バリチェロ　フェラーリ

10月24日 ブラジル（サンパウロ）
ポール：バリチェロ　フェラーリ
1 モントーヤ　ウイリアムズ
2 ライコネン　マクラーレン
3 バリチェロ　フェラーリ
7 M.シューマッハ　フェラーリ

ドライバーズ・ワールド・チャンピオンシップ

順位	ドライバー	国	チーム	ポイント
1	ミハエル・シューマッハ	ドイツ	フェラーリ	148
2	ルーベンス・バリチェロ	ブラジル	フェラーリ	114
3	ジェンソン・バトン	イギリス	BAR・ホンダ	85
4	フェルナンド・アロンソ	スペイン	ルノー	59
5	ファン・パブロ・モントーヤ	コロンビア	ウイリアムズ・BMW	58
6	ヤルノ・トゥルーリ	イタリア	ルノー	46
7	キミ・ライコネン	フィンランド	マクラーレン・メルセデス	45
8	佐藤琢磨	日本	BAR・ホンダ	34
9	ラルフ・シューマッハ	ドイツ	ウイリアムズ・BMW	24
10	デイビッド・クルサード	イギリス	マクラーレン・メルセデス	24
11	ジャンカルロ・フィジケラ	イタリア	ザウバー・ペトロナス	22
12	フェリペ・マッサ	ブラジル	ザウバー・ペトロナス	12
13	マーク・ウェーバー	オーストラリア	ジャガー・コスワース	7
14	オリビエ・パニス	フランス	トヨタ	6
15	アントニオ・ピッツォニア	ブラジル	ウイリアムズ・BMW	6
16	クリスチャン・クリエン	オーストリア	ジャガー・コスワース	3
17	クリスチアン・ダ・マッタ	ブラジル	トヨタ	3
18	ニック・ハイドフェルド	ドイツ	ジョーダン・フォード	3
19	ティモ・グロック	ドイツ	ジョーダン・フォード	2
20	ゾルト・バウムガルトナー	ハンガリー	ミナルディ・コスワース	1

コンストラクターズ・ワールド・チャンピオンシップ

1 フェラーリ（262）、2 BAR・ホンダ（119）、3 ルノー（105）、4 ウイリアムズ・BMW（88）、5 マクラーレン・メルセデス（69）、6 ザウバー・ペトロナス（34）、7 ジャガー・コスワース（10）、8 トヨタ（9）、9 ジョーダン・フォード（5）、10 ミナルディ・コスワース（1）

最終結果 2005年

3月6日 オーストラリア（メルボルン）
ポール：フィジケラ　ルノー
1 フィジケラ　ルノー
2 バリチェロ　フェラーリ
3 アロンソ　ルノー
M.シューマッハ　42R.（事故）

3月20日 マレーシア（セパン）
ポール：アロンソ　ルノー
1 アロンソ　ルノー
2 トゥルーリ　トヨタ
3 ハイドフェルド　ウイリアムズ
7 M.シューマッハ　フェラーリ

4月3日 バーレーン（マナーマ）
ポール：アロンソ　ルノー
1 アロンソ　ルノー
2 トゥルーリ　トヨタ
3 ライコネン　マクラーレン
M.シューマッハ　12R.（油圧）

4月24日 サンマリノ（イモラ）
ポール：ライコネン　マクラーレン
1 アロンソ　ルノー
2 M.シューマッハ　フェラーリ
3 ブルツ　マクラーレン

5月8日 スペイン（バルセロナ）
ポール：ライコネン　マクラーレン
1 ライコネン　マクラーレン
2 アロンソ　ルノー
3 トゥルーリ　トヨタ
M.シューマッハ　46R.（タイヤ）

5月22日 モナコ（モンテカルロ）
ポール：ライコネン　マクラーレン
1 ライコネン　マクラーレン
2 ハイドフェルド　ウイリアムズ
3 ウェーバー　ウイリアムズ
7 M.シューマッハ　フェラーリ

5月29日 ヨーロッパ（ニュルブルクリンク）
ポール：ハイドフェルド　ウイリアムズ
1 アロンソ　ルノー
2 ハイドフェルド　ウイリアムズ
3 バリチェロ　フェラーリ
5 M.シューマッハ　フェラーリ

6月12日 カナダ（モントリオール）
ポール：バトン　BAR
1 ライコネン　マクラーレン
2 M.シューマッハ　フェラーリ
3 バリチェロ　フェラーリ

6月19日 アメリカ（インディアナポリス）
ポール：トゥルーリ　トヨタ
1 M.シューマッハ　フェラーリ
2 バリチェロ　フェラーリ
3 モンテイロ　ジョーダン

7月3日 フランス（マニクール）
ポール：アロンソ　ルノー
1 アロンソ　ルノー
2 ライコネン　マクラーレン
3 M.シューマッハ　フェラーリ

7月10日 イギリス（シルバーストン）
ポール：アロンソ　ルノー
1 モントーヤ　マクラーレン
2 アロンソ　ルノー
3 ライコネン　マクラーレン
6 M.シューマッハ　フェラーリ

7月24日 ドイツ（ホッケンハイム）
ポール：ライコネン　マクラーレン
1 アロンソ　ルノー
2 モントーヤ　マクラーレン
3 バトン　BAR
5 M.シューマッハ　フェラーリ

7月31日 ハンガリー（ブダペスト）
ポール：M.シューマッハ　フェラーリ
1 ライコネン　マクラーレン
2 M.シューマッハ　フェラーリ
3 R.シューマッハ　トヨタ

8月21日 トルコ（イスタンブール）
ポール：ライコネン　マクラーレン
1 ライコネン　マクラーレン
2 アロンソ　ルノー
3 モントーヤ　マクラーレン
M.シューマッハ　32R.（パワステ）

9月4日 イタリア（モンツァ）
ポール：モントーヤ　マクラーレン
1 モントーヤ　マクラーレン
2 アロンソ　ルノー
3 フィジケラ　ルノー
10 M.シューマッハ　フェラーリ

9月11日 ベルギー（スパ・フランコルシャン）
ポール：モントーヤ　マクラーレン
1 ライコネン　マクラーレン
2 アロンソ　ルノー
3 バトン　BAR
M.シューマッハ　13R.（事故）

9月25日 ブラジル（サンパウロ）
ポール：アロンソ　ルノー
1 モントーヤ　マクラーレン
2 ライコネン　マクラーレン
3 アロンソ　ルノー
4 M.シューマッハ　フェラーリ

10月9日 日本（鈴鹿）
ポール：R.シューマッハ　トヨタ
1 ライコネン　マクラーレン
2 フィジケラ　ルノー
3 アロンソ　ルノー
7 M.シューマッハ　フェラーリ

10月16日 中国（上海）
ポール：アロンソ　ルノー
1 アロンソ　ルノー
2 ライコネン　マクラーレン
3 R.シューマッハ　トヨタ
M.シューマッハ　10R.（スピン）

ドライバーズ・ワールド・チャンピオンシップ

順位	ドライバー	国	チーム	ポイント
1	フェルナンド・アロンソ	スペイン	ルノー	133
2	キミ・ライコネン	フィンランド	マクラーレン・メルセデス	112
3	ミハエル・シューマッハ	ドイツ	フェラーリ	62
4	ファン・パブロ・モントーヤ	コロンビア	マクラーレン・メルセデス	60
5	ジャンカルロ・フィジケラ	イタリア	ルノー	58
6	ラルフ・シューマッハ	ドイツ	トヨタ	45
7	ヤルノ・トゥルーリ	イタリア	トヨタ	43
8	ルーベンス・バリチェロ	ブラジル	フェラーリ	38
9	ジェンソン・バトン	イギリス	BAR・ホンダ	37
10	マーク・ウェーバー	オーストラリア	ウイリアムズ・BMW	36
11	ニック・ハイドフェルド	ドイツ	ウイリアムズ・BMW	28
12	デイビッド・クルサード	イギリス	レッドブル・コスワース	24
13	フェリペ・マッサ	ブラジル	ザウバー・ペトロナス	11
14	ジャック・ビルヌーブ	カナダ	ザウバー・ペトロナス	9
15	クリスチャン・クリエン	オーストリア	レッドブル・コスワース	9
16	ティアゴ・モンテイロ	ポルトガル	ジョーダン・トヨタ	7
17	アレクサンダー・ブルツ	オーストリア	マクラーレン・メルセデス	6
18	ナレイン・カーティケヤン	インド	ジョーダン・トヨタ	5
19	クリスチャン・アルバース	オランダ	ミナルディ・コスワース	4
20	ペドロ・デ・ラ・ロサ	スペイン	マクラーレン・メルセデス	4
21	パトリック・フリーザッハー	オーストリア	ミナルディ・コスワース	3
22	アントニオ・ピッツォニア	ブラジル	ウイリアムズ・BMW	2
23	佐藤琢磨	日本	BAR・ホンダ	1
24	ビタントニオ・リウッツィ	イタリア	レッドブル・コスワース	1

コンストラクターズ・ワールド・チャンピオンシップ

1 ルノー（191）、2 マクラーレン・メルセデス（182）、3 フェラーリ（100）、4 トヨタ（88）、5 ウイリアムズ・BMW（66）、6 BAR・ホンダ（38）、7 レッドブル・コスワース（34）、8 ザウバー・ペトロナス（20）、9 ジョーダン・トヨタ（12）、10 ミナルディ・コスワース（7）

最終結果 2006年

3月12日 バーレーン（マナーマ）
ポール：M.シューマッハ　フェラーリ
1 アロンソ　ルノー
2 M.シューマッハ　フェラーリ
3 ライコネン　マクラーレン

3月19日 マレーシア（セパン）
ポール：フィジケラ　ルノー
1 フィジケラ　ルノー
2 アロンソ　ルノー
3 バトン　ホンダ
6 M.シューマッハ　フェラーリ

4月2日 オーストラリア（メルボルン）
ポール：バトン　ホンダ
1 アロンソ　ルノー
2 ライコネン　マクラーレン
3 R.シューマッハ　トヨタ
M.シューマッハ　32R.（事故）

4月23日 サンマリノ（イモラ）
ポール：M.シューマッハ　フェラーリ
1 M.シューマッハ　フェラーリ
2 アロンソ　ルノー
3 モントーヤ　マクラーレン

5月7日 ヨーロッパ（ニュルブルクリンク）
ポール：アロンソ　ルノー
1 M.シューマッハ　フェラーリ
2 アロンソ　ルノー
3 マッサ　フェラーリ

5月14日 スペイン（バルセロナ）
ポール：アロンソ　ルノー
1 アロンソ　ルノー
2 M.シューマッハ　フェラーリ
3 フィジケラ　ルノー

5月28日 モナコ（モンテカルロ）
ポール：アロンソ　ルノー
1 アロンソ　ルノー
2 モントーヤ　マクラーレン
3 クルサード　レッドブル
5 M.シューマッハ　フェラーリ

6月11日 イギリス（シルバーストン）
ポール：アロンソ　ルノー
1 アロンソ　ルノー
2 ライコネン　マクラーレン
2 M.シューマッハ　フェラーリ

6月25日 カナダ（モントリオール）
ポール：アロンソ　ルノー
1 アロンソ　ルノー
2 M.シューマッハ　フェラーリ
3 ライコネン　マクラーレン

7月2日 アメリカ（インディアナポリス）
ポール：M.シューマッハ　フェラーリ
1 M.シューマッハ　フェラーリ
2 マッサ　フェラーリ
3 フィジケラ　ルノー

7月16日 フランス（マニクール）
ポール：M.シューマッハ　フェラーリ
1 M.シューマッハ　フェラーリ
2 アロンソ　ルノー
3 マッサ　フェラーリ

7月30日 ドイツ（ホッケンハイム）
ポール：ライコネン　マクラーレン
1 M.シューマッハ　フェラーリ
2 マッサ　フェラーリ
3 ライコネン　マクラーレン

8月6日 ハンガリー（ブダペスト）
ポール：ライコネン　マクラーレン
1 バトン　ホンダ
2 デ・ラ・ロサ　マクラーレン
3 ハイドフェルド　BMW
8 M.シューマッハ　フェラーリ

8月27日 トルコ（イスタンブール）
ポール：マッサ　フェラーリ
1 マッサ　フェラーリ
2 アロンソ　ルノー
3 M.シューマッハ　フェラーリ

9月10日 イタリア（モンツァ）
ポール：ライコネン　マクラーレン
1 M.シューマッハ　フェラーリ
2 ライコネン　マクラーレン
3 クビサ　BMW

10月1日 中国（上海）
ポール：アロンソ　ルノー
1 M.シューマッハ　フェラーリ
2 アロンソ　ルノー
3 フィジケラ　ルノー

10月8日 日本（鈴鹿）
ポール：マッサ　フェラーリ
1 アロンソ　ルノー
2 マッサ　フェラーリ
3 バトン　ホンダ
M.シューマッハ　36R.（エンジン）

10月22日 ブラジル（サンパウロ）
ポール：マッサ　フェラーリ
1 マッサ　フェラーリ
2 アロンソ　ルノー
3 バトン　ホンダ
4 M.シューマッハ　フェラーリ

ドライバーズ・ワールド・チャンピオンシップ

順位	ドライバー	国	チーム	ポイント
1	フェルナンド・アロンソ	スペイン	ルノー	134
2	ミハエル・シューマッハ	ドイツ	フェラーリ	121
3	フェリペ・マッサ	ブラジル	フェラーリ	80
4	ジャンカルロ・フィジケラ	イタリア	ルノー	72
5	キミ・ライコネン	フィンランド	マクラーレン・メルセデス	65
6	ジェンソン・バトン	イギリス	ホンダ	56
7	ルーベンス・バリチェロ	ブラジル	ホンダ	30
8	ファン・パブロ・モントーヤ	コロンビア	マクラーレン・メルセデス	26
9	ニック・ハイドフェルド	ドイツ	BMWザウバー	23
10	ラルフ・シューマッハ	ドイツ	トヨタ	20
11	ペドロ・デ・ラ・ロサ	スペイン	マクラーレン・メルセデス	19
12	ヤルノ・トゥルーリ	イタリア	トヨタ	15
13	デイビッド・クルサード	イギリス	レッドブル・フェラーリ	14
14	マーク・ウェーバー	オーストラリア	ウイリアムズ・コスワース	7
15	ジャック・ビルヌーブ	カナダ	BMWザウバー	7
16	ロバート・クビサ	ポーランド	BMWザウバー	6
17	ニコ・ロズベルグ	ドイツ	ウイリアムズ・コスワース	4
18	クリスチャン・クリエン	オーストリア	レッドブル・フェラーリ	2
19	ビタントニオ・リウッツィ	イタリア	トロロッソ・コスワース	1

コンストラクターズ・ワールド・チャンピオンシップ

1 ルノー（206）、2 フェラーリ（201）、3 マクラーレン・メルセデス（110）、4 ホンダ（86）、5 BMWザウバー（36）、6 トヨタ（35）、7 レッドブル・フェラーリ（16）、8 ウイリアムズ・コスワース（11）、9 トロロッソ・コスワース（1）、10 MF1・トヨタ（0）、11 スーパーアグリ・ホンダ（0）

2006年ブラジルにおける"エースの交代"
2人のトップタレントが異なる道へ。
シューマッハはレーシングスーツを脱ぎ、
キミ・ライコネンが後を引き継ぐ

日本語版発行によせて

　本書は、2006年のミハエル・シューマッハ引退直後に、彼の母国ドイツのテレビ局である「RTL」が制作した「Danke, Schumi！」（直訳するなら「ありがとう、シューミー！」）の日本語版である。シューミー、というのは彼の愛称として、広く使われていたものだ。

　7度の世界タイトル獲得、そしてF1通算91勝。空前絶後の大記録を残して引退したミハエル・シューマッハ。この機を得て、いわゆる"ミハエル・シューマッハ引退本"が数多く出版されたわけだが、本書の特徴は、あらゆる決定的瞬間をフォローしていることにある。なかには、画質的に「テレビ画面を切り取った」のであろうことが推察される"写真"もあるが、とにかく「全部おさえた」ことに価値あり、だ。"写真"の具体例は、本書P96（下）の、2000年ベルギーGP。周回遅れのリカルド・ゾンタを真ん中に挟み（これはゾンタにとってF1キャリア最大の見せ場であったとも？）、ミカ・ハッキネンがミハエルをオーバーテイクして首位に立つ瞬間を正面から捉えたカットである。

　レース終盤にピットエリアから遠い地点で演じられた、このグランプリ史上屈指のオーバーテイクシーンは、多くのカメラマンが表彰式に備えてピット方面に帰還しているタイミングの出来事であり、それゆえに「これぞ！」という写真はあまり多く残っていなかったのかもしれない。いや、このシーンよりもわずかに後、ゾンタを置き去りにしたハッキネンとミハエルの2台近接状態を撮った写真は存在するはずだが、それを使用するよりも、3台並びの緊張感を強調させるため、こういった手法を用いたというのが正しい理由かもしれないが。

　お隣P97（上）の、同年イタリアGP、ミハエルがセナの通算勝利数に並んだレースでの会見で、感極まって涙を流したシーンの写真も、画質等から判断するとテレビ映像からの切り取りの可能性がある。しかし、だからこそ、当時の感動的な会見シーンが胸に甦りもするというものだ。言葉に詰まり涙するミハエルの肩を抱いた、同世代のハッキネン（2位）が、「先にラルフ（シューマッハ：3位）に質問をしてくれないか？　彼なら（セナと一緒に走っていない世代なので動揺せずに）応えられるはずだから」と、代表質問者に懇願したシーンが、熱く甦ってくる———。

　なお、テレビ映像を誌面に用いるに際しては、本書が、「バーニー・エクレストン謹製」であることが重要な意味を持つ。テレビ局が本を作るからといっても、F1の商業面を取り仕切るバーニー氏（とその関係団体）の認可なしにF1映像を他の用途に流用することは、不可能なはずだからだ。本書の冒頭、P12-13においては、やや大げさなくらいに、バーニーとミハエルの蜜月ぶりが賛美されている。なにはともあれ、本書が「バーニー・

エクレストン謹製」である事実にも、大きな価値が存することは確かなのだ。

　　　　　＊　　＊　　＊

　これだけの偉大な選手なので、当然のことながら、ミハエル・シューマッハについては現役中から多くの情報が伝播されており、引退にあたって今さら「隠されたエピソード」が出てくる土壌もない。しかしながら、本書には、さすが母国のテレビ局と感心させられる事実も散見される。
　例えば、P58にある内容。ドイツ出身のドライバーであるステファン・ベロフの死亡事故に際して、ミハエル少年がかなり大きな衝撃を受けていたことなどは、ちょっと新鮮な話ではなかろうか。
　RTLならではのエピソード。その白眉は、弟ラルフとの仲についての記述である。「最近はあまり兄弟仲がよくないらしい」という話は、ここ数年日本にも伝わってきていた。しかし、P150〜の兄弟のストーリーを読むにつけ、「そこまで関係が悪化していたのか……」という驚きを禁じ得ない。まるでF1界の〝若貴〟か？　冗談はさておき、ちょっと悲しい現実ではある。
　P24〜のモンツァに関する記述も、独特のものといえそうだ。フェラーリの聖地とも形容される、イタリアGP開催地、モンツァ。1950年のF1世界選手権シリーズ発足以降、'80年だけを除く、最多56回のF1開催実績を誇る伝統のサーキットである。そのモンツァでの「9月10日」には大きな出来事が何度も起きてきた、という表現には、ミハエルの時代の枠を超えた、F1に対するヨーロッパの深い歴史観さえ感じさせられる。

　　　　　＊　　＊　　＊

　ミハエル・シューマッハというグレートチャンピオンを、いくつかのキーワードで考えてみたい。彼のタイトル獲得回数にあわせて、7つの単語、「日本」「給油」「体力」「移籍」「宿敵」「セナ」「記録」で総括してみよう。
　まず、「日本」であるが、彼は日本の自動車メーカーとは縁が薄かった。ホンダやトヨタのエンジンでF1を戦うことはなかったわけだが、タイヤメーカーのブリヂストンとは、'99年以降、鉄壁の信頼関係を誇った。またベネトン時代には、チームのメインスポンサーであったマイルドセブン（JT）と一緒に王座をつかんでもいる。
　ミハエルは、日本でのレースに特に強かった。鈴鹿での日本GPには、'91〜'06年と16年連続で出走して優勝6回。'94〜'95年にTIサーキット英田（現・岡山国際サーキット）で開催されたパシフィックGPでは、2年連続優勝。日本開催のF1では18戦8勝の高勝率を誇り、日本がタイトル獲得決定の舞台となることも多かった。

F1デビュー前と、デビュー前後の時期に参戦した、F1以外のカテゴリーでも日本では好成績を挙げている。'90年の富士インターF3リーグ、'91年のSWC最終戦オートポリスでそれぞれ優勝。さらに'91年に一戦だけの出場となったスポーツランドSUGOでの全日本F3000でも、いきなり2位という好結果を出している（'91年SWC開幕戦鈴鹿はリタイア）。

　日本での通算成績は22戦10勝（日本語版編集部調べ）。そして鈴鹿サーキットでの当面の最終F1開催となった'06年の日本GPで、1分28秒954という伝説的なコースレコードを樹立したことも、記憶に新しい（なお、欧州では決勝レース中のファステストラップを一般的なコースレコードとすることが慣例。1分28秒954は予選セッション中の最速タイム。ただし、複雑な予選方式のせいで、ポールタイムではなかったりもする）。

　続いて2番目のキーワード、「**給油**」。ミハエルが初めてチャンピオンとなった'94年こそ、前年まで禁止されていたレース中の給油が可能となったシーズンである。それまでに比べて、マシンは常に軽い状態で決勝レースを走ることになった。レース序盤に、300kmを走るための燃料を満載して走る必要がなくなったのだ。当然、マシンの設計思想やドライビングスタイル、さらにピット戦略にも大きな変更が求められる。この新スタイルにいち早く適合したのが、当時のミハエル&ベネトン・チームであった。

　"非給油時代"の両巨頭、アラン・プロストは前年限りで引退し、アイルトン・セナはこの年の第3戦サンマリノGPで天に召された。彼らが、まともに給油時代のF1を戦っていたら、ミハエルとの戦いがどのように展開されたのか。興味は深まるところだ。だが、おそらく年齢的なことも含めて、ミハエルの優位は動かなかったのではなかろうか。

　そう思う根拠こそ、3番目のキーワード、「**体力**」である。ミハエル・シューマッハという男、体力では抜きん出ていた。

　ちょっと角度を変えて説明しよう。ここに、ベストパフォーマンスを引き出せば鈴鹿を1分50秒（1周）で走れるF3マシンがあるとしよう。これにミハエルやアロンソが乗ったところで、1分49秒は出ない。それが物理の法則というものだ。他のF1ドライバーが乗っても1分50秒で走ることは可能だし、現役F3ドライバーでも1分50秒でこのマシンを走らせることは可能だろう。では、どこで差がつくのか？　要は「100回走ったとき、何回、1分50秒で走れますか」という話なのだ。F3ドライバーなら50〜60回、F1ドライバークラスなら80回くらいだろうか。しかしミハエルなら、おそらく95回は1分50秒で走るだろう。ドライビングの精度の高さ、再現性の確かさこそが、ドライバーの優劣を決定づけるのだ（モータースポーツとは、ある意味、ミスをした回数の少ない

者が勝つスポーツである)。

　精度の高いドライビングを可能にするのは集中力であり、その裏付けこそが体力である。ましてや、給油時代のF1は前述したように常に軽い。つまり、常に速さの限界値に近いところで全力疾走させ続けなければならないマシンになってしまったのだ。そんな時代背景にも後押しされて、体力はミハエルの大きな武器になった。もちろん、彼の体力は天賦の要素だけによるものではなく、適切なトレーニングによって培われた財産である。

　4番目のキーワードは**「移籍」**。ミハエルほど移籍しなかったF1ドライバーも珍しい。16年で3チーム。1戦だけのジョーダンを外して考えれば、実質2チームだ。しかもフェラーリには11年間在籍した。前時代の王者、プロストやセナと比べてみよう。プロストは実働13年で、マクラーレン→ルノー→マクラーレン→フェラーリ→休養→ウイリアムズと、のべ5チーム。セナは亡くなった'94年を含む11シーズンで、トールマン→ロータス→マクラーレン→ウイリアムズと4チーム。

　ここに、ミハエルと前時代の王者たちとの大きな相違点が見てとれる（新人時代に移籍関連で問題が起きたのはセナと同じで、ビッグスターの証だろう）。プロストやセナは、一番速いマシンを手に入れることに躍起になっていた。しかし、ミハエルは違う。ウイリアムズより遅いはずのベネトンで王座を獲得し、さらに低迷しているフェラーリへと移った。チームを強くする、という難題にチャレンジすることで、常に高いモチベーションを維持し続けたのがミハエル・シューマッハというチャンピオンの真髄であり、それまでのチャンピオンたちと一線を画するところなのだ。だからこそ、彼は勝利するたびに表彰台で、まるで初優勝したかのような歓喜の表情を見せていた。それぞれの勝利には、それぞれの意味があったからだ。

　フェラーリで王座に就くまでには、ミハエルといえども5シーズンを要することになった。その間に、日本では「皇帝」というニックネームが定着していく。チャンピオン＝王者にはなっていないが、真のナンバー1はミハエルだ、という観る者すべての想いが、彼に皇帝という「王の字を含まない」尊称を贈ることになったのではなかろうか（「皇」も「帝」も、「王」とほぼ同義のはず？でも、やはりチャンピオンを示す直接性は「王」の方が強いだろう）。

　ライバル不在だった。これがミハエルの覇業を可能にした反面、彼の真なる評価を難しくしている要素でもある。

　「宿敵」は、いたのだろうか？

　'98〜'00年にかけてのミカ・ハッキネンは、まさしく宿敵であった。F3時代の因縁もあったふたりだが、極めて良好な関係が保たれ、そこには素晴らしいライバル物語が成立していた。この時期にはミハエルの骨折欠場もあったが、ドライバー

ズタイトル獲得回数で考えると、ハッキネンが2勝1敗。

　ハッキネンと争う時代以前のデイモン・ヒルやジャック・ビルヌーブは、マシン性能優位なウイリアムズ・ルノーを駆る、いちドライバーに過ぎなかった。ミハエル自身、彼らにはハッキネンと接するときに見せるような敬意を払うことはしておらず、ドライバーとしては格下の存在と見ていたようだ。

　フェルナンド・アロンソについてはどうか？　この若き敵将の能力は認めていたと思うが、あまり良好な感情を抱いていたとは考えにくいし、なにしろ歴史的背景が浅すぎる（アロンソのミハエルに対する感情は、一時期、相当に冷え込んだようだが）。

　やはり、一時期のハッキネン以外に、宿敵と呼べる存在はいなかったと考えるべきだろう。だからこそ、数々の記録が達成できた。しかし、その割にドラマは少なかったのかもしれない。それは、不幸だったのか……？

　「**セナ**」。アイルトン・セナの早世も、ライバル不在となった大きな要因だ。ミハエルにとってセナの存在が予想以上に大きいものであったことは、前述した'00年イタリアGPでセナの通算41勝に並んだ際の涙で分かる。そして現役最終年の'06年には、セナの代名詞であったポールポジション65回の記録をも打破して、ミハエルはヘルメットを脱いだ。しかしミハエルには、セナ絡みでどうしても変えることのできない、重い事実がある。

　ミハエルの1回目のポールポジションは、'94年のモナコGPである。'91年後半のデビューだから、意外と遅い。しかも、セナが逝ったのはその前戦サンマリノGP。そう、つまりミハエルはセナの存命中にポールを奪うことができなかったのだ。この事実は、ミハエルにとって存外、重いものとなっているかもしれない。

　いずれにしても、目標としていた人物の死を目の前で見た衝撃は、若きミハエルにとって計り知れない衝撃であったはず。それを克服した強い意志には、ただただ感服させられる。母の死に直面した'03年サンマリノGPのエピソードについても、それは同様だ。

　そして最後のキーワード、「**記録**」。

　これについては本書内でも充分に語り尽くされているが、ここで取り上げたいのは「F1出走回数」である。本書では「250戦説」を採っているようなので、日本語翻訳の際もそれに倣ったわけだが、F1記録通の方ならばご存知の通り、ミハエルの出走回数には「249戦説」というものもある。

　なぜこんなことになったのかといえば、問題の発端は'96年フランスGP。フォーメーションラップ中のエンジンブローで、ミハエルのフェラーリはストップ、レースには参加できなかった。これは「リタイア」なのか、「決勝不出走」なのか？

Danke, Schumi！

　従来の判断でいけば、これは決勝不出走と判断されるはずであった。'91年サンマリノGPでフォーメーションラップ中にスピンして戦列を去ったアラン・プロストの場合、このレースは決勝出走にカウントされないのが一般的解釈だったからだ。ところが'96年のミハエルに関しては、これを決勝出走（リタイア）としてカウントする傾向がなぜか強く、ここから250戦説と249戦説に分岐してしまったのである。

　ミハエル250戦説を採るならば、プロストの出走回数は200戦になるはずだが、250戦説を採っている資料においても、プロストは199戦出走と表記されていたりする。論理的には、249戦説が正当に思えるが……。

　いずれにしても、あと1シーズン現役を続けていれば、リカルド・パトレーゼの256戦を抜いて、この記録も塗り替えることになったミハエル。それをしなかったということは、彼自身が、出走回数については、優勝回数やチャンピオン獲得回数などと同列の"主要記録"とは考えていなかったのだろう。

　決勝出走回数問題はさておき、ミハエルが参加したF1のウイークエンドは、間違いなく250回だ。さきほど、「宿敵」のところで「ドラマは少なかったのかもしれない」と論じたが、それはあくまでも「記録の割に」という話で、決してドラマがなかったわけではない。記録にも、記憶にも残るグレートチャンピオンであったことは間違いないだろう。

　ミハエル・シューマッハと過ごした、250回のグランプリ・ウイークエンド。そのすべてが、我々日本のF1ファンにとって、エキサイティングな週末だった。あらためて、感謝の意を示そう。あなたをミハエルと呼んでいるのは、我々の国だけかもしれない。多くの国々の人は、あなたを「マイケル」と呼んでいた。でも、この際、語学的見解や宗教的見地はどうでもいいのだ。日本のファンにとっては、ミハエル・シューマッハという響きこそがなんとも神々しく、偉大な皇帝の名前らしく定着しているのだから。シューミーという愛称もいいが、我々には、やっぱり「ミハエル」がしっくりくる。

　だから、最後は我々だけの呼び方で、こう締め括りたい。

　「ありがとう、ミハエル！」

PRINTED IN JAPAN
Japanese language translation copyright © 2007
By BOOKMAN-sha

DANKE, SCHUMI!
DIE MICHAEL SCHUMACHER-STORY
Copyright © 2007 by
Zeitgeist Media GmbH, Düsseldorf

Japanese translation/rights arranged
with Zeitgeist Media GmbH through Japan UNI Agency, Inc., Tokyo.

皇帝ミハエル・シューマッハの軌跡
~ Danke, Schumi！~

編著　ZEITGEIST MEDIA

2007年7月15日　初版第1刷発行

＜日本語版スタッフ＞
翻訳／原田京子
　　　福島県生まれ。立教大学文学部ドイツ文学科卒業後、ロイター・ジャパン株式会社
　　　入社。同社退社後、ベルリン自由大学ドイツ語学科を経て、立教大学大学院文学研
　　　究科ドイツ文学専攻博士課程前期課程修了。在ドイツ日本国大使館にて専門調査員
　　　として勤務。2000年より翻訳家として活動（主に独日特許翻訳）。現在、株式会社
　　　原田武夫国際戦略情報研究所 (http://www.haradatakeo.com) 取締役。

日本語テキストデザイン／メディアアート

編集協力／遠藤俊幸　飯島玲児

企画営業／石川達也

発 行 者／木谷仁哉

発 行 所／株式会社ブックマン社
　　　　　〒101-0065　東京都千代田区西神田3-3-5
　　　　　TEL 03-3237-7777
　　　　　FAX 03-5226-9599
　　　　　http://www.bookman.co.jp

ISBN 978-4-89308-665-5
印刷・製本／凸版印刷株式会社

定価はカバーに表示してあります。
乱丁・落丁本はお取替えいたします。
許可無く複製・転載及び部分的にもコピーすることを禁じます。